Paris mystérieux et insolite

Du même auteur :

Le Monde à Paris, Parigramme (Paris/est/à/nous), 2004
À chacun son resto, Parigramme (Paris/est/à/nous), 2004
Musées insolites de Paris, Parigramme, 2005
Découvertes insolites autour de Paris, Parigramme, 2006
Les Coulisses de Paris, Parigramme, 2007

Dominique Lesbros

Paris mystérieux et insolite

De Borée

Achevé d'imprimer en France en octobre 2008
Dépôt légal : septembre 2005
ISBN : 978-2-84494-340-3

MYSTÈRE, n.m.

« Savoir réservé à des initiés
Chose cachée, secrète, inconnue ou connue d'une poignée de personnes
Chose étonnante, difficile à comprendre ou à expliquer
Énigme, problème ardu à résoudre
Fait inaccessible à la raison humaine
Obscurité volontaire dont on entoure quelque chose
Fait insolite ou extraordinaire. »

MYSTÉRIEUX, adj.

« Abscons, acroamatique (révélé de bouche à oreille), caché, clandestin, confidentiel, cryptique, discret, dissimulé, hermétique, ignoré, incognoscible, incompréhensible, inconnu, intime, invisible, impénétrable, obscur, occulte, privé, secret, sibyllin, ténébreux. »

Avant-propos

Que cache le mot « mystère » ? Une énigme en forme de boule de gomme ? Oui, mais pas seulement... On appelle « mystère » tout ce qui échappe à la raison humaine, ce qui est dissimulé, inaccessible, ce qui se refuse à notre curiosité ou qui n'est connu que d'une poignée d'initiés conscients de leur privilège.

Il en est ainsi des coulisses des grands monuments de Paris. La tour Eiffel, le Louvre, l'Opéra, l'Élysée, le musée Grévin ou le Palais-Royal ont fait de la capitale une ville mythique. Leur silhouette est familière et leur nom prestigieux rayonne dans le monde entier. Pourtant, bien peu connaissent leur histoire secrète : dérapages, vols, séquestrations, farces et complots. Avez-vous eu vent de l'évasion rocambolesque de la Joconde ou des canulars de Roland Dorgelès au Louvre ? Saviez-vous qu'un escroc de génie a vendu la tour Eiffel au poids et que la statue d'Henri IV, sur le Pont-Neuf, était farcie de pamphlets antiroyalistes ? Vous doutiez-vous que des momies égyptiennes dorment sous la colonne de la Bastille et que l'Opéra Garnier est une arche de Noé ? Que diriez-vous d'observer depuis un trou de souris le parcours d'un objet trouvé ? À moins que vous ne préfériez vous inviter pour un soir dans les boudoirs fripons de Lapérouse... Quelques épisodes fort peu protocolaires de l'histoire de l'Élysée vous choqueront peut-être... Et il est à parier que vous ne prendrez jamais plus le métro comme avant.

Certains quartiers furent le théâtre d'incroyables aventures. La chronologie du meurtre parfait de la porte Dorée vous laissera perplexe. Les exploits du vampire du Montparnasse ou ceux du Japonais cannibale risquent de vous causer un ou deux cauchemars. Le récit du pari de la place des Vosges, aussi fou que libertin, vous rendra le sourire.

Entre de sombres affaires de cœurs embaumés, vous découvrirez les destinées extraordinaires d'une courtisane, d'un gastronome et d'un militaire voyageant dans un tonneau de rhum.

Enfin, un détour par les légendes urbaines vous en dira plus sur la mythologie de Paris. Comme d'autres ont dans leur folklore un dahu ou un horrible croquemitaine, les Parisiens ont leur Petit Homme Rouge des Tuileries, leur Diable Vauvert et leur barbier maudit.

Après cette mise en bouche, êtes-vous toujours aussi certain de connaître Paris sur le bout des doigts... ?

Partie I

Légendes parisiennes

X

Chapitre I

Le Petit Homme Rouge des Tuileries

VOUS PENSEZ que les légendes ne poussent que sur les landes bretonnes, et que seuls les châteaux écossais ont l'apanage des fantômes ? Détrompez-vous : les ectoplasmes apprécient aussi le bon air citadin. Si les Bretons ont leurs korrigans, les Solognots leurs sotrays et les Berrichons leurs farfadets, les Parisiens ont leur Petit Homme Rouge, un gnome légendaire, familier du palais des Tuileries. À la façon de sa cousine la Dame Blanche, qui avertit les conducteurs d'un possible accident, le Petit Homme Rouge apparaissait pour annoncer une proche catastrophe à un public bien choisi : les souverains régnant. Était-ce par pur snobisme ? Nul ne sait, mais les faits sont là : ce lutin des plus mondains ne daignait se montrer qu'à des rois, des reines voire des empereurs vivant aux Tuileries. Il les prévenait d'un funeste destin — en général leur mort prochaine — sans pour autant leur donner les moyens de l'éviter. Cette drôle de sonnette d'alarme déguisée en fantôme écarlate hanta épisodiquement les Tuileries durant près de trois siècles, de 1570 à 1871.

Son histoire est intimement liée au palais des Tuileries, aujourd'hui détruit. Le Petit Homme Rouge apparut dans ses couloirs juste après la construction du château et disparut à tout jamais dans les flammes de l'incendie qui le ravagea. Quand Catherine de Médicis accéda à la régence, en 1560, il n'y avait là qu'une modeste résidence royale posée en bord de Seine, un cadeau offert par François Ier à sa mère. Autour, des terrains vagues, une sablonnière, une fabrique de tuiles et un abattoir où un dénommé Jean exerçait paisiblement son métier d'écorcheur, assisté de ses deux fils. En 1564, Catherine de Médicis, qui habitait au Louvre, eut la lubie de s'offrir un nouveau palais, à la fois proche et indépendant. Elle fit appel à l'architecte Philibert Delorme pour agrandir et embellir la petite résidence royale du bord de l'eau. Ces travaux qui bousculèrent la paisible ordonnance des lieux furent pour Catherine l'occasion rêvée de faire un peu de ménage dans son entourage. Jean l'écorcheur, notamment, la gênait considérablement, car il avait par hasard été témoin de conversations embarrassantes et avait percé certains de ses secrets.

Entre chien et loup, un soir de novembre 1570, Jean nettoyait ses outils à grande eau devant la porte de l'abattoir en attendant le retour de ses fils qu'il avait envoyés livrer des carcasses aux Halles. Trapu, court sur pattes, son large visage couperosé encadré d'une barbe fauve en broussaille, ce brave homme s'apparentait physiquement à un de ces bœufs de race limousine qu'il saignait d'un trait de coutelas expert. Concentré sur sa tâche, il n'entendit pas arriver de Neuville, un sinistre individu commissionné par la reine mère pour s'assurer de son silence. La haute silhouette du tueur à gages se dressa devant lui et lui planta un poignard dans le cœur, en ayant l'élégance de lui préciser la raison de son geste : « La reine considère que tu en sais trop. Tu dois mourir. » Mais le maladroit de Neuville, qui n'avait pas l'expérience d'un assassin professionnel, dut s'y reprendre à trois fois pour achever le malheureux, qui eut le temps d'articuler : « Je reviendrai... ! »

De Neuville lava prestement son poignard à la fontaine où trempaient encore les outils de l'écorcheur et s'empressa de quitter les lieux. La reine allait être contente, la récompense serait sûrement à la hauteur de son soulagement... Il savourait cette alléchante perspective quand une désagréable sensation gâcha son plaisir : la nette impression d'être suivi... Il se retourna brusquement et frémit de saisissement en apercevant à deux pas derrière lui l'écorcheur titubant, dégoulinant de sang, rouge des pieds à la tête, semblant vouloir l'entraîner avec lui en enfer... Dans un sursaut de bravoure, de Neuville dégaina de nouveau son poignard, tentant de percer à nouveau ce satané écorcheur. Peine perdue ! La lame ne rencontrait que du vide, du vent, de l'air mais point de chair. Et plus aucune trace de l'homme rouge. Perplexe, le meurtrier fit volte-face et regagna l'abattoir, explorant en chemin taillis et palissades dans l'espoir de débusquer le moribond récalcitrant. En vain, la victime s'était mystérieusement volatilisée...

Tremblant de tous ses membres sous son pourpoint, de Neuville courut au palais conter à la reine sa mésaventure. Catherine, royale jusqu'au bout des ongles, fit mine d'en rire. Elle enjoignit gentiment de Neuville à freiner sur l'eau-de-vie et à reposer ses nerfs à la campagne. Il n'empêche qu'intérieurement, elle n'en menait pas large... L'époque était friande d'histoires de fantômes et de démons, de possessions et d'enchantements, de sorcières et de jeteurs de sort, de prophéties et d'envoûtements... En bonne Florentine qu'elle était, le moindre de ses faits et gestes était régi par un faisceau de superstitions, chaque augure étant très sérieusement analysé et interprété par son astrologue attitré, le fameux Cosme Ruggieri.

C'est justement à ce même Cosme Ruggieri que se manifesta pour la première fois en cette fin d'année 1570 l'Homme Rouge des Tuileries, fantôme de Jean l'écorcheur. Celui-ci s'ouvrit à la reine d'un fait étrange : « Hier soir, alors que, comme à l'accoutumée, j'interrogeais les astres sur l'avenir de Sa Majesté et de ses proches, particulièrement concentré sur la santé du petit duc d'Anjou, comme vous me l'avez demandé, il m'a semblé sentir une sorte de brouillard écarlate envahir mon cabinet de travail. Ne pouvant plus lire mes cartes et mes graphes, je me suis redressé et j'ai aperçu, accoudé au linteau de la cheminée, un petit homme aux contours flous. Ce spectre a alors pris la parole pour m'annoncer des choses si horribles que je ne sais si je dois vous les répéter. Elles concernaient l'avenir des Tuileries et le vôtre, Majesté. »

Devant l'insistance de la reine, il poursuivit :

« De mystérieuses visions se sont emparées de moi, limpides comme jamais, toutes placées de siècle en siècle sous la même constellation du lion. J'ai vu l'ascension, la chute et la disgrâce successive des futurs maîtres du palais. J'ai vu aussi...

— Continuez, lui intima Catherine.

— J'ai vu aussi, enfin il m'a prévenu que... qu'il vous chasserait d'ici et que vous mourriez près de Saint-Germain. Voilà tout ce que je sais, après, il s'est évaporé. Je suis désolé, Majesté... Mais rien n'est scellé, nous allons consulter les astres et ils nous diront que faire pour contrer cette... »

Catherine refusa d'en entendre davantage. Elle se retira dans ses appartements, où elle congédia d'un geste nerveux ses dames de compagnie. Elle entendait rester seule un moment pour réfléchir à tout cela. Allongée sur son lit, elle ne vit pas les heures s'écouler. La pièce s'assombrit sans qu'aucune domestique n'osât la déranger pour lui porter un chandelier. Quand la nuit fut tombée, Catherine, à moitié assoupie, se réveilla, sentant quelque chose chatouiller son bras. Elle ouvrit les yeux et vit, horrifiée, le spectre devant elle qui lui répéta simplement la prédiction faite la veille à Ruggieri : « Saint-Germain te verra mourir » avant de disparaître. Elle hurla : « L'Homme Rouge ! », ce qui alerta ses dames.

Dès lors, Catherine de Médicis évita comme la peste tous les endroits — villes, villages, lacs, châteaux et églises — qui portaient ce nom. Elle répudia la résidence royale de Saint-Germain-en-Laye, déserta son palais des Tuileries qui se trouvait sur la paroisse de Saint-Germain-l'Auxerrois et en fit bâtir un autre (l'hôtel de Soissons) près de Saint-Eustache.

Le Petit Homme Rouge continua de rendre de temps en temps des visites à la reine, qui redoutait plus que tout ces apparitions de mauvais augure. Sa fille Marguerite de Valois (la future reine Margot) écrivit dans ses *Mémoires* : « La reine, ma mère, n'a perdu aucun de ses enfants qu'elle n'ait vu une fort grande flamme, à laquelle soudain elle s'écriait : "Dieu garde mes enfants !" et incontinent après, elle entendait la triste nouvelle qui, par ce feu, lui avait été augurée. » Catherine perdit en effet trois de ses dix enfants, à chaque fois prévenue par le Petit Homme Rouge. Ce dernier lui apparut aussi la nuit de 1559 qui précéda le tournoi où son mari Henri II fut tué. Elle vit dans un nuage rouge son époux perdant un œil...

Le 4 janvier 1589, alors que Catherine de Médicis séjournait au château de Blois, elle sentit soudainement ses forces décliner. Le chapelain qui la confessait habituellement étant absent, on envoya un domestique dans la rue quérir le premier homme d'Église venu, afin qu'il donne les derniers sacrements à la mourante. Le premier à croiser la route du domestique fut un moine nommé Julien de Saint-Germain...

Le Petit Homme Rouge ne fit plus parler de lui pendant une vingtaine d'années jusqu'à cette nuit du 13 au 14 mai 1610 où il apparut à Henri IV. Ce dernier n'y prêta guère attention, préoccupé qu'il était par cette guerre qu'il entendait mener contre l'empire des Habsbourg et l'Espagne. Le lendemain, Ravaillac l'assassinait...

Le Petit Homme fit le mort pendant 182 ans. Est-il parti hanter d'autres contrées ? Les souverains en place avaient-ils à son goût un destin trop commun ? Leur en voulait-il d'avoir préféré Versailles aux Tuileries ? Toujours est-il qu'il refusa de se montrer jusqu'en 1792. À cette époque, la famille royale était prisonnière aux Tuileries. Un soir, alors que la reine Marie-Antoinette prenait des poses, seule devant sa coiffeuse, elle vit dans le miroir un brouillard rouge envahir la pièce. Au centre, elle distingua la silhouette d'un homme comme dégoulinant de sang. Son hurlement dissipa la vision et tout redevint normal. Enfin, presque, car le lendemain matin, son époux Louis eut la surprise en se réveillant de trouver le Petit Homme Rouge assis à son chevet... Mais le couple royal, qui n'avait jamais entendu parler du fantôme des Tuileries, rapprocha ces deux visions d'un incident survenu quelques jours plus tôt sous leurs fenêtres : un sans-culotte nommé Jean Lerouge avait hissé au bout d'une pique un cœur de veau étiqueté « cœur d'aristocrate ». Le lendemain, Louis XVI fut transféré à la prison du Temple...

Notre Petit Homme fit ensuite une brève apparition l'année suivante, près de la dépouille de Marat exposée en 1793 dans l'église des Cordeliers (située de l'autre côté de la Seine, face aux Tuileries). Certains racontent qu'un soldat qui gardait le corps du député succomba à une crise cardiaque en apercevant le spectre écarlate.

Mais ces apparitions épisodiques n'étaient qu'une mise en bouche pour l'Homme Rouge qui avait, semble-t-il, de grands desseins en tête. Il s'intéressait en particulier à un petit caporal corse à peine plus grand que lui, un certain Bonaparte. Le fantôme, apparemment animé d'un pur patriotisme postrévolutionnaire, suivit de près le fabuleux destin de Bonaparte et tint auprès de lui un rôle plus actif que jamais, l'orientant au besoin. Il alla même jusqu'à quitter ses chères Tuileries pour suivre son protégé lors de la campagne d'Égypte, bivouaquant à ses côtés ! La nuit précédant la bataille des Pyramides (en 1798), le bon génie apparut en songe à Bonaparte, le visage dissimulé par une sorte de capuche à bout pointu aussi rouge que son habit, et l'invita à le suivre dans l'une des pyramides, lui prédisant la victoire pour le lendemain. Il se montra de nouveau quelques mois plus tard dans le désert de Syrie (1799), sur la montagne de Moïse, pour le rassurer. Et, effectivement, l'armée bonapartiste battit celle des Turcs. À cette occasion, le Petit Homme Rouge et Bonaparte se lièrent par un pacte virtuel, une alliance tacite conclue pour dix ans, qui fut renouvelée juste avant Wagram, en 1809, mais seulement pour cinq ans. L'accord disait en substance : « Tout ira bien pour toi et ta patrie tant que tu suivras mes conseils. » Le pacte sembla fonctionner ! À la veille du 18 Brumaire (9 et 10 novembre 1799), le Petit Homme lui recommanda le coup d'État. Cette fois-ci, le fantôme était curieusement vêtu de vert. Un caprice soudain ? À moins que Bonaparte n'ait eu une crise de daltonisme, ce qui semble plus probable.

Bonaparte devenu Premier Consul s'établit aux Tuileries le 19 février 1800, sans doute sur les conseils de l'Homme Rouge, pressé de réinvestir son domaine de hantise préféré. En prenant possession des anciens appartements royaux, le Consul ordonna leur agencement selon ses volontés. Comme il prenait ses marques dans son nouveau cabinet de travail, il aperçut, posée sur le marbre de la cheminée, une enveloppe. Il la décacheta et trouva à l'intérieur ces quelques mots, griffonnés sur une feuille de papier : « Tu seras là, plus que Roi. Signé : L'Homme Rouge. » Bonaparte fut à ce point marqué par l'événement qu'il le relata dans ses *Mémoires* :

« Dirais-je qu'une émotion me saisit ? Je sentis le feu me monter au visage ; mes aides de camp étaient là, ils m'examinaient... Je ne balançais pas et, m'approchant de la cheminée, je fis une boule de la lettre, de l'enveloppe et jetai le tout au milieu du brasier ardent. M'annoncer que je serais roi et après le 13 vendémiaire, quelle insolence ! [...] Mille pensées tumultueuses venaient m'assaillir... J'aurais voulu connaître cet Homme Rouge, le voir, lui parler... punir son audace, car était-il possible qu'un jour j'eusse à récompenser sa perspicacité ? En ce moment et sans réflexion, poussé par une volonté irrésistible, je m'avançais près d'une fenêtre et me mis à regarder le ciel. Il y avait presque au-dessus de moi une étoile mais si belle et si rayonnante que j'en fus ébloui ; les nuages passaient autour d'elle sans la voiler, la vivacité de ses feux semblait dissiper les vapeurs... Je ne sais quelle voix intérieure, mais que j'entendis néanmoins très distinctement, me dit : "Cet astre, c'est le tien, tu vois comme il brille ; eh bien ! ton éclat sera pareil." »

Bonaparte mena une enquête, mais personne, aucun garde, aucun domestique ne put expliquer la provenance de cette lettre, bien que certains confièrent avoir aperçu un individu de petite taille chapeauté de rouge rôder dans les couloirs du palais...

La veille de Marengo, le Petit Homme Rouge reprit ses habitudes, oublia la correspondance et confia directement à Bonaparte : « Tu seras empereur, roi d'Italie et verras le monde à tes genoux. » Fort de ces bonnes paroles, Bonaparte battit les Autrichiens le 14 juin 1800.

Mais les choses se gâtèrent par la suite car celui qui était devenu Napoléon Ier cessa de suivre les judicieux conseils qui avaient pourtant si bien réussi à Bonaparte. Contrairement à l'avis du Petit Homme Rouge, il répudia Joséphine de Beauharnais en

1809 pour épouser Marie-Louise d'Autriche, et se lança dans la guerre d'Espagne (1808-1814). Le fantôme avisé blâma tout autant la campagne de Russie (1812-1813). Le soir de la Moskova, il chuchota à l'oreille de l'empereur radieux : « Du calme : tu vas trop vite, les hommes te manqueront et les amis te trahiront. » Et, en effet, la Grande Armée, après son entrée dans Moscou, dut opérer une retraite désastreuse. Le Petit Homme Rouge donna une dernière chance à Napoléon à la veille de Waterloo, le 17 juin 1815. Voici comment cela s'est passé, aux dires de Napoléon lui-même : « Je m'étais retiré dans ma chambre pour prendre quelque repos. Je m'étais assis dans mon fauteuil, après avoir marché de long en large, quand je sentis une étrange torpeur envahir mes membres et me clouer sur place. Aussitôt, j'aperçus un brouillard rouge qui emplissait la chambre et, à travers ce brouillard, un homme qui portait un bonnet de laine semblable au bonnet phrygien ; avant d'avoir pu émettre le moindre son, la vision s'était évanouie. »

Désespérant de son protégé, l'Homme Rouge l'abandonna à son sort et passa aux Bourbons. Après être apparu plusieurs fois au duc de Berry avant son assassinat par Louvel en 1820, il se montra en 1824 à Louis XVIII, qui succéda à Napoléon dans le palais des Tuileries. Son frère, le comte d'Artois, fut un témoin privilégié des faits. La semaine précédant la mort de Louis XVIII, alors que le comte d'Artois, insomniaque, arpentait sur les coups de minuit les jardins du château, il lui sembla voir les fenêtres des appartements royaux s'empourprer d'une lumière rougeoyante. Craignant un début d'incendie, il s'approcha en vitesse mais, une fois arrivé à leur hauteur, tout semblait être redevenu normal. Le comte d'Artois pensa d'abord à une illusion d'optique, avant de mettre cette hallucination sur le compte de la fatigue.

Le lendemain, il alla comme à l'accoutumée saluer son frère, qui l'attendait justement avec impatience pour lui raconter l'aventure bien étrange qui lui était arrivée la nuit précédente : « J'ai travaillé assez tard, j'avais prévu de m'attaquer à une pile de courrier en retard. Mais à un moment, vers minuit à peu près, j'ai soudain senti ma tête s'alourdir et ma vue se brouiller. Comme j'essayais sans succès de chasser cette espèce de brouillard rouge qui troublait ma vision, j'ai vu soudain à gauche de mon bureau, très distinctement, un homme couleur de sang, immobile et silencieux. J'ai encore une fois passé ma main devant mes yeux puis plus rien. Le spectre avait disparu... » Le comte d'Artois chercha à plaisanter pour rassurer son frère qu'il savait très superstitieux, mais au fond de lui, il était profondément troublé. Et son trouble ne fit que s'accentuer en voyant, les jours suivants, la santé du roi décliner jusqu'à sa mort.

Ni Charles X, ni Louis-Philippe, ni Napoléon III n'ont eu l'honneur de fréquenter le Petit Homme Rouge — ou s'ils l'ont fait, ils n'en ont jamais soufflé mot à quiconque. Il réapparut une dernière fois dans l'incendie qui débuta le 26 mars 1871, sous la Commune, et ravagea trois jours durant le palais royal des Tuileries, vieux de trois siècles. On raconte qu'au moment où les flammes léchaient la façade du palais, une terrible explosion fit sauter le pavillon central et apparaître aux fenêtres de la salle des Maréchaux une silhouette pourpre. Après quoi, plus personne ne revit jamais le Petit Homme Rouge qui disparut avec le château lui-même, à moins qu'il ne se soit mis en quête d'un nouveau domicile. Il aurait pu, par exemple, investir l'Élysée, mais personne à ce jour ne l'a jamais croisé dans quelques couloirs que ce soient...

Le Petit Homme Rouge des Tuileries apparut pour la dernière fois en 1871 dans les flammes qui ravagèrent le palais des Tuileries.

Chapitre II

Le Diable serrurier

LA PROCHAINE FOIS que vous passerez devant Notre-Dame de Paris, arrêtez-vous devant le portail Sainte-Anne (à droite du portail central), approchez-vous de ses vantaux et observez attentivement ses serrures et ses paumelles (ferrures doubles permettant le pivotement de la porte, de part et d'autre du gond). Elles datent du XIIe siècle et nul depuis n'a pu les imiter. Personne ne parvint d'ailleurs à identifier avec certitude leur fabrique (fer forgé ou moulé, fondu et limé, fondu sans soudure ou battu au marteau), qui demeure énigmatique. Véritable dentelle métallique, ces pentures sont d'un travail si habile et si délicat que l'on pourrait les croire exécutées par le Diable en personne... Justement, il n'est pas impossible qu'il y ait un brin de sorcellerie là-dessous...

Vers 1200, l'île de la Cité tout entière résonnait du son des enclumes, des scies, des masses et des marteaux que maniaient, de l'aube au crépuscule, les compagnons forgerons, charpentiers, tailleurs de pierre et maîtres verriers. Tous s'activaient sur le chantier de ce qui devait être à l'époque le plus grand édifice religieux du monde occidental. Les travaux avaient commencé en 1163 sous l'impulsion de l'évêque de Paris, Maurice de Sully (et ils s'achèveront 170 ans plus tard !). Le fameux théologien rêvait d'offrir à la cité une cathédrale qui bénéficierait des récentes innovations techniques. Une nouvelle architecture dite ogivale permettait désormais, paraît-il, de faire supporter le poids de l'édifice sur les piliers et les contreforts, et non plus sur les murs, qui s'en voyaient considérablement soulagés. L'église y gagnait largement en luminosité, grâce à l'agrandissement devenu possible des vitraux.

Les maîtres d'œuvre avaient pour consigne de faire appel aux meilleurs ouvriers de chaque corporation afin de produire un pur chef-d'œuvre au service de la foi chrétienne. L'élite des ouvriers s'activait donc sur le chantier, répartis par corporations dans des enclos autour du vaisseau de pierre qui s'élevait peu à peu. Un jeune homme appelé Biscornet, apprenti serrurier de son état, ne cessait de tournicoter autour de cette fourmilière, observant ici un maître forgeron en train de marteler un métal incandescent, là un sculpteur donnant vie à une gargouille simiesque. Il y passait ses journées, rêvant d'être appelé à son tour à produire de telles merveilles. Mais il n'était qu'apprenti et pour accéder à la maîtrise, statut idéal qui lui ouvrirait toutes les portes de la corporation, il lui fallait accomplir un chef-d'œuvre... C'est pourquoi ses pas le ramenaient sans cesse dans l'enclos où officiaient les compagnons serruriers. Biscornet ne se lassait pas de les regarder modeler des clefs, des panneaux, des grilles, des balustrades et toutes sortes de petites pièces nécessaires aux charpentes : ancres, crampons, clous... Un vieux compagnon finit par remarquer son manège. Intrigué, il lui demanda la raison de sa présence. Le jeune garçon, ravi de se lier d'amitié avec un ouvrier du chantier, lui expliqua qu'il était apprenti serrurier et qu'il rêvait de se voir confier un travail qui lui donnerait l'occasion de faire ses preuves. Touché par sa motivation et sa rare détermination, le vieux compagnon décida d'aider Biscornet. Le soir même, il toucha deux mots aux vénérables, de ceux qui décidaient de l'attribution des tâches au sein de la corporation des serruriers. Après un bref conciliabule, il fut convenu que le jeune Biscornet serait chargé de ferrer les pentures du portail Sainte-Anne. Sa requête

Les ferrures qui ornent les vantaux du portail Sainte-Anne sont d'un travail si délicat que l'on soupçonne le Diable en personne d'en être l'auteur.

tombait même à pic ; le garçon remplacerait au pied levé l'ouvrier qui était censé s'en charger, grièvement blessé à l'épaule par un bloc de pierre mal encastré.

Le lendemain, à la première heure, Biscornet était déjà sur le chantier, impatient de connaître les fruits de l'intervention de son ami. Celui-ci lui annonça la bonne nouvelle sans lui cacher son inquiétude : « Tu sais, mon garçon, le travail que l'on t'a confié, ce n'est pas une mince affaire. Tu vas sérieusement en baver et, de plus, il te faudra faire vite. Il est encore temps d'y renoncer si tu ne t'en sens pas capable… » Biscornet, qui rêvait depuis si longtemps d'une telle mission, balaya d'un revers de la main ces sages avertissements. Il courut dans son petit atelier, à quelques ruelles de là, et jeta sur le papier, en vrac, des croquis de ferrures aux courbes fines, déliées, gracieuses et puissantes à la fois. Emporté par une imagination bouillonnante, il griffonnait encore et encore, redessinant mille fois une volute, redressant ici une boucle trop peu ramassée, là un angle trop convexe. Quand il ne resta de sa chandelle qu'une minuscule flamme à l'agonie, son établi était couvert de feuilles de croquis, certaines s'étaient même envolées jusqu'au sol et Biscornet, vidé, trouva juste assez de forces pour gagner sa couche.

Le lendemain, il se remit au travail avec ardeur, passant de la théorie à la pratique. Mais il déchanta vite : ses plans audacieux refusaient de se laisser dompter facilement, les volutes qu'il obtenait étaient loin de ressembler à celles, merveilles de régularité, couchées sur le papier. Et encore, Biscornet n'en était qu'au modelage ! Il lui faudrait ensuite limer, polir, ciseler… Jour après jour, l'apprenti sentait le découragement le gagner peu à peu. Ce maudit métal refusait de lui obéir… Un soir, tard, alors qu'il tentait une fois de plus d'apprivoiser en vain le fer entre le feu et l'enclume, il poussa un juron et envoya au Diable fer et ferrures. Aussitôt après, une détestable odeur de soufre se fit sentir et, dans une pluie d'étincelles, le Diable en personne apparut, un rictus narquois aux lèvres.

« Ah ! Je savais bien que tu finirais par m'appeler ! Un jeune ambitieux comme toi… Accepter un tel travail… C'est pure folie, sauf si je décide de t'aider… Je ne sais pas encore… Le mérites-tu vraiment ? Hum ! Par Azazel et Belzébuth, on dirait bien que oui. Ton âme est aussi pure que celle d'une vierge. De nos jours, ça ne court pas les rues, le Très-Bas appréciera... Je vais donc m'occuper de tes stupides ferrures. C'est ce dessin-là qu'il faut reproduire ? Facile ! Ah ! Et un conseil avant de te quitter : profite bien de ta future gloire terrestre parce qu'après, ce qui t'attend... Ha, ha, ha !... » Sur ce rire sardonique, l'horrible démon s'évanouit dans une autre pluie d'étincelles, laissant en souvenir une épouvantable pestilence sulfureuse.

Au matin, Biscornet se réveilla étalé de tout son long devant le feu de sa forge à demi éteint. Il étira ses membres engourdis, passa la main devant ses yeux pour tenter de chasser un douloureux mal de tête et fronça le nez. Cette odeur de soufre... Tout lui revint en mémoire : le désespoir, l'accès de colère, les étincelles, le Diable... Sans doute un mauvais rêve... Il se releva en s'appuyant sur son enclume et sentit sous sa main le métal froid des ferrures qui... « Mais non, c'est impossible, je rêve encore ! Elles sont finies, complètement, ciselures comprises. Et comment ! je n'ai jamais vu une telle finesse d'exécution. Elles sont absolument parfaites, leurs courbes, aussi régulières que sur le papier... Incroyable ! Mais alors, cette nuit... Tout était vrai ! »

Il n'en finissait pas de tourner et de retourner les ferrures dans sa main. Il sentait leur délicat relief s'imprimer dans sa paume, elles en devenaient chaudes, presque vivantes. Vers le milieu de la matinée, il reçut la visite d'un maître serrurier accompagné de son ami, le compagnon du chantier. Ces derniers venaient aux nouvelles, impatients de voir comment s'en sortait le jeune Biscornet. Dès que leurs yeux se furent accoutumés à la pénombre de l'atelier, ils virent entre les mains du garçon les ferrures des deux vantaux achevées. Ils les manipulèrent sous toutes les coutures sans trouver le moindre défaut, la moindre faille technique. Un pur chef-d'œuvre, une merveille à couper le souffle... Leur orgueil leur interdisait de le formuler, mais les deux serruriers expérimentés pensaient *in petto* qu'eux-mêmes n'auraient jamais fait aussi bien. Noyé sous une avalanche de compliments et de félicitations, Biscornet n'en entendit pas le quart, tout occupé qu'il était à se demander si oui ou non il était l'auteur de ce prodige.

Il essayait désespérément de se remémorer ce qui s'était exactement passé la veille, entre le moment où il avait jeté son marteau à terre et celui où il s'était réveillé engourdi sur le sol. Peut-être bien qu'il les avait fabriquées lui-même ces ferrures, après tout, dans un accès de délire dont il n'aurait pas le souvenir...

Il finit par se convaincre lui-même et donna libre cours à sa joie et à sa fierté. Nommé maître serrurier, il attendit avec impatience le jour où ses ferrures seraient apposées sur les vantaux du portail Sainte-Anne. Enfin, la date tant attendue arriva. Devant un public de compagnons et de badauds, l'on fixa l'œuvre de Biscornet sur les vantaux, et les vantaux dans la pierre. Un murmure admiratif parcourut la foule. Ces pentures étaient réellement époustouflantes... Biscornet buvait du petit-lait en écoutant les commentaires des commères et des experts. Mais il blêmit soudain : au moment d'ouvrir les portes pour la première fois, celles-ci refusèrent obstinément de tourner sur leurs gonds. Les ferrures étaient aussi raides qu'un linteau. Biscornet avait pourtant pris soin de les huiler... Il ne comprenait pas. À moins que... si Satan était véritablement là-dessous, cela ressemblait bien à un de ses mauvais tours. Les compagnons présents unirent leurs efforts. Par tous les moyens, ils tentèrent de faire pivoter les vantaux, en vain. Quand une commère lança : « Y'a qu'à les asperger d'eau bénite ! Ça a bien marché avec le cochon d'venu fou de mon cousin ! Croyez-moi qu'après une douche sous le goupillon, y marchait droit ! »

C'était de toute façon la dernière solution. Un chanoine présent mania énergiquement son goupillon, noyant littéralement le portail sous des flots d'eau bénite. Puis les compagnons refirent une tentative et là, miracle ! les portes pivotèrent sur leurs gonds sans le moindre grincement. La foule témoin laissait désormais échapper, dans un murmure confus, des mots tels que « l'œuvre du Malin », « diabolique », « envoûté »... Et les commères se chargèrent de diffuser la nouvelle dans la cité, à grand renfort de signes de croix... Ainsi naquit la légende du Diable serrurier.

Mais le sort de Biscornet n'était pas encore scellé. Chaque nuit, le pauvre garçon était en proie aux pires cauchemars. Il voyait en songe Satan apparaître devant lui et l'entraîner dans un feu éternel. Chaque nuit, aux portes des enfers, il se voyait supplier le Malin de lui accorder un jour de sursis. Il se réveillait hagard, épuisé, trempé d'une sueur glacée. Les jours passaient, interminables, car il était impossible à son esprit torturé de se concentrer sur quelque travail que ce fût. Une nuit, ses supplications restèrent vaines, le Diable refusa de tergiverser et emporta avec lui l'âme de Biscornet. On le trouva dans son lit, au petit matin, le corps comme torturé par d'horribles convulsions, raide et glacial.

Balivernes, dites-vous ? Racontars de bonne femme ? Allez donc mettre votre nez sur ces ferrures. Vous y verrez çà et là, gravées dans le fer, de curieuses têtes à cornes. Des raisonneurs vous diront, la bouche pincée, que ce n'est que la signature de Biscornet (Bis corné, deux fois corné). Au Moyen Âge, c'est ainsi que les illettrés signaient leur travail, sous forme de rébus. En revanche, ces mêmes raisonneurs sont incapables d'expliquer l'incroyable finesse du travail, la résistance des portes à l'ouverture et la mort mystérieuse de Biscornet. Il ne reste plus qu'à demander aux chimères, aux griffons et aux autres bestioles fantastiques en forme de gargouilles ce qu'elles pensent de ce pacte diabolique… Depuis 1864, une rue des abords de l'Opéra-Bastille rend hommage au serrurier Biscornet.

Chapitre III

L'horloger du temps à rebours

UN JOUR où vous vous baladerez le long de la Seine, du côté du quai de Montebello, faites un crochet par la rue Maître-Albert, qui est perpendiculaire au fleuve. À la hauteur du numéro 10, vous repenserez à la mystérieuse histoire de l'horloger du temps à rebours. Il y a à cette adresse une microscopique échoppe en planches vertes — aux volets toujours clos — qui jouxte un atelier de restauration de vieux meubles, à la devanture bleu roi. Aussi loin qu'ils s'en souviennent, les anciens du quartier, et les parents de leurs grands-parents, ont toujours connu cette échoppe occupée par l'atelier d'un maître horloger. Dans les années soixante, il s'agissait d'un certain monsieur Argus, né à Kiev, Dieu sait quand. Dans sa boutique d'à peine trois mètres carrés, il opérait, réparait, graissait, remontait et polissait montres, horloges, pendules et pendulettes pour les nobles, les bourgeois ou les petites gens des alentours. Majordomes et gouvernantes se refilaient professionnellement son adresse tout comme les fauchés en quête d'oignon d'occasion. Véritable figure de la Maube, Argus l'horloger faisait partie intégrante du paysage, aussi immuable que Notre-Dame, plantée juste en face, de l'autre côté de la Seine. Les aïeux l'ont toujours connu, les jeunes ont grandi avec, le saluant en rentrant de l'école quand ils étaient minots... Discret, solitaire, voué corps et âme à son labeur, il ne demandait rien à personne et enterrait peu à peu tous les vieux du quartier. En revanche, le temps coulait sur lui sans y imprimer les marques habituelles — rides, cheveux blancs, taches brunes, voussure et tassement. Il semblait figé dans une éternelle maturité de la quarantaine. Son visage aux yeux malicieux était sillonné d'une multitude de fines ridules parallèles qui paraissaient ne jamais se creuser. Il semblait comme momifié. Au début, personne n'y prêta vraiment attention, mais cette éternelle jeunesse finit par intriguer, faisant germer les commentaires : « Tout de même, c'est curieux cette manie de ne pas vieillir comme tout le monde. » Et les anciens de faire le rapprochement avec une vieille légende médiévale attachée à cette même adresse de la rue Maître-Albert.

À cet endroit, en 1465, la Bièvre se jetait dans la Seine, formant une sorte de delta où s'était établi le Port aux Bûches, grouillant d'animation. À deux pas de là, à l'emplacement exact de la baraque d'Argus, un horloger tenait déjà boutique. C'était un sage venu d'Orient qui avait renié sa religion pour se convertir à celle du Christ, dans une évidente volonté d'intégration. Il avait également changé de nom, troquant son patronyme exotique contre celui d'Oswald Biber, plus correct. Un nouveau nom très « couleur locale » car *biber* désignait alors un castor, de même que l'ancien mot français *bièvre*. Les mécanismes à ressort que montait, démontait, dégrippait et huilait le sage Biber étaient à l'époque rares et précieux, descendants sophistiqués des cadrans solaires, sabliers et clepsydres. Seuls les nobles, les membres du haut clergé et les bourgeois prospères pouvaient s'offrir ces petits bijoux de haute précision. Et ils ne s'en privaient pas, étalant par là leur qualité d'homme de bien et de goût qui vit avec son temps. Pour le plus grand bonheur de Biber qui voyait son commerce prospérer de jour en jour. Mais son bas de laine avait beau gonfler à en craquer, le maître horloger ne changea pas son mode de vie d'un iota. Il vivait modestement, se contentant de peu, s'accordant comme seul plaisir une virée de temps à autre dans un camp de bohémiens voisin où il avait lié de solides amitiés. Parmi ces marginaux, il retrouvait avec nostalgie la simplicité bon enfant, l'accueil chaleureux et le sens de la fête de son Orient natal. Lors de ces soirées passées à danser, à chanter et à boire au coin d'un feu de joie, il oubliait la froideur de l'Occident et ses rêveries l'emportaient bien loin…

Mais ces bohémiens traînaient derrière eux une sale réputation de voleurs et de jeteurs de sorts, et Biber avait beau faire preuve d'une piété sans reproche, on jugeait d'un mauvais œil ses fréquentations. Les ragots allaient bon train, noircissant peu à peu l'image lisse de l'horloger. « Il est toujours fourré là-bas… Que peut-il bien trouver d'intéressant à ces vauriens, ces bons à rien, ces voleurs de poules, ces noueurs d'aiguillettes ? Peut-être a-t-il réussi à percer quelques-uns de leurs satanés secrets de sorciers… »

Les rumeurs se seraient sans doute tues un matin, taries par la lassitude des commères sur la piste de nouveaux scandales, si un phénomène curieux n'avait jeté de l'huile sur le feu. Cela n'apparut pas immédiatement, il fallut des années et la perspicacité jalouse de certains pour que la réalité saute aux yeux de tous : Biber ne vieillissait pas. Sa silhouette, ses mains et son visage n'accusaient pas le poids des ans. Et l'on s'aperçut aussi que certains de ses meilleurs clients — parmi les plus vieux et les plus fortunés — se portaient de mieux en mieux, voire qu'ils semblaient rajeunir au fil du temps. Certains de ces verts galants se remarièrent avec une jeunette, qu'ils gratifièrent d'une abondante progéniture. Exploits qui firent baver de jalousie leurs conscrits édentés. Qui vendit la mèche ? Un vieillard jaloux ? Une jeune épouse déconfite ? Toujours est-il que l'on apprit que ces vieux messieurs ingambes avaient un point commun : ils possédaient tous une horloge atypique, construite spécialement pour eux par Biber, une horloge vraiment spéciale dont les aiguilles tournaient à l'envers. Elles n'indiquaient pas l'heure mais celui dont le nom était gravé sur les arbres des rouages en fer voyait son sort lié à celui de l'horloge. L'organisme du propriétaire parcourait à rebours sa tranche d'existence déjà accomplie, il rajeunissait.

Les heureux possesseurs de ce fantastique objet — à peine une demi-douzaine — s'étaient réunis en miniconfrérie. Ils se rencontraient régulièrement pour évoquer entre « initiés » les avantages et les embarras divers liés à ce secret.

« Ha, ha, ha ! J'ai enterré la semaine passée ce vieux grigou de Fromont. Il m'en a fait voir, ce saligaud ! Il m'avait volé ma fiancée dans le temps, pour l'abandonner deux mois après, pour une autre qu'il a épousée. Eh ben y s'est jamais remis de ce que j'y ai marié sa fille, la Berthille, la plus jeune, l'an dernier. Quelle noce ! L'Fromont, il en était vert, y nous en a fait un ulcère, qui l'a fini par l'emporter. Pas au paradis moi j'vous l'dis ! se réjouissait l'un.

— Ouais ben moi mon vieux, c'est mon petit-fils que j'ai enterré hier. Il avait à peine quarante-neuf ans. Si c'est pas malheureux de voir les siens partir avant soi..., déplorait un autre.

— Moi qui ai acheté l'horloge le premier, je commence à m'en mordre les doigts. C'était parfait pendant ma cinquantaine, encore mieux pendant ma quarantaine — j'avais tout : belle situation, bel avoir, belle prestance et l'expérience de mes soixante-cinq ans. La vingtaine et la trentaine n'étaient pas mal non plus, j'les ai passées dans les bras des femmes, qui tombaient comme des mouches sous mon charme de jeune homme qui en connaît un rayon sur la vie, et la meilleure façon d'en profiter. Ah ! Quand j'repense à la tête de c'te coquine persuadée de l'innocence de mes vingt ans ! En guise de dépucelage, elle en fut quitte pour la plus mémorable orgie de sa carrière ! Oui mais bon, voilà, après est venue l'adolescence et son cortège d'embarras. Tel que vous m'voyez, j'suis dedans jusqu'au cou : j'ai la barbe qui s'fait la malle, chassée par l'acné qui gagne du terrain. Difficile dans ces conditions de trouver des donzelles pour satisfaire mon appétit plus exigeant que jamais. Difficile aussi de commander à mes ouvriers avec ma voix de fausset. Ça ne peut plus durer », conclut un certain Ernaut.

Au fur et à mesure des ans, les embarras, en proportion croissante, revenaient plus souvent sur le tapis de leurs réunions que les avantages. Tant et si bien qu'un soir, n'en pouvant plus, ils se présentèrent ensemble devant Biber. L'échoppe du maître horloger était si étroite qu'elle ne put les contenir tous. Deux d'entre eux durent attendre à l'extérieur pendant que leurs compagnons exposaient leurs doléances à Biber.

« Nous vous sommes très reconnaissants de nous avoir fourni un tel objet. Nous avons bien profité d'une seconde voire d'une troisième jeunesse pour certains d'entre nous, mais désormais on aimerait que tout cela cesse. Pourriez-vous, s'il vous plaît, remonter à l'endroit les mécanismes de nos horloges afin que nos existences retrouvent leur fil normal ?

— Hélas, messires, cela n'est pas de mon ressort. Et puis, c'est tout bonnement impossible car si vous aviez vieilli normalement, vous seriez morts depuis belle lurette. Admettons que je puisse annuler le sortilège, vous vous verriez dans la seconde même réduits en poussière, l'état où vous seriez naturellement si vous n'étiez pas entrés en possession de votre horloge.

— Mais nous ne voulons plus rajeunir ! Ernaut, qui attend là, dehors, le premier à qui vous avez vendu l'horloge, nous a conté les tourments qu'il vit en sa seconde adolescence. C'est infernal, inhumain ! Et après, qu'est-ce qui nous attend ? L'enfance pas toujours rose — en tout cas la mienne ne le fut pas —, les connaissances qui s'évaporent, les facultés physiques qui régressent, l'état honteux de nourrisson incontinent et puis quoi ? comment cela va-t-il se terminer ? Aucun de nous n'est tenté par l'expérience. Surtout que nous verrons approcher de façon inéluctable la date de notre mort, de notre désintégration dans les limbes... Dès que nos jambes ne nous porteront plus, nous saurons qu'il ne nous restera plus qu'un an environ à vivre à rebours... À condition que nous soyons encore conscients de notre état à ce moment-là, ce qui n'est même pas sûr. Il faut vraiment que vous arrêtiez ce cauchemar. »

Biber ouvrit les mains en signe d'impuissance :

« Désolé mais je ne puis absolument rien pour vous. »

Un des compères qui avait jusque-là gardé le silence prit la parole, d'un ton agressif :

« Et vous alors, pourquoi vous changez pas ? On vous connaît depuis une éternité, vous ne vieillissez pas mais vous ne rajeunissez pas non plus. Vous avez bien un truc secret que vous vous appliquez à vous-même mais que vous refusez de partager avec nous. Alors ? Comment vous expliquez ça ?

— Vous avez raison. Je bénéficie d'un régime spécial. Un régime de faveur que, malgré ma bonne volonté, je ne puis malheureusement pas partager avec vous. Je ne suis pas né ici, vous le savez. Je viens d'une contrée lointaine, de cet Orient où le soleil se lève. Sur mon chemin, je me suis arrêté à Venise où officiaient, paraît-il, les plus habiles des maîtres horlogers. Jeune apprenti, je voulais me perfectionner en buvant à leur source la science de l'horlogerie. Celui qui me transmit ses connaissances s'appelait maître Alambescino. Il était aussi âgé que la cité lacustre ellemême et il m'enseigna bien des secrets, entre autres celui des horloges de longévité rétrotemporelles, qu'il m'apprit à construire. Un jour, il m'offrit l'horloge que voici. Ses aiguilles tournent alternativement vers la gauche et vers la droite, ce qui implique que je vieillis et rajeunis un jour sur deux. Maître Alambescino avait un modèle identique aux rouages gravés à son nom, secret de son immortalité. Mais alors qu'il s'apprêtait à m'en révéler la technique de fabrication, des émeutes éclatèrent dans la ville ; les chrétiens vénitiens, exaspérés par la mainmise croissante des juifs sur certains commerces, se mirent à pourchasser tout individu à la peau un peu trop mate. Cela commençait à sentir le roussi pour moi, je dus donc quitter précipitamment la cité, ma précieuse horloge que voilà sous le bras. Un mois plus tard, j'arrivais à Paris, où je pus m'installer ici, comme vous le savez. »

Les six vieillards juvéniles regardèrent d'un autre œil cette antique horloge au boîtier de laiton qu'ils avaient toujours vue trôner sur l'établi de maître Biber, entre une multitude d'outils de haute précision : tour, brosse, machine à arrondir, micromètre et potence à river. Son cadran était écaillé, ses aiguilles un peu tordues, elle cachait bien sa magie sous des dehors piteux. Elle tictaquait sagement, impassible, indifférente à leurs tourments humains. La confrérie des juvéniles se retira à la tombée de la nuit, sceptique et insatisfaite, laissant Biber fermer boutique et apposer des panneaux de bois sur sa devanture.

Plus tard dans la soirée, alors que toute la ville dormait à poings fermés, on vit huit silhouettes sombres raser les murs de huit ruelles différentes, convergeant de concert vers l'échoppe de Biber. Sans se concerter, chacun des huit vieillards avait eu la même idée : celle de revenir seul pour s'introduire nuitamment chez le maître horloger afin de dérober son horloge magique. Tous en étaient arrivés à la même conclusion : ma seule chance est de graver mon nom à la place de celui de Biber sur cet objet fabuleux. Le premier à pénétrer dans l'atelier en se glissant par l'étroite fenêtre de l'arrière-boutique fut le jeune Ernaut, qui bénit pour une fois l'agilité et la souplesse de son corps d'adolescent retrouvé. Les autres ne tardèrent pas à le rejoindre, stupéfaits de constater qu'ils n'étaient pas seuls à avoir eu cette idée. Vexés et enragés, ils engagèrent une lutte furieuse, pêle-mêle de membres nerveux, de doigts griffus, de dents montrées et de cheveux tirés. Évidemment, ce qui devait arriver arriva : l'horloge magique ne résista pas à un pugilat mené sur un ring de trois mètres carrés. Elle chancela, puis chuta lourdement au sol, brisée net en six morceaux. Une brume opaque monta du sol et enveloppa la pièce, asphyxiant dans son nuage les combattants, qui tombèrent instantanément en poussière. L'horloge de Biber commandait en effet toutes les horloges rétrotemporelles ; celles-ci neutralisées, c'en fut fini de leurs propriétaires. C'en fut fini aussi de maître Biber dont l'enveloppe charnelle, paisiblement endormie à l'étage, subit dans le même temps une semblable désintégration.

On trouva au petit matin l'atelier sens dessus dessous, le sol jonché de débris d'horlogerie et d'une épaisse couche d'une curieuse matière, mi-cendres mi-poussière. Çà et là, de petits tas de vêtements râpés et quelques horloges cabossées qui n'indiquaient même pas la bonne heure. Des voisines balayèrent le tout, et l'échoppe fut relouée sans délai à un autre maître horloger qui survint les jours d'après, ravi de récupérer à la fois les outils et la clientèle de son prédécesseur.

Quand un vieux de la vieille raconta cette légende à Argus, l'horloger de la Maube des années soixante, ce dernier blêmit et tourna la tête, sans doute pour cacher l'infinie détresse qui voila ses yeux clairs...

L'échoppe mystérieuse de l'horloger à l'éternelle jeunesse garde ses volets désespérément clos.

Chapitre IV

Les petits pâtés de la rue des Marmousets

AVANT QUE le baron Haussmann n'éventre l'île de la Cité, celle-ci se résumait à un lacis de ruelles étroites qui enserraient comme un chignon dans une résille Notre-Dame, la Conciergerie et la Sainte-Chapelle. Ses quelque cinq cents rues (réduites à vingt-quatre aujourd'hui) grouillaient d'animation. Les chaises à porteurs et les litières s'y croisaient à grand-peine voire s'embourbaient de concert les jours de pluie. Une marmaille bruyante jouait dans le ruisseau central, des commères papotaient sur leur pas-de-porte, distraites à l'occasion par le boniment d'un colporteur ou les pirouettes d'un saltimbanque. Il arrivait parfois qu'un pèlerin à bâton noueux s'égare dans ce dédale ; quelque bonne âme le redirigeait alors vers la Sainte Chapelle que le bon roi Saint Louis fit construire pour abriter la couronne d'épines du Christ et les reliques de la Passion.

Aux flancs de Notre-Dame était accolé le domaine du chapitre, autrement dit le cloître, véritable cité dans la Cité. Ce n'était pas à proprement parler un cloître semblable à celui des monastères mais un enclos entouré de murs et percé de quatre portes.

EMBELLISSEMENTS DE PARIS.

Rue des Marmousets. — La maison du fabricant de pâtés de chair humaine (XIVe siècle) récemment démolie.

La rue des Marmousets telle qu'elle était au Moyen Âge.

À l'intérieur vivaient les chanoines de la cathédrale qui dispensaient aux « escholiers » un enseignement fort réputé, bien avant la mise en place des collèges de l'Université, sur les flancs de la colline Sainte-Geneviève. Ni les tavernes, ni les ouvriers, ni les femmes — à l'exception des gardes-malades d'âge respectable — n'étaient tolérés dans cette enceinte sacrée.

Il y avait en l'an 1387, à l'orée du cloître de Notre-Dame, plus précisément à l'angle de la rue des Deux-Ermites et de la rue des Marmousets (actuelle rue Chanoinesse), deux modestes boutiques collées l'une à l'autre, enserrées de chaque côté par une maison de chanoine. L'enseigne de la première — un coupe-chou croisant le fer avec une paire de ciseaux — annonçait un barbier étuviste. Celle de la seconde — un petit pâté dodu chapeauté d'une couronne ducale — désignait un pâtissier.

À l'époque, la majorité des pâtissiers étaient des marchands ambulants qui chantaient dans les rues leur refrain :

« *Et moi, pour un tas de frians,*
Pour Gauthier, Guillaume ou Michaut,
Tous les matins, je vais crians
Éschaudés, gasteaux, pastés et petyt choubz chaulx ! »

Mais maître Tripelon, le pâtissier de la rue des Marmousets, plus malin ou plus habile bonimenteur que les autres, avait réussi à réunir la somme nécessaire à son établissement. Oh ! sa boutique n'était pas bien grande et elle était sans doute un peu trop sombre, mais notre homme s'en contentait. Toujours mieux qu'un étal branlant sur une charrette de fortune ! Là, enfin à l'abri des intempéries et des larcins des vauriens, il pouvait étaler artistiquement ses échaudés, ses fouaces, ses oublies, ses gaufres, ses darioles, ses beignets, ses nieules, ses ratons, ses gimblettes, ses craquelins, ses poupelins et ses talmouses dorées à l'œuf. Pardevant son étal, en vedette, il disposait les pièces salées, celles dont il tirait la plus grande vanité : ses tourtes et ses petits pâtés garnis de viande, de poisson ou de fromage. Et, ma foi, il avait de quoi en être fier. Il en écoulait facilement quatre douzaines par jour. Dès potron-minet, une petite file d'une demi-douzaine de personnes se formait invariablement devant la boutique aux volets encore clos de maître Tripelon. Ménagères ou gens de maison, ceux-là voulaient être sûrs de rapporter au logis leur lot de petits pâtés. Les nobles n'hésitaient pas à s'en faire livrer par assortiment et l'on raconte même que le roi Charles VI en gobait un, tout entier, chaque matin, au lever...

Une gourmandise vite excusée dès lors qu'on y avait goûté. Le fumet délicat, la couleur dorée, le croquant du feuilleté allié au fondant divin de la garniture... L'exquise friandise prenait soin de flatter chaque sens dans un éblouissant festin. Les louanges pleuvaient en particulier sur les petits pâtés à la viande qui emportaient, de loin, tous les suffrages.

L'échoppe de son voisin le barbier étuviste était moins fréquentée. L'intéressé, messire Scaferlati, ne s'en plaignait guère. Paresseux comme une couleuvre, il s'occupait consciencieusement des chalands qui se présentaient, sans chercher à élargir sa clientèle. Il rasait d'une main experte les barbes de trois jours comme de dix, traquait le poil jusque dans les oreilles, faisait un sort aux toisons rebelles, taillait les sourcils broussailleux et sacrifiait les moustaches jaunies ou en queue-de-rat. Mais les attributions des barbiers d'alors ne s'arrêtaient pas à la simple traque au poil ; ils pratiquaient aussi les saignées, arrachaient les dents, pansaient les blessures, amputaient des membres... Bref, ils s'adonnaient à une chirurgie rudimentaire, la seule qui existât. En dépit de sa cagnardise, maître Scaferlati avait le geste sûr et le bistouri bien affûté. Aucun de ses clients, qu'il soit rasé de frais ou amputé de près, n'eut jamais à se plaindre de ses services.

En cette fin d'année 1387, alors que la Cité préparait dans son giron les festivités de la Nativité, d'inquiétantes rumeurs se mirent à circuler aux abords du cloître de Notre-Dame. Les chanoines semblaient encore plus bourrus, plus austères et plus sévères qu'à l'ordinaire. La cause de leurs froncements de sourcils finit par être éventée : plusieurs étudiants de l'École de Notre-Dame, dont les chanoines avaient la charge, avaient mystérieusement disparu ! Cinq en moins de quatre mois ! Les deux premiers furent crédités d'une fugue. Le troisième permit de vérifier le proverbe « Jamais deux sans trois ». L'évaporation d'un quatrième puis d'un cinquième alerta sérieusement l'épiscopat. Les autorités du cloître pataugeaient dans le noir le plus complet. Pas de rançon demandée, pas de corps retrouvé, rien, aucune piste... Évaporés les escholiers ! Impossible d'incriminer la vermine qui sévissait dans le quartier : les truands et les ribauds locaux avaient la décence de laisser derrière eux des macchabées dévalisés et sanguinolents mais des corps tout de même. On recommanda aux chanoines qui logeaient des étudiants de surveiller de près les allées et les venues de leurs pensionnaires. En dépit de quoi, deux nouvelles disparitions marquèrent la semaine. L'une concernait un jeune garçon issu d'une noble famille normande, l'autre un étudiant allemand de vingt-trois ans prénommé Alaric.

Alaric possédait un chien danois (dogue allemand) qui ne le quittait pas d'une galoche et s'asseyait sagement sur son séant à ses pieds pendant les cours, et il s'était lié d'amitié avec un autre étudiant de son âge, Foulques. Un matin, Foulques, ne voyant pas son ami dans l'assemblée studieuse des escholiers, s'inquiéta aussitôt. Alaric était la ponctualité même, il lui était arrivé quelque chose ! Il rassembla ses affaires et sortit en douce de la salle où ses camarades ânonnaient des déclinaisons latines. Dehors, il réfléchit aux endroits où pourrait bien se trouver Alaric. Il pensa à un coup de blues et se dirigea vers la Motte-aux-Papelards, un terrain vague noyé de brumes et de marécages, à la pointe orientale de l'île, où Alaric aimait à rêvasser en pensant à sa Westphalie natale. À part un gueux déguenillé, personne. Foulques mena alors ses pas vers le lavoir de la rue Coquatrix, où travaillait une jolie lavandière du goût de son ami. La belle n'avait pas vu Alaric depuis la veille au matin. Il poussa sans trop y croire jusqu'à la taverne du Guet, au fond de la rue des Trois-Canettes. Alaric, sobre comme un chameau, n'y était évidemment pas. En désespoir de cause, il pensa à la blanchisseuse de la rue aux Fèves, une matrone aux allures d'ogresse qui terrorisait les jouvenceaux mais que ces derniers étaient bien obligés de fréquenter s'ils voulaient être blanchis à peu de frais. La mère Grimbèche, barrique ventrue, violacée et verruqueuse, friande de mentons imberbes et de joues roses, pratiquait en effet des tarifs extrêmement réduits à l'attention des étudiants. Et plus ceux-ci étaient blonds et duveteux, plus les tarifs appliqués frôlaient le plancher. La blondeur germanique d'Alaric aurait-elle déchaîné la passion de la Grimbèche ? Non, c'est absurde, se raisonna Foulques, Alaric a du poil au menton, et dru avec ça !

Alors qu'il se faisait cette réflexion, le jeune homme traversa la rue des Marmousets, où il jeta un œil, par association d'idées, sur l'échoppe du barbier. Et là, quelle ne fut pas sa surprise de voir sous l'enseigne du coupe-chou le dogue de son ami, hurlant à la mort et roué de coups par le barbier.

« Sale cabot ! Mais tu vas te taire, oui ? J'ai pas fermé l'œil de la nuit à cause de toi. Dégage ou je vais moi-même régler ton sort ! »

Foulques accourut et abrégea la bastonnade, sans pouvoir faire taire le mâtin dont les hurlements sur trois tons glaçaient le sang. Il réussit à l'entraîner dans le cloître, loin du courroux de Scaferlati et des habitants de la rue des Marmousets, rancuniers de leur nuit blanche.

Foulques s'ouvrit de sa quête et de cette étrange aventure au doyen des chanoines, un homme parmi les plus respectés de la Cité, qui prit la sage décision d'aller quérir un sergent du guet. Ensemble, ils retournèrent devant l'échoppe du barbier et le pressèrent de questions. Scaferlati commença par plaider l'innocence avant de réviser sa version sous la double menace de l'arbalète du sergent et des crocs du dogue allemand. En guise d'aveux, Scaferlati offrit aux trois hommes une reconstitution de la petite scène qui se jouait là tous les deux ou trois jours depuis une dizaine de mois. On le vit mimer le coup du lapin sur la nuque d'un client imaginaire, traîner le corps par terre et soulever au sol l'anneau d'une trappe. Puis il fit semblant de basculer le corps du malheureux client sur son épaule avant de descendre lourdement les barreaux d'une échelle de meunier. Foulques, le chanoine et le sergent s'engouffrèrent à sa suite dans la cave et ce qu'ils y virent les clouèrent d'effroi. En son centre, un large billot de boucher luisait de sang frais. Autour brillait une collection d'instruments tranchants finement aiguisés et savamment rangés par ordre croissant de taille : palettes à saignées, bistouris à lame rentrante, bistouris à lame droite pour incisions de téguments, bistouris à lame courbe pour sections de parties molles... Au fond, dans un panier d'osier, quelques fémurs et une poignée de rotules soigneusement raclées. À côté, un tas de vêtements tachés et chiffonnés. Une ouverture pratiquée dans le mur communiquait apparemment avec la cave du voisin. L'effroyable réalité se fit enfin jour dans l'esprit des trois hommes. Les disparitions mystérieuses, tout ce sang, les caves jumelles, les petits pâtés si fondants... Tout s'expliquait ! Horrifiés, ils ne purent retenir un flot de bile.

La silhouette de Tripelon, alerté par le raffut, se profila à cet instant dans l'ouverture. Voyant que son complice était passé aux aveux, il baissa les bras et se laissa docilement conduire au poste de guet. Le surlendemain, les deux associés furent amenés chacun dans une cage en fer sur le parvis de Notre-Dame et brûlés vifs.

Le chroniqueur Du Breul se fit l'écho de l'affaire dans une gazette :

« Un pâtissier, aidé en cela par un voisin barbier, avait occis un homme et en avait fait des pastés qui furent trouvés meillairs que les autres, d'autant que la chair d'homme est plus délicate, à cause de sa nourriture, que celle des aultres animaux. Cela ayant été découvert, la cour du Parlement ordonna qu'outre le châtiment du pâtissier, sa maison serait rasée et outre qu'une pyramide ou colonne serait érigée au dict lieu, en mémoire ignominieuse de ce détestable forfaict. »

Le drame inspira des ménestrels qui mirent l'histoire en musique avant de la colporter dans Paris :

« *Puis rue des Deux-Hermites*
Proche des Marmouzets
Fut deux âmes maudites
Par leurs affreux forfaits ;
D'un barbier sanguinaire
Pâtissier téméraire
Découverts par un chien

Faisant manger au monde
Par cruauté féconde
De la chair de chrétien. »[1]

Les demeures de Scaferlati et Tripelon furent rasées, conformément à l'usage qui voulait que l'on démolisse la maison d'un criminel ou toute bâtisse théâtre d'un meurtre ou d'un fait divers tragique. Une manière naturelle d'effacer un mauvais souvenir. Cette tradition qui remontait à l'Antiquité perdura jusqu'en 1594. Le terrain resta inoccupé pendant près d'un siècle. Seule une petite pyramide commémorative fut dressée en son centre. En 1536, un certain Pierre Belut, conseiller au Parlement qui s'était rendu propriétaire des lieux, sollicita de François Ier la permission de construire sur son terrain. Des lettres patentes ornées du paraphe royal la lui accordèrent, rompant ainsi la décision de justice. Belut bâtit donc une maison, qu'il orna d'une borne sculptée en bas-relief où l'on pouvait lire, comme sur une bande dessinée, le déroulement des tristes faits commis ici. Le dogue allemand y était traité en héros. La dernière mention de cette borne remonte à 1848, époque à laquelle les mamans menaçaient toujours les enfants capricieux de la venue du terrible pâtissier de la rue des Marmousets.

Au 12 de la rue Chanoinesse — emplacement supposé du crime — les odeurs d'essence et de cambouis ont remplacé le délicieux fumet des petits pâtés, car la place est désormais occupée par le garage à motos des gardiens de la paix.

1. Complainte de Poirier, dit le Boiteux, dans son livre *L'Origine et les antiquités de Paris.*

Chapitre V

Boucan d'enfer au Diable Vauvert

L'EXPRESSION « aller au diable Vauvert » est malheureusement de moins en moins usitée. Elle n'a pourtant pas son équivalent dans la langue française pour désigner un endroit à la fois éloigné, perdu et peu recommandable. Nul doute que vous aurez à cœur de l'employer plus souvent quand vous connaîtrez son histoire.

Au Xe siècle, sous le règne des premiers Capétiens, l'espace qui s'étend de l'actuel jardin du Luxembourg au carrefour de Denfert-Rochereau était occupé par une vallée plantée de vignes et de vergers, si verdoyante qu'on l'avait baptisée « Val Vert ». Un Val Vert qui, au fil du temps et surtout des prononciations approximatives émises par des bouches édentées, était devenu Vauvert.

Le calme de cette paisible contrée fut troublé vers l'an 1000 par l'arrivée du roi Robert II dit le Pieux, fils et successeur d'Hugues Capet, qui y fit construire un petit château. Ce monarque cherchait en effet un endroit isolé pour se remettre de ses déboires sentimentaux dont tout Paris se gaussait sans retenue. Notre homme venait de répudier son épouse Rozala, fille de Bérenger II, roi d'Italie, pour convoler avec sa propre cousine Berthe de Bourgogne. Il eut beau se plaindre de l'âge avancé et de la stérilité de Rozala, et mettre en avant le beau parti politique que représentait Berthe, l'Église ne l'entendit pas de cette oreille et l'excommunia tout net. Comme le pape Grégoire V refusait catégoriquement de revenir sur sa décision en dépit de la grande piété affichée par Robert II, celui-ci se vit contraint de troquer sa chère Berthe contre la vieille Rozala.

Pour se changer les idées — et passer le moins de temps possible avec sa légitime — Robert II supervisa en personne la construction de son château situé à l'extrémité du Luxembourg, à l'emplacement actuel des allées de l'Observatoire. Son humeur noire du moment influença sans doute ses goûts et dicta ses directives architecturales ; on vit sortir de terre une bâtisse massive de style féodal, aux portes basses et aux fenêtres en forme de meurtrières. Des tourelles postées aux angles des pavillons conspiraient à donner au château de Vauvert un aspect sombre, mélancolique et sinistre à souhait. Mais très vite, le moral de Robert remonta en flèche — la mort de Rozala en 1003 n'y fut peut-être pas étrangère... Plus question dès lors de moisir dans ce lugubre castel. Trop de mauvais souvenirs hantaient ses murs humides... Robert II enfourcha son cheval et partit vers de nouvelles aventures, sans se retourner sur la forteresse abandonnée.

Les années passèrent, faisant chuter une à une les lourdes pierres du château de Vauvert. Les descendants de Robert le Pieux avaient d'autres chats à fouetter : les envahisseurs barbares d'abord, les querelles de duchés ensuite, puis les croisades, sans compter les épidémies de peste. Les héritiers, qui échappèrent à ces fléaux successifs, se moquaient comme d'une guigne de cette bâtisse ancestrale, tant et si bien qu'ils l'oublièrent complètement.

Une amnésie qui fit le miel des vagabonds, malandrins, rôdeurs et voyous de la pire espèce qui s'empressèrent de squatter ce bien en déshérence. Entre les ronces, les pierres mangées de mousse et les chauves-souris, ils trinquaient à la pleine lune, faisaient chère lie, troussaient des ribaudes et troquaient leurs menus larcins. Les jours sans pain, ils s'épouillaient mutuellement et se grattaient la vermine au sang en rêvant à des heures meilleures. Les nuits de ripailles, les abords du château retentissaient de rires grasseyants ou hystériques, d'hurlements d'ivrognes et de plaintes d'animaux sacrifiés sur l'autel de la bonne chère. Une cacophonie inhumaine que les riverains attribuèrent aussitôt, dans leur ignorance, à une colonie de démons et d'esprits frappeurs. Personne ne fut assez téméraire pour aller vérifier *in situ*. La seule vision des voies d'accès, envahies de ronces dissuasives et de lianes inhospitalières, fit rebrousser chemin les héros potentiels. Les ragots quotidiennement distillés dans les villages alentour finirent de saper le moral des intrépides : « Pour sûr qu'c'est le Diable en personne qui dort dans le lit de l'excommunié. La place était chaude et sacrilège, elle lui aura plu... Le Malin s'est installé avec toute sa clique de succubes. Ils mènent après minuit un raffut monstre. Faut l'avoir vu pour le croire. Moi qui vous parle, ma commère, j'ai vu de mes yeux vu, la nuit de la Saint-Martin, un char de feu mené par Satan lui-même descendre du ciel dans un tintamarre d'enfer et une odeur de soufre pas tenable. Et autour, des milliers de corbeaux qui voletaient en cherchant à arracher les yeux des curieux. J'ai pas demandé mon reste, je m'suis protégé la tête d'un fichu, j'ai relevé mes jupons et j'ai galopé jusqu'au village. Ah ! rien que d'en parler, j'en ai encore le cœur qui bat la chamade ! La peur de ma vie. Par la Sainte Vierge, jamais plus je ne m'approcherai de ce lieu maudit. » Des rumeurs de disparitions d'enfants, sans doute enlevés par des loups-garous, s'ajoutèrent à ce tableau effrayant. La terreur populaire était telle que la voie de Vauvert, celle qui menait à la porte Saint-Jacques, fut peu à peu rebaptisée par l'usage « sentier d'Enfer » (cela donnera plus tard « Denfert-Rochereau »).

Les brigands et les rôdeurs qui avaient choisi le château de Vauvert comme villégiature se gardèrent bien de détromper leurs voisins, quitte à entretenir au besoin leurs craintes quand celles-ci venaient à faiblir ! Tant que les paysans étaient convaincus de la présence du Diable, ils se tiendraient à distance.

Un jour pourtant, un petit groupe d'habitants, moins crédules ou plus courageux que les autres, tinrent conseil et convinrent que cela n'était plus possible. Ils tentèrent de se persuader que ces apparitions diaboliques n'étaient peut-être que des va-nu-pieds aux barbes hirsutes et que ces cris inarticulés n'étaient autres que des croassements de corbeaux ou des hululements de hiboux, volatiles habituellement friands de masures abandonnées. Courageux mais pas téméraires, ils allèrent trouver le lieutenant de police qu'ils convainquirent de la nécessité de dépêcher quelques archers dans le secteur. Une troupe de six fut missionnée à Vauvert mais à l'orée des broussailles cernant le château, ce fut la débandade. Effrayés par des bruits de cymbale cabossée et des jets de verre brisé, les militaires battirent en retraite dans un désordre honteux. Ces solides gaillards, revenus de leur expédition pâles, tremblants et demi-morts d'effroi, refusèrent tout net de récidiver, même appâtés par un copieux renfort et une solde doublée. À les entendre, ils furent cernés par des feux follets jaillis d'on ne sait où, qui leur avaient lancé de terribles malédictions dans un grand fracas de chaînes rouillées.

Enfin, après plusieurs semaines, le lieutenant de police réussit à constituer une véritable petite armée composée de mercenaires débauchés en province. L'on réussit à se procurer de vieux plans moisis du château de Vauvert sur lesquels les chefs de troupe se penchèrent afin de graver dans leurs têtes les moindres coins, recoins, escaliers et portes dérobées de la forteresse hantée. Sûrs de s'y retrouver dans le dédale des corridors et des souterrains, les chefs lancèrent officiellement l'expédition, guidant la soldatesque ignorante des superstitions locales sur le sentier d'Enfer. L'escouade piétina les ronces et s'enfonça comme un boulet de canon dans les ruines moussues. Les militaires, dont la bravoure avait été artificiellement dopée par une rasade de rhum, progressaient le cœur au ventre. À l'aide de vigoureux coups de bâton dans les fourrés et les gravats, ils délogèrent une colonie de mulots, une famille de chauves-souris et même une smala de putois. Mais, mis à part ces quelques locataires bien inoffensifs, rien... Pas l'ombre d'un ectoplasme, pas même celle d'un rôdeur. Le lieu était absolument désert. Silencieux en revanche, pas vraiment... Et c'est bien ce qui clochait. On entendait distinctement tantôt des coups sourds, tantôt des rires fêlés, tantôt des feulements menaçants qui semblaient soit traverser les murs, soit sourdre du sol. L'ensemble formait une symphonie éprouvante pour les nerfs, assurément surnaturelle, forcément diabolique. Le voisinage des catacombes n'avait rien de rassurant...

La tentative de délocalisation des démons par la force ayant lamentablement échoué, les autorités résolurent de laisser les esprits en paix.

Il y avait non loin de là, à Gentilly, un monastère occupé par des frères chartreux. Ils étaient établis dans une confortable bâtisse appelée la Grange-aux-Queux, du nom d'un certain Lequeux qui l'avait acquise en 1250. Ces disciples de saint Bruno vivaient en anachorète dans la plus grande austérité. Ils portaient des cilices à même la peau et se levaient au milieu de la nuit pour s'abîmer en prière. Leur médecine consistait en une saignée purgative cinq fois l'an et leur coquetterie se limitait à un rasage trimestriel. Ils se rationnaient même en eau et se refusaient tout aliment gras. Leur seul péché mignon, c'était l'horticulture. Ces braves chartreux férus de botanique avaient un splendide potager où ils se pâmaient devant un bouton de ciboule ou une pousse précoce d'herbe à chat. Fleur, fruit ou légume, la moindre floraison provoquait un émoi converti en action de grâces. Mais leur potager, quelque fertile qu'il fût, ne suffisait pas à les contenter. Les frères rêvaient de grands espaces aménagés en vergers et de coteaux plantés de vignes. À chaque fois qu'ils se rendaient à Notre-Dame, sur l'île de la Cité, pour participer à un jubilé ou une procession, ils passaient devant le domaine de Vauvert. Ah ! Comme ils convoitaient ce terrain mangé d'herbes folles ! Ils imaginaient déjà l'éden qu'ils pourraient en faire... Ici, une rangée de cerisiers, à droite, une plantation de vignes, et là-haut, un magnifique potager trois fois plus grand que l'actuel. Quant à la ruine, bah ! il suffisait de la raser et de construire un couvent flambant neuf par-dessus.

Dans les premiers jours de novembre 1258, lassés de tirer des plans sur la comète, ils se réunirent en concile et décidèrent de passer à l'action. Il fut entendu que leur supérieur, le prieur

Dom Josserand irait dès potron-minet trouver le bon roi Saint Louis pour lui exposer le vœu le plus cher de leur communauté. Le matin dit, Dom Josserand prit aux premières lueurs du jour la route de Paris en compagnie de deux moines, dans l'espoir d'être reçu en audience avant midi. La pieuse délégation attendit trois bonnes heures avant de passer à son tour devant le roi, dans le palais de la Cité. Dom Josserand, qui avait eu le temps de préparer son discours, présenta l'affaire de la façon suivante :

« *Sire, je ne vous apprends pas que les règles séculaires de notre ordre exigent que nous vivions dans la solitude, à l'écart des hommes et de leurs villages. Si nos frères chartreux du Dauphiné s'accommodent fort bien de cette contrainte, il n'en est pas de même pour nous, chartreux des villes. Les habitations ont peu à peu encerclé notre couvent de Gentilly, grignotant notre espace vital. De plus, un malheur ne venant jamais seul, notre effectif ne cesse de décroître. Rares sont les jeunes à ressentir l'appel de la vocation... Alors, j'ai pensé, Sire, que si nous avions un autre couvent plus vaste, plus moderne et à proximité de l'Université, nous pourrions toucher quelques âmes d'étudiants et les guider vers une voie spirituelle. Justement, il y a du côté de Vauvert un terrain qui semble idéal...* »

Le bon roi Saint Louis trouva leur requête frappée au coin du bon sens mais il voulut avant de signer quelque acte que ce fût s'assurer que nul seigneur ne viendrait revendiquer la propriété de Vauvert. Il dépêcha dans les archives un régiment de gratte-papier, de tabellions et de greffiers chargés de dénicher un éventuel ayant droit. Les fonctionnaires zélés firent chou blanc. Pas plus d'héritiers que de poils dans leur main. En revanche, tous avaient entendu parler de ses locataires un peu trop bruyants. Le roi prit acte et donna aux chartreux le domaine de Vauvert avec toutes ses dépendances et appartenances — terres à vignes comprises. Saint Louis tint cependant à leur préciser que l'expropriation des esprits qui hantaient les ruines depuis des lustres ne serait pas chose commode... À cela, les chartreux répondirent :

« Bah ! Ce n'est pas un problème, nous ferons le ménage. Aucun démon ne résiste à un goupillon d'eau bénite. Et si ce sont des coriaces, alors nous sortirons les saintes reliques, un remède imparable ! »

De retour de la Cité, Dom Josserand et ses deux moines allongèrent leurs pas pour annoncer la bonne nouvelle à leurs frères. À leur retour, ils trouvèrent les moines au grand complet attablés au réfectoire. Dom Josserand brandit l'acte de propriété tant convoité, couché en belles carolines sur le parchemin royal. Et l'assemblée d'applaudir, la bouche pleine. Le prieur modéra leur enthousiasme : « Frères, si nous voulons voir fleurir au printemps les fruits de nos efforts dans notre nouveau potager, il va nous falloir mettre un sacré coup de collier. Au programme : exorcisme, défrichage, semis et maçonnerie. »

Le 21 novembre 1258, jour de la Saint-Colombin, une curieuse procession fit sortir les riverains du sentier d'Enfer sur le pas de leur porte. En tête, Dom Josserand en chasuble de cérémonie, tenant des deux mains une croix en or de deux mètres de haut, sertie d'émaux et de saphirs. À trois pas derrière lui suivaient deux moines faisant voltiger des encensoirs. Encore derrière marchait un couple de moines chargés de tresses d'aulx dont les têtes se comptaient par centaines. Puis c'était au tour des moines porteurs d'eau bénite et des moines receleurs d'images pieuses. Enfin, les saintes reliques fermaient la marche. Des châsses richement ouvragées laissaient entrevoir, douillettement posés sur des coussinets de velours cramoisi, quelques *ex ossibus* de choix tels que le petit orteil de sainte Cunégonde, un fragment de la mâchoire supérieure de sainte Agathe et la rotule gauche de saint Bonaventure. Le cortège hétéroclite, soucieux de sa mission apostolique, avança d'un pas conquérant vers les ruines du château de Vauvert.

Trois jours et trois nuits durant, méthodiquement, la délégation de chartreux exorcistes désenvoûta par salves le lieu maudit. On balada d'abord la croix partout, la brandissant avec force dans les recoins les plus sombres et les moins catholiques. On se répartit pour distiller patenôtre, confiteor, de profundis, gaudeamus et autres oraisons jaculatoires aux quatre points cardinaux, en insistant bien dans les angles sur le vade retro. On inonda chaque parcelle de terrain d'eau bénite, injectant au besoin quelques giclées entre les interstices des pierres et dans les caves, via les soupiraux, à l'aide d'une vessie à tuyau de roseau rigide (seringue primitive). On sema entre les poutres des charpentes, dans les tourelles et sous les buissons des gousses d'ail odorantes à souhait. Et pour parachever le travail, on promena les reliques sur chaque centimètre carré — sainte Cunégonde au rez-de-chaussée et dans les caves, sainte Agathe dans les étages et saint Bonaventure dans le jardin.

À en croire les ragots qui galopèrent les jours suivants sur les marchés des environs, le Diable ne se laissa pas mollement exproprier. Il se défendit avec acharnement à coups de tonnerre, d'éclairs, de tremblements de terre, de fumées opaques et de vapeurs puantes. Enfin, au matin du quatrième jour, les volutes de soufre se dissipèrent et le ciel s'éclaircit. Le démon, vaincu, s'était enfui en quête d'un asile plus tranquille.

Les moines s'installèrent dans leur nouveau fief glorieusement conquis, qu'ils rebaptisèrent Vauvert-lès-Paris. Comme prévu, ils menèrent illico des opérations de défrichage, de labour et de semis afin de voir pointer au printemps le potager si ardemment rêvé. Ils rasèrent entièrement les ruines et rebâtirent sur les fondations de l'ancien château un couvent doté de toutes les commodités modernes (cloître, puits, moulin...). Le dédale des souterrains fut conservé et recyclé en cave destinée à accueillir la fameuse liqueur aux plantes dont les chartreux avaient le secret.

Des jaloux prétendirent ensuite que les moines avaient eux-mêmes organisé ces bacchanales de démons afin de dévaluer le domaine et de décourager d'éventuels acheteurs. Il est vrai que les manifestations surnaturelles cessèrent comme par miracle dès leur arrivée...

Le couvent des chartreux fut rasé en 1791. Son immense parc devint le refuge des étudiants et des grisettes qui s'y retrouvaient pour déjeuner sur l'herbe. En 1838, un commerçant futé répondant au nom de Carnaud installa à la place du couvent une immense tente de style mauresque sous laquelle il inaugura un bal d'un genre nouveau : *La Chartreuse*. Les étudiants y donnaient rendez-vous à leurs bonnes amies, les rapins y fricotaient avec les filles faciles, mais tout ce petit monde dansait à l'économie sans trop dépenser à la buvette. M. Carnaud fit faillite et se vit contraint de démonter sa tente. Le terrain délaissé fut repris par François Bullier, qui décida de tenter sa chance à son tour. Il construisit un véritable palais des Mille et Une Nuits où le Tout-Paris galant et estudiantin revint s'amuser. Il fit planter aux alentours mille pieds de lilas et appela son bal *La Closerie des Lilas*. Vers 1847, ce fut l'un des principaux centres de plaisir parisien. Ouvert le dimanche, le lundi et le jeudi, il voyait défiler une jeunesse chahuteuse composée d'étudiants, de peintres, de calicots et de donzelles qui répondaient aux sobriquets de Nini Belles-dents, Tape-à-l'œil ou Rigolette en raison de telle ou telle spécialité galante dans laquelle elles excellaient.

À l'emplacement du couvent des Chartreux se dresse désormais La Closerie des Lilas, *fameuse brasserie qui était au* XIXe *siècle un bal populaire.*

Et que devint l'ancien monastère des chartreux, à Gentilly ? Délaissé, il tombait en quenouille quand Jean de Pontoise, évêque de Winchester, s'en porta acquéreur en 1290. L'évêque fit construire sur l'ancien potager des moines un château, le premier de France avec des fenêtres garnies de châssis de verre. Ce château désigné sous le nom de château de Wincêtre, de Bincestre, puis de Bicêtre fut dévasté, pillé et incendié pendant les guerres de Cent Ans. Louis XIII racheta la propriété en 1624 et y édifia des bâtiments pour y loger les officiers et soldats invalides. C'était la commanderie de Saint Louis. Louis XIV ayant par la suite fondé les Invalides, Bicêtre fut reconverti en succursale de l'hôpital général avant de devenir un asile d'aliénés. Le docteur Guillotin y fit les premiers essais de sa machine sur le cadavre d'un malade mental, le 12 avril 1792. Enfin, au XIXe siècle, un préfet de la Seine décida qu'un jardin public recouvrirait ce plateau, gommant ainsi les mauvais souvenirs. Alors naquit le parc de Montsouris.

PARTIE II

La face cachée des monuments

Chapitre I

Grabuge au Louvre

Pourquoi ce sourire énigmatique sur les lèvres de la *Joconde* ? Pourquoi ce regard narquois, ce petit air supérieur ? Parce que la *Joconde* est une vedette, et qu'elle le sait. Parce qu'elle a connu plus d'aventures rocambolesques que tous les autres chefs-d'œuvre du musée réunis. Parce qu'elle est consciente d'être le fleuron du Louvre et l'emblème de la France, ce qui a de quoi monter à la tête. Mais au fait, pourquoi est-elle si célèbre ? Parce que la personnalité marginale, fantasque et géniale de son créateur a toujours fasciné les foules. Parce que, d'un point de vue technique, c'est un tableau exemplaire. Parce que l'identité du modèle demeure aujourd'hui encore un mystère[1]. Parce qu'elle semble vous suivre du regard, quel que soit l'endroit d'où on la contemple. Enfin parce que la *Joconde* fut, malgré elle, l'héroïne d'une

---

1. *Est-ce une femme réelle ou imaginaire ? Une maîtresse de Léonard, une donzelle florentine, un adolescent travesti ou bien un autoportrait ? L'hypothèse la plus probable penche en faveur d'une certaine dame del Giocondo, épouse d'un médecin florentin, née Lisa.*

incroyable affaire de vol qui la propulsa en 1911 à la Une de la presse du monde entier.

Tout commença par un dimanche d'été caniculaire. Comme à l'accoutumée, les salles du musée du Louvre étaient envahies par une foule endimanchée venue s'abreuver de culture. Parmi elle, des messieurs en haut-de-forme, des dames chignonnées, des enfants geignards et des provinciaux ébaubis, cramponnés à leur guide Baedecker. Le parcours réglementaire prévoyait évidemment un passage par le Salon Carré pour saluer la *Joconde*.

Devant le fameux tableau, légèrement à l'écart, se tenaient trois visiteurs pas comme les autres. Ils parlaient avec les mains, portaient chacun une sacoche et regardaient de tous côtés, en l'air, au sol, dans les angles... L'un d'eux s'appelait Vincent-Pierre Peruggia. Bien qu'il promenât ses yeux de tous côtés, ce n'était pas la première fois qu'il mettait les pieds au Louvre. Cet ouvrier italien de trente et un ans venait de finir un chantier qui consistait à fixer des vitres devant certains tableaux placés à portée de main — une décision administrative qui faisait suite à de nombreuses dégradations. Peruggia avait aidé les miroitiers à couper les glaces qui étaient posées par les encadreurs du musée. L'ouvrier discutait justement de cela avec les Lancellotti, deux frères aux mines patibulaires.

Soudain, à la faveur d'un mouvement de foule — un groupe qui en chassait un autre — les trois hommes disparurent dans un petit cagibi interdit au public, sorte de placard à balais dont la porte était cachée par une tenture et qui servait de rangement aux plumeaux, boîtes à chiffons, tabourets, chevalets et divers ustensiles de peinture appartenant aux copistes autorisés. De nombreux artistes ou étudiants en beaux-arts venaient crayonner au Louvre et pour qu'ils n'aient pas à trimballer chaque jour leur matériel, la direction du musée avait mis à leur disposition quelques débarras. Les trois individus se glissèrent donc discrètement dans l'un de ces cagibis, ni vus ni connus, et, le nez dans les plumeaux poussiéreux, ils attendirent patiemment la fermeture.

La nuit venue, ils sortirent de leur planque déguisés en agents d'entretien, avec casquette et longue blouse blanche réglementaires. Pendant que l'un des frères Lancellotti faisait le guet, l'autre se chargeait d'éclairer Peruggia pendant qu'il décrochait *Mona Lisa*. Les trois complices séparèrent le tableau de son cadre en bois sculpté et retournèrent dans leur cagibi en attendant l'aube. Ce lundi 21 août, le musée était fermé au public pour cause de travaux d'entretien. Avec leurs uniformes d'agents nettoyeurs, les Italiens n'eurent aucun mal à passer inaperçus parmi les ouvriers qui s'activaient dans les salles. Ils se séparèrent près de la sortie et Peruggia franchit sans problème la porte Visconti et la cour du Sphinx, la *Joconde* sous le bras.

La fugue du tableau ne fut signalée que le lendemain matin. Les ouvriers, habitués à voir des cadres vides, pensèrent que la toile était en cours de restauration ou de copie. En revanche, les gardiens s'émurent immédiatement de son absence ! Le gardien-chef fut prévenu, qui informa le conservateur du département, qui avertit le directeur du musée, qui alerta les autorités. Le préfet Lépine délégua au Louvre une soixantaine d'inspecteurs assistés d'une centaine de gendarmes. Sous la houlette de M. Hamard, chef de la Sûreté, les agents zélés menèrent pendant une semaine des investigations poussées dans tous les couloirs, greniers, caves et placards les plus reculés du Palais. De la poussière, des souris, des toiles d'araignées et du salpêtre à volonté mais de *Joconde*, point. Il fallut bien se rendre à l'évidence : *Mona Lisa* s'était fait la belle...

Les journaux tenaient là un sacré scoop. Des reporters du monde entier firent le déplacement pour photographier l'emplacement vide de la *Joconde*. Dans les bistrots parisiens, les brèves de comptoir allaient bon train :

« J'parie qu' c'est un gardien mal payé qu'a fait le coup !

— Tu rigoles ! Plutôt une grosse légume de l'administration du Louvre qui veut s'en mettre plein les poches ! »

Quant au directeur des musées de France, Théophile Homolle, il était dans ses petits souliers et n'en menait pas large. Tout le monde avait en mémoire la tirade qu'il avait lancée quelques mois auparavant, au cours d'une sauterie officielle : « Voler *Mona Lisa* ? Ah ah ! Mais c'est comme penser que quelqu'un puisse voler la flèche de la cathédrale Notre-Dame ! »

Avec ou sans *Joconde*, il fallut bien rouvrir le musée. Le public n'attendait que cela pour se précipiter dans le Salon Carré et vérifier de ses yeux l'éclipse du monument national. Certains, qui n'avaient jamais mis les pieds au Louvre, vinrent se recueillir devant le mur nu. D'autres venaient comme en pèlerinage saluer une amie disparue. Le 29 août vers midi, une demoiselle déposa sur le lieu du crime un bouquet de roses noué d'une faveur blanche. Le lendemain, une dame en toilette excentrique bouscula ses voisins en poussant de grands cris. Elle expliqua qu'elle s'appelait Mona Lisa et qu'elle voulait regagner son cadre avant l'arrivée du public. Un gardien, paternel, la prit par le bras et alla l'égarer dans une galerie déserte. Sans doute cherche-t-elle encore son cadre...

D'habiles commerçants s'emparèrent de l'émotion populaire pour décliner l'événement sur toutes sortes de supports : assiettes peintes, cartes postales, gravures souvenirs... Les gazettes satiriques ne furent pas en reste, étalant sur leurs manchettes des caricatures et des plaisanteries plus ou moins inspirées.

La police prit évidemment l'affaire très au sérieux. Une enquête judiciaire fut immédiatement ouverte. On commença par interroger et relever les empreintes de tous les employés du musée — gardiens, ouvriers et personnel administratif confondus. On compara l'unique empreinte de doigt relevée sur le cadre avec celles des 257 personnes travaillant au Louvre. Aucune ne correspondait. M. Berthillon, chef du service anthropométrique, fit la grimace. Il allait falloir éplucher tout le répertoire anthropo, soit 750 000 fiches. Chaque fiche portant les empreintes de dix doigts, cela revenait à étudier 7 500 000 doigts ! Autant chercher une aiguille dans une botte de foin, surtout que l'empreinte relevée était baveuse, comme écrasée.

Dès les premiers jours de l'enquête, Peruggia fut convoqué au quai des Orfèvres et interrogé en tant qu'ouvrier occasionnel. Les policiers se contentèrent de lui poser quelques questions polies. Il affirma avoir appris le vol par les journaux et prétendit ne pas avoir travaillé au Louvre ces sept derniers mois. Personne ne prit la peine de vérifier ses dires, ni de relever ses empreintes.

Or, si cela avait été fait, Peruggia aurait été sur-le-champ confondu et le tableau retrouvé ! Le service anthropologique possédait en effet une fiche signalétique complète de Peruggia, établie à la suite d'une rixe survenue rue des Vinaigriers, où il avait blessé un de ses compatriotes. Il avait écopé pour ce délit de huit jours de prison et de seize francs d'amende. Il avait par ailleurs été poursuivi et condamné pour un vol commis sur un chantier de Mâcon, ce qui avait de quoi mettre la puce à l'oreille d'un quelconque inspecteur. Au lieu de quoi, on l'interrogea simplement sur son emploi du temps. On lui demanda pourquoi il était arrivé avec deux heures de retard à son travail le 21 août dernier, alors qu'il aurait dû être présent sur le chantier dès 7 heures. Peruggia avoua ne pas se rappeler être arrivé en retard et présuma qu'il ne s'était pas réveillé. Il arrivait en effet assez souvent que les ouvriers ne prennent pas le travail dès la première heure le lundi matin... On laissa donc repartir cet ouvrier modèle et l'on surveilla plutôt les frontières.

Pour qu'aucun limier de France et de Navarre n'ignore le profil de la fugitive, le juge Drioux saisi de l'instruction ordonna son insertion dans le trombinoscope du *Bulletin de police criminelle* — document interne diffusé aux juges de paix, commissaires et gendarmes, recensant les portraits de tous les criminels actuellement recherchés : voleurs, assassins, satyres, incendiaires et malfaiteurs de toutes natures. La bobine de Mona Lisa s'étala donc entre une entôleuse disparue et un banqueroutier agile, sur une affiche rappelant les avis de recherche du Far West ! Un appel à témoin fut publié dans l'ensemble des journaux :

« Le lundi 21 août, vers 7 h 30 du matin, un individu porteur d'un paquet haut de 70 centimètres et large de 53 centimètres ayant la forme d'un panneau de bois[1] *recouvert d'une étoffe sombre flottante a pu prendre une voiture, un auto-taxi, un omnibus ou un tramway, quai Conti, quai des Tuileries, cour du Carrousel ou dans une voie quelconque proche des guichets du Louvre. Prière à MM. les Chefs de dépôts de bien vouloir demander*

1. La Joconde *est peinte sur un mince support en bois de peuplier (on ne peignait pas encore sur toile à l'époque) et Peruggia n'a donc pas pu le rouler.*

aux cochers, conducteurs et wattmans ce qu'ils auraient pu remarquer concernant ce voyageur et s'ils se rappelleraient, notamment, le point où il est descendu. C'est un homme de quarante à cinquante ans, taille moyenne, assez fort, coiffé d'un chapeau de paille et vêtu en bourgeois de condition modeste. »

Cela entraîna un interminable défilé de témoins, chacun voulant aider l'enquête. Toutes les dépositions — une centaine — furent prises en compte, une à une, avec un égal sérieux. Aucun indice ne fut négligé. Les meilleurs limiers de la corporation furent envoyés en mission aux quatre coins de la France et même au-delà. Une piste se dégagea à la faveur de témoignages croisés ; celle d'un individu à blouse blanche que l'on avait vu rôder dans le Salon Carré la veille et l'avant-veille du larcin. Pendant que les enquêteurs parisiens remontaient la piste de la blouse blanche, leurs collègues itinérants s'activaient en Belgique, en Allemagne et aux Pays-Bas sur les traces de la bande à Pinon, escroc international spécialisé dans le décrochage de tableaux. Une fausse piste, une de plus.

Pendant ce temps, les rumeurs allaient bon train. Certains parlèrent de rivalités entre hauts fonctionnaires du musée et prétendirent que le tableau avait été caché dans un coin du Louvre uniquement pour amener le départ du sous-secrétaire d'État aux Beaux-Arts, que l'on trouvait trop enraciné dans une place convoitée par bien des parlementaires. D'autres soupçonnèrent une vengeance des gardiens envers le corps des conservateurs, honnis de longue date. D'autres encore pensaient plutôt à l'œuvre d'un maniaque passionné désireux de se garder la *Joconde* pour lui seul. La belle avait effectivement une cour d'admirateurs dont la ferveur tournait à la folie. Il en est qui restaient des heures comme en extase, tremblant d'émotion, devant l'énigmatique sourire, ou qui, dans des lettres brûlantes, lui criaient leur amour insensé. C'est pourquoi un gardien était en permanence en faction devant elle, les jours d'ouverture au public seulement…

On accusa aussi les photographes, dont le lundi était la journée. Ils étaient autorisés à prendre des photos des chefs-d'œuvre et à laisser leur encombrant matériel sur place, dans un cagibi.

Le photographe et son opérateur s'installaient devant le tableau à photographier, tendaient à quelques mètres un grand écran d'étoffes noires destiné à empêcher les reflets et braquaient leur appareil. Dès lors, personne, pas même les gardiens, n'avait le droit d'approcher de la scène de peur que son ombre ne vienne se projeter entre l'objectif et le tableau, ou qu'il ne fasse trembler le parquet. Or pour prendre une reproduction photographique de la *Joconde* en grand format de 50 sur 60 centimètres, il fallait toute une journée de pose ! Les plus imaginatifs allèrent jusqu'à prétendre que le tableau avait été sévèrement brûlé lors d'une de ces séances diaboliques et que, pris d'épouvante devant l'irrémédiable malheur, l'on aurait monté de toutes pièces cette affaire de vol.

L'on pense enfin à une mystification destinée à souligner la vulnérabilité du musée. On soupçonne l'un des trois journaux à sensation de l'époque (*le Matin*, *l'Intransigeant* ou *l'Excelsior*) d'être l'auteur de cette blague. Il faut pour comprendre ces soupçons remonter quelques années en arrière. En novembre 1906, à la suite du vol d'une statuette d'Isis, un rapport de police fut diffusé qui pointait de graves dysfonctionnements au sein du système de surveillance du musée :

1. Les gardiens chargés de la surveillance de nuit dorment sur des couchettes ou sur des chaises ; ils ne veillent donc point et un voleur pourrait facilement se débarrasser d'eux.

2. Les ouvriers des entreprises privées travaillent dans les salles après le départ du public, sous une surveillance allégée. Ces ouvriers sont quelconques et ne sont pas embauchés avec des garanties spéciales.

3. Les concierges de la cour Visconti et de la cour Lefuel vendent du vin aux gardiens et aux ouvriers dont ils devraient surveiller les allées et venues.

4. On peut circuler d'un bout à l'autre du Louvre par les combles, et un individu parti des Finances ou des Colonies[1] peut pénétrer dans toutes les autres parties du Palais.

1. *Le ministère des Finances et celui des Colonies étaient jadis dans une aile du Louvre.*

5. Les gardiens du musée n'ont pas de chef pouvant les commander avec autorité. Ils n'ont que deux « anciens » qui manquent absolument de prestige et d'influence sur leurs collègues.

Ce rapport accablant donna une idée à Félix Méténier, un journaliste facétieux de *l'Intransigeant*. En décembre 1906, celui-ci fit l'expérience de voler un objet, en l'occurrence une épitaphe de Quintus Aurélius — un fragment de marbre de 6 kilogrammes, épais de 10 centimètres et large de 50 centimètres. Lourdement lesté, il passa les guichets sans être inquiété. Une semaine plus tard, il demanda audience au directeur du musée pour lui restituer l'objet. Personne ne s'était aperçu du larcin. Le journaliste narra dans un article son expérience prouvant qu'on pouvait impunément voler au Louvre. Il demanda aux autorités quelles mesures elles comptaient prendre pour protéger les collections nationales et conclut son papier en disant : « Au fait, pourquoi n'aurais-je pas emporté la *Joconde* ou la *Victoire de Samothrace* ? »

Un scandale corsa l'affaire. Le 7 septembre, Guillaume Apollinaire fut cueilli à son domicile de la rue Gros et conduit menottes aux poignets par une escouade de policiers à la prison de la Santé ! Le poète avait eu non seulement le malheur de clamer au cours de l'enquête qu'il fallait « brûler le Louvre » mais aussi d'avoir pour secrétaire un certain Géry Pieret. Celui-ci avait eu l'indélicatesse de dérober au Louvre des statuettes phéniciennes dont il avait ensuite confié la garde à son employeur, en taisant bien sûr leur provenance. Apollinaire fut accusé de recel et par extension du vol de la *Joconde* sur la foi du proverbe *Qui vole un œuf vole un bœuf*. L'innocence du poète fut bien vite rétablie, ce qui lui permit de déserter les geôles de la Santé. Privée de son présumé coupable, l'administration judiciaire jeta son dévolu sur les peintres cubistes. Pablo Picasso fut à son tour suspecté. En l'absence de preuves, on cessa de lui chercher des noises.

L'enquête tournait au roman-feuilleton. Un bruit courut selon lequel la *Joconde* se serait embarquée sur un paquebot à Cherbourg. Puis on l'aurait vu passer en train à la gare de Vallorbe, à la frontière franco-suisse. Ce n'était qu'une copie... Le 4 septembre à 9 heures du matin, un brave marinier trouva en aval du pont des Arts une bouteille qui flottait sur la Seine. Il en sortit un papier : « Qu'on ne cherche pas plus longtemps la *Joconde*, elle est chez moi, rue du Pélican. Ne pouvant m'en défaire, sans un sou, miséreux, je l'ai détruite et mise en morceaux. Je me tue. »

Les sanctions se mirent à pleuvoir : M. Homolle, directeur du Louvre, fut pudiquement « mis en disponibilité ». Ce qui n'empêcha pas l'enquête de piétiner lamentablement, au grand désespoir de la très honorable et très influente Société des amis du Louvre. Son président et fondateur, l'amateur d'art Raymond Koechlin, décida de prendre les choses en main. « Si la maréchaussée s'avère incapable d'arrêter le voleur et de retrouver le tableau, nous y parviendrons par la ruse ! » Son plan était simple : « Le voleur fait le mort. Il a enfin dû réaliser que la *Joconde* était invendable, qu'aucun collectionneur ne se risquerait à acheter ce portrait mondialement connu. Il ne se sait en sécurité nulle part. Si l'on veut le forcer à sortir de sa tanière, il faut l'appâter. Nous allons lui proposer par voie de presse le rachat de la *Joconde* en échange de son impunité. » Bien que le célèbre sourire n'ait pas de prix, les sociétaires s'entendirent sur la somme de vingt-cinq mille francs — une fortune pour l'époque. Puis ils rédigèrent une proposition de rachat qu'ils firent parvenir à la presse. La position de la Société des amis du Louvre était délicate : l'opinion publique risquait de lui reprocher d'encourager ainsi le vol et la police de lui mettre des bâtons dans les roues. Tant pis ! Ne fallait-il pas tout tenter, y compris le Diable, pour retrouver le fleuron du musée, l'emblème de la France ? Pour ménager les esprits, on ajouta que cette somme de vingt-cinq mille francs reviendrait en récompense à quiconque donnerait un indice décisif permettant la capture du voleur et la reprise de son butin.

Un détail tracassait pourtant Koechlin et ses amis : les caisses de la Société étaient loin de receler la somme promise ! Qu'à cela ne tienne, il n'y avait qu'à faire appel à la générosité des amateurs d'art du monde entier ! Les souscripteurs ne se firent pas prier. Les collectionneurs les plus en vue de l'époque se firent un devoir de répondre à l'appel. Ils signèrent des chèques à tour de bras et opérèrent de généreux transferts de fonds en direction de la Société des amis du Louvre qui vit sa caisse déborder. Les dons affluèrent aussi en provenance des petites gens, émues par ce vide énorme laissé par *Mona Lisa* dans les collections nationales, et qui voulurent faire un geste, selon leurs modestes moyens. La somme fut réunie, mais l'escamoteur ne montra pas pour autant le bout de son nez.

En revanche, l'annonce de la prime offerte décupla les pouvoirs des occultistes, visionnaires, spirites, chiromanciens, pythons et pythonisses. Parallèlement à leurs confrères de la brigade mobile, ces limiers de l'au-delà s'évertuèrent à ressaisir la fugitive. Par lettres, par télégrammes voire de vive voix, ils s'empressèrent de faire part de leurs lueurs. D'après Émile Dubos, un obscur cartomancien, la *Joconde* se morfondrait au Louvre même « dans le grenier à poussière ». Suivant Mme Martaud, elle serait « assise en pénitence, sur une chaise de paille, chez un peintre à barbe blanche et à col rabattu, portant une petite cravate en forme de nœud ». Tel n'est point l'avis de Mme Bertha, cartomancienne au 247 rue de Tolbiac. Pour elle, la brune fut enlevée « par un tout jeune artiste qui, quoique ayant du talent, se trouve trop absorbé pour avoir l'idée au travail. La cause du rapt ? Le caprice d'une femme blonde, une actrice, dont il est follement épris. Pour assouvir sa passion, l'énamouré a vendu la *Joconde* à un haut personnage étranger qui en possède le reçu. Cet amateur ne l'a pas reconnue, attendu que le jeune artiste l'a un peu maquillée — apparemment il l'aura oxygénée, ensourcillée et décolletée. » En récompense de tant de clarté, Mme Bertha ne demandait qu'une chose : « Si je touche la vérité, qu'on me mette sur le journal, car j'ai le désir de gloire. » Mme Demogeot, rue de la Harpe, ne se posait pas en professionnelle. Elle se contentait de causer une heure ou deux, le matin, avec l'ange Azraël, qui ne lui cachait rien. Ce brave Azraël lui a dit ces simples mots : « Le Louvre est en deuil. J'ai vu pleurer la Sainte Vierge. La France a péché par orgueil : l'humilité régénérera la France. Confessé et pieds nus, vêtu de bleu, un cierge à la main, que M. Dujardin-Beaumetz monte au Sacré-Cœur, qu'il y fasse amende honorable ; alors les lys refleuriront, les aigles planeront et la *Joconde* resourira. » Le ministre des Beaux-Arts dédaigna l'invitation de pénitence... Des voyants dirent qu'elle était à « Étampes, chez un jardinier dont le nom commence par un E » ou « à Carpentras, derrière un tonneau de vin ». Un autre vit « un Wurtembergeois à lunettes et avec un bouc qui touchait et retouchait la toile ». Un ecclésiastique adonné aux sciences diaboliques l'entrevit « dans la garde-robe d'un grand établissement de la rue Cadet ». Max Mouchet, un professeur d'idéal (idéalisme en douze leçons, trois francs le cachet), était « ab-so-lu-ment sûr que la *Joconde* se trouvait dans un garage, entre Courbevoie et Bécon-les-Bruyères ». Le marc de café, le blanc d'œuf, le plomb fondu et les entrailles de poulet furent unanimes à déclarer à Mlle Adèle Debourbonlarchambaud que la « Golconde » (*sic*) était « prisonnière de l'empereur d'Allemagne qui ne la rendra que contre le Maroc et le Congo ». Enfin, la police reçut un télégramme de Léonard de Vinci lui-même, dicté à une dame de la poste de Neuves-Maisons (Meurthe-et-Moselle) : « Ma *Joconde*, ma chère *Joconde*, est à New York chez M. Théodore Tosmer, peintre, Rennor Street, numéro 42, lequel se trouve actuellement à Marseille, rue de Saverne. Voilà. » [1]

Les mois et les années passèrent... jusqu'à cette froide matinée de décembre 1913 où un célèbre antiquaire florentin vit un homme maigre et anxieux franchir le seuil de sa boutique. C'était Vincent-Pierre Peruggia, traqué et à bout de ressources. Peruggia réussit à convaincre l'antiquaire Alfredo Geri de l'accompagner dans son hôtel (surnommé plus tard « hôtel Gioconda »), prétextant avoir dans sa chambre un tableau très ancien à vendre, un portrait de femme exceptionnel. Geri accepta et le suivit. Il ne fut pas déçu du voyage ! Peruggia extirpa une valise de sous son lit et sortit d'un double-fond une petite planchette de bois peinte. Le souffle coupé, l'antiquaire reconnut le tableau que toutes les polices du monde traquaient. En prenant soin de cacher son excitation, Geri proposa à l'homme aux abois de lui organiser un rendez-vous avec le signore Poggi, conservateur du musée des Offices, qui « serait sûrement intéressé par le fait d'acquérir un tel

1. *Source : journal* le Matin *du 1er septembre 1911.*

chef-d'œuvre ». Peruggia ne vit pas le piège. Il porta la *Joconde* au signore Poggi, qui identifia formellement l'œuvre de Léonard et dénonça Peruggia aux autorités. Arrêté sans délais, celui-ci passa facilement aux aveux. Il reconnut avoir été employé par le Louvre durant l'été 1911 pour des missions de peinture et de pose de vitrages sur les tableaux. Il dénonça ses complices, les deux frères Michel et Vincenzo Lancellotti qui recélèrent pendant deux mois et demi le tableau dans leur chambre, située dans le même immeuble que celui de Peruggia, au 5 rue de l'Hôpital-Saint-Louis, près du canal Saint-Martin.

Peruggia ne se fit pas prier pour expliquer son geste. Ses aveux noircissent les colonnes des journaux.

« *Pourquoi j'ai volé la* Joconde[1]

J'ai volé la Joconde *parce que j'avais remarqué, à plusieurs reprises, que le Louvre possédait de nombreux chefs-d'œuvre italiens emportés d'Italie par Napoléon et que je m'étais proposé d'en restituer quelques-uns à mon pays natal. J'ai longuement hésité entre* les Noces de Cana *et la* Joconde. *J'ai choisi la deuxième parce que son caractère, sa réputation, son sexe donnaient à ce rapt quelque chose de piquant et de romanesque.*

J'ai volé la Joconde *parce que c'était tentant et facile. [...]*

J'ai volé la Joconde *parce que je suis peintre, italien et futuriste. Je me proposais de le remplacer par un tableau d'un peintre milanais ; ce maître milanais, c'était moi ; ce tableau, qui est un chef-d'œuvre, s'appelle* les Chaos de l'autobus. *[...] Je n'ai pu mettre mon projet à exécution, car s'il est facile d'emporter une toile de ce musée, je vous défie d'en faire entrer une seule !*

J'ai volé la Joconde *pour soustraire à l'admiration imbécile des peuples ce chef-d'œuvre de l'art sottement passéiste, ces mains trop bien dessinées, ces yeux sans imprévu, ce nez planté bêtement au beau milieu du visage, ce front plat où n'interviennent ni cube, ni facette, cette monstruosité en un mot.*

---

1. *Extrait de* l'Excelsior *daté du 14 décembre 1913.*

J'ai volé la Joconde *parce que je suis poète : j'ai pensé aux chansonniers, aux revuistes, aux journalistes. On était en été et vous vous souvenez par quelle chaleur ! C'était le calme, morne et plat. Grâce à moi, tout à coup, débordent les couplets dans les music-halls, la copie dans les journaux, les chansons dans les cabarets. J'ai fait tomber un sous-secrétaire d'État mais j'ai fait vivre mille hommes d'esprit.*

On me le reprend aujourd'hui, mais je m'en console en songeant aux belles manchettes des journaux et aux beaux couplets des revues, sur le Boulevard et à Montmartre.

J'ai volé la Joconde... *Je suis un type dans le genre de Napoléon !* »

Déclaré coupable avec les circonstances atténuantes par le tribunal de Florence, Vincent-Pierre Peruggia fut condamné à un an et quinze jours de détention le 5 juin 1914. L'antiquaire Geri revendiqua la récompense promise. Mais, problème, l'eau avait coulé sous les ponts depuis le lancement de la souscription et les fonds s'étaient peu à peu évaporés ! Il fallut de nouveau faire appel à la générosité des donateurs, qui répondirent heureusement présents. Quant à la *Joconde*, après un court séjour au musée des Offices de Florence puis à Rome, elle chemina par wagon spécial jusqu'à la gare de Lyon, où elle fut accueillie avec des honneurs dignes d'un chef d'État, le 31 décembre 1913. Provisoirement transportée à l'École des beaux-arts, elle regagna le Salon Carré du Louvre le 4 janvier 1914. La Première Guerre mondiale éclata peu après. Plus tard, le vol de l'*Indifférent* de Watteau par un jeune Russe nommé Stanislas Bogousslavsky, le 11 juin 1939, précéda de peu la Seconde Guerre. Une curieuse coïncidence qui attise l'imagination des superstitieux et laisse croire à une malédiction...

Les cambrioleurs sont la bête noire des musées. Mais il est une autre espèce qui peut, d'une façon plus subtile, faire blanchir les cheveux des pauvres conservateurs : celle des donateurs anonymes et clandestins. Ceux-là ne sont pas du genre à soustraire des pièces uniques, ils préfèrent en ajouter. C'est mille fois plus amusant ! Roland Dorgelès, journaliste fameux du début du siècle dernier, était de cette espèce de farceurs. L'homme pestait régulièrement contre le snobisme qui polluait l'art et poussait le public à s'extasier sans discernement devant tout ce que l'on soumettait à son admiration imbécile. C'est dans cet esprit de rébellion que Dorgelès eut l'idée de monter un canular poil à gratter.

Le journaliste, qui habitait Montmartre, avait un ami sculpteur, un certain Buzon, auquel il rendait en voisin de fréquentes visites. Un jour, alors qu'il traversait la cour noyée de glycines sur laquelle donnait l'atelier de l'artiste, il avisa sur un tas de gravats un buste de marbre magnifique dont la tête avait malheureusement été amputée de son nez. Sans doute un dérapage de ciseau... Dorgelès supposa que l'artiste impulsif l'avait jeté là, dans un mouvement de colère. Il la saisit avec précaution et l'emporta sous son bras dans l'atelier. Après avoir serré la main de son ami, il lui dit en montrant le buste : « Si tu n'en veux plus, donne-la-moi. Je vais l'exposer au Louvre. » Buzon commença par se vexer, croyant que Dorgelès raillait la qualité de la sculpture. Il se radoucit quand il comprit qu'il s'agissait de monter un canular. Il fit promettre à Dorgelès de ne jamais mentionner son nom au cours de l'opération, de crainte que des dupes éventuels ne lui cherchent noise par la suite. Dorgelès jura volontiers et repartit lesté de son buste d'adoption soigneusement empaqueté.

On le vit le lendemain rôder dans les salles du département des antiquités gréco-romaines du musée du Louvre, un calepin à la main. Le journaliste regardait attentivement dans tous les coins, prenait des notes, griffonnait des croquis, étudiait la position des gardiens... Un observateur averti se serait assurément inquiété de le voir préparer un hold-up. Mais les vigiles, fort peu zélés en vérité, ne voyaient pas plus loin que la visière de leur casquette. Dorgelès, muni de tous les renseignements souhaités, s'en retourna chez lui comme un brave visiteur du dimanche. Dans son cabinet de travail, il posa son calepin sur le bureau et découpa dans du papier cartonné une fiche de mêmes dimensions que celles qui légendaient les œuvres exposées au Louvre. Puis, en belles rondes, il rédigea l'inscription suivante :

« *Numéro 402*
Tête de divinité.
(Fouilles de Délos.) »

Puis il fit porter un télégramme à une amie, lui demandant de bien vouloir le retrouver le lendemain à 11 heures précises à l'entrée du musée du Louvre. La dernière ligne du télégramme était la plus déconcertante :

« *Prière venir avec manchon fourrure.* Stop.
Même si canicule. Stop. *Baisers.* »

L'amie en question sourit à la lecture du petit bleu. Elle pratiquait depuis belle lurette le phénomène Dorgelès, elle avait même dans le temps fait les frais d'une de ses nombreuses plaisanteries et riait toujours à ses frasques en se demandant : « Mais où diable va-t-il donc inventer tout cela ? » Le lendemain, à l'heure dite, elle se pointa au rendez-vous, accessoirisée selon la consigne c'est-à-dire les menottes chaudement emmitouflées dans un élégant manchon en fourrure fauve assorti à sa capeline demi-saison. Dorgelès l'attendait devant les guichets, trépignant d'excitation. Discrètement, il glissa un objet dans le manchon de la dame qui, surprise, chancela sous le poids. « Surtout pas un mot, pas un geste ! Je vous expliquerai tout à l'intérieur ! » chuchota Roland dans le creux de son oreille.

Une fois l'entrée franchie, il lui exposa enfin son plan : « Vous et moi allons nous diriger sagement, bras dessus bras dessous, vers la salle des antiquités gréco-romaines, comme deux amoureux que nous serions si, par bonheur, vous voudriez bien… Mais je m'égare, pardonnez-moi, très chère. Promis, je ne recommencerai plus. Je disais donc que nous allons faire semblant d'admirer les statues d'Hellènes et les bustes d'Auguste et que, quand je vous le dirai — pas avant ni après — vous me passerez en douce l'objet caché dans votre manchon. C'est d'accord ? »

La dame acquiesça, amusée. Ils déambulèrent dans les salles jusqu'à ce que Dorgelès marque un arrêt. Devant le couple se dressait un socle vide, déserté par son locataire habituel pour cause de restauration. Dorgelès sortit de sa poche un petit carton manuscrit qu'il fixa avec deux punaises sur le socle en plâtre, puis il fit signe à son amie qui dégaina rapidement l'objet parasite. Dorgelès le centra en vitesse sur le socle avant de s'éloigner l'air de rien au bras de la dame.

Les rares gardiens, peu ou prou dans le giron de Morphée, n'y virent que du feu, à l'instar des autres visiteurs, dédaigneux des socles vides. Les messieurs étaient bien trop occupés à loucher sur ces maudites feuilles de vigne pudiquement plaquées sur le bas-ventre des déesses callipyges ; leurs dames promenaient sous cape un œil rêveur sur le fessier galbé des lanceurs de javelot tandis que leurs mômes, qui se fichaient comme d'une guigne de ce vieux fatras, ne pensaient qu'à se tirer vite fait de cet enfer, en envoyant aux orties ces satanés souliers neufs briseurs d'orteils.

La divinité montmartroise fraîchement débarquée dans cet univers de bronze et de marbre s'accoutuma très vite à son nouvel environnement, assurément plus valorisant que son tas de gravats. Voilà qu'elle était amoureusement époussetée au plumeau chaque matin, voilà qu'on l'admirait, qu'on s'extasiait devant la finesse de ses formes ou la pureté de son marbre, voilà que l'on compatissait devant la perte de son appendice nasal… Certains la prenaient même en photo en l'éblouissant d'un flash au magnésium nauséabond, ce qu'elle n'aimait guère.

Mais notre tête de Délos eut peu le loisir de profiter de cette vie de rêve. Un mois à peine car la farce de Roland Dorgelès n'était pas terminée ! Il restait à ce dernier à mettre en application la phase B de son plan. Il battit le rappel de quelques amis fidèles auxquels il révéla son exploit et la suite qu'il entendait lui donner. Il distribua les rôles de chacun et prit la tête de la troupe, direction le Louvre. La fine équipe comptait notamment plusieurs journalistes et photographes, dont un attaché à *l'Excelsior*. Ces messieurs firent mine de déambuler dans les salles des antiquités gréco-romaines sans se connaître, tels des amateurs d'art en goguette. On vit Dorgelès s'approcher de la divinité de Délos, la jauger de près, puis de loin. On le vit hausser les sourcils, froncer le nez et le chausser d'un lorgnon pour déchiffrer l'étiquette légendée. On le vit se redresser soudain et crier, outré : « C'est un scandale ! On se moque de nous ! Cette pièce est un faux ! »

Ce coup d'éclat ne tarda pas à attirer autour de lui une foule composée de badauds et de complices. Ceux-ci se penchèrent à leur tour sur la sculpture avant d'abonder dans le sens de l'agitateur avec des mines d'experts dégoûtés : « Mais c'est vrai ! Cette statue n'a aucun mérite à être remarquablement conservée ; c'est un perdreau de l'année ! Et elle est originaire de Délos comme moi de l'Atlantide… »

Les gardiens s'étirèrent paresseusement avant d'approcher à regret, les articulations rouillées. Revissant leur casquette sur leur tête pour se donner une contenance et rappeler le respect dû à leur fonction, ils interpellèrent Dorgelès, qui tenait entre les mains la divinité numéro 402 :

« Reposez ça immédiatement. Il est strictement interdit de toucher aux œuvres !

— Vous parlez d'une œuvre ! Laissez-moi rire ! Je vous dis que cet objet est un faux, et je ne suis pas le seul à le dire ; ces messieurs pensent comme moi !

— M'en fiche ! Le règlement, c'est l'règlement. Pas touche ! »

Le gardien-chef, accouru essoufflé sur les lieux du crime, s'en mêla. Soupçonneux comme un commissaire, il flairait quelque entourloupe.

« Ouais ! On me l'a déjà faite celle-là ! Le coup du vrai qu'on dit faux mais qui est en fait vrai de vrai, j'connais. On m'a roulé une fois, pas deux. Vrai ou fausse, cette divinité restera là. Elle appartient au Louvre et n'en ressortira pas. Foi de gardien, je le jure sur ma casquette ! »

Le lendemain, les manchettes de *l'Excelsior* titraient en caractères gras :

SCANDALE AU LOUVRE

DES FAUX DANS LE MUSÉE.
L'ADMINISTRATION NIE LES FAITS.

Pour plus de détails, voir page 4.

En page 4, le récit détaillé de l'Affaire ainsi que des témoignages d'experts et de témoins attendaient les lecteurs. Pour l'illustrer, il y avait une photo en gros plan de la divinité et un cliché montrant l'altercation avec les gardiens.

Brandissant le journal, Dorgelès se pointa chez son ami sculpteur, qu'il entraîna dans une taverne du coin. Là, ils retrouvèrent le reste de la bande de farceurs et fêtèrent ensemble jusqu'à l'aube « le grand Buzon qui était de son vivant entré au Louvre ». Le lendemain, Dorgelès ne put se résoudre à enterrer si vite la farce. Il reprit la plume et écrivit au directeur du musée du Louvre, lui révélant toute l'ampleur de la supercherie et réclamant avec culot la restitution de sa statue de pacotille. Vexé ? Mauvais joueur ? Le directeur ne daigna pas lui répondre, et encore moins lui rendre la divinité numéro 402 qui doit aujourd'hui encore dormir au fond d'une caisse, dans les réserves du musée. Objet d'art un jour, objet d'art toujours…

Chapitre II

Henri IV sonne creux

Une rumeur populaire tenace prétend qu'une statuette de Napoléon dormirait au cœur de la statue d'Henri IV... Comment un tel anachronisme est-il possible ? Il faut pour le savoir remonter le temps jusqu'au règne du Vert Galant. En 1604, Marie de Médicis, son épouse, décida d'honorer sa tendre et royale moitié en lui faisant ériger une statue. L'idée, qui semble aujourd'hui banale, était à l'époque révolutionnaire. On ne concevait pas une statue indépendamment d'un monument, d'un palais, d'un tombeau ou d'une église. Mais Marie était florentine et là-bas, dans sa Toscane natale, les statues triomphatrices étaient chose courante. Depuis l'Antiquité, les Italiens célébraient leurs souverains victorieux en leur élevant des statues. Ils aimaient à les représenter à cheval, le front ceint d'une couronne de laurier. « Voilà une posture noble qui siérait bien à ce cher Henri ! se dit Marie de Médicis. Le Quattrocento remet justement au goût du jour ce type de représentation antique. La statue sera donc furieusement tendance ! »

© D. Lesbros

La statue d'Henri IV est en quelque sorte l'âme du Pont-Neuf. Mais sait-on au juste quels secrets elle renferme... ?

La reine passa commande à l'artiste le plus en vogue du moment, un certain Giambologna, dit Jean Bologne, un sculpteur flamand, élève de Michel-Ange, qui vivait à Florence. Elle n'avait guère le choix ; aucun atelier de fonderie français n'était compétent pour réaliser ce genre de sculpture monumentale encore inédite. Restait à choisir le lieu d'édification... Marie jeta son dévolu sur le Pont-Neuf, fraîchement inauguré — un pont qui n'aurait peut-être jamais existé si Henri IV n'avait pas été sujet au mal de mer ! Le roi, pour aller à la chasse, devait traverser la Seine en bac, ce qui était pour lui une véritable épreuve dont il ressortait blanc comme un linge, le cœur au bord des lèvres. Un jour, ce fut la nausée de trop : le roi ordonna la construction d'un pont à cet endroit dans un délai de trois ans.

Marie de Médicis décida donc que le terre-plein réunissant les deux parties du Pont-Neuf était un endroit rêvé pour l'érection de la statue de son époux. Elle serait dans la perspective de la place Dauphine, ainsi nommée en l'honneur de leur fils Louis XIII, le dauphin.

Un buste et un portrait du roi Henri furent expédiés en Toscane pour servir de modèle et Giambologna se mit au travail. Le chantier avançait à une allure d'escargot car le vieux maestro devait répondre à de nombreuses autres commandes. Quatre ans plus tard, à peine avait-il achevé le corps du cavalier que Giambologna mourut. Ses élèves prirent vaillamment la relève : Pierre Francheville réalisa la tête du monarque et Pietro Tacca se chargea du destrier en recyclant les moules du monument équestre de Côme Ier de Médicis. Puis, le 30 avril 1613, les disciples du Maître expédièrent en France l'œuvre fin prête par voie maritime. Le parcours fut épique : le bateau, parti du port de Gênes, fut attaqué par des pirates avant de couler au large des côtes de la Sardaigne. Il fallut de longs mois pour repêcher la statue et renflouer le navire. En 1614 enfin, l'œuvre fut transbordée au Havre et acheminée vers Paris sur une barge plate.

Entre-temps, le poignard de Ravaillac avait brutalement abrégé la vie du bon roi Henri[1]. De fait, cette statue venue d'Italie tombait à pic pour un hommage posthume. Hissée sur un piédestal au centre du Pont-Neuf, elle devint une véritable attraction, aussi populaire que l'était le roi Henri. Jamais encore on n'avait vu en France un souverain représenté en triomphateur. Le Pont-Neuf lui-même attirait les foules. Pensez-vous ! C'était le tout premier pont construit en pierre, et le seul à ne pas avoir de maisons dessus. C'était aussi la première artère parisienne à comporter des trottoirs, assez surélevés il est vrai puisqu'on y montait sur les banquettes (ainsi qu'on les appelait) au moyen de plusieurs marches. C'était enfin un endroit à la mode, gai et très animé, où l'on croisait des colporteurs, des cracheurs de feu, des curaillons, des marchandes de maquereaux, des filles de joie, des montreurs

1. *Henri IV fut assassiné dans son carrosse le 14 mai 1610, devant le numéro 11 de la rue de la Ferronnerie. Son assassin profita d'un encombrement de la circulation pour planter la lame de son coutelas dans le torse royal... Macabre coïncidence : le crime eut lieu devant une auberge qui avait comme enseigne* Le Cœur couronné percé d'une flèche ! *Le roi avait auparavant échappé à dix tentatives d'assassinat.*

d'ours et de singes avaleurs, des poseurs de mouches, des aiguiseurs de couteaux, des tondeurs de chiens, des arracheurs de dents, des vendeurs de tisane « dieurétive » au gobelet, des marchandes d'épingles, de pains d'épice, de lacets, d'oraisons, de jarretières, de béquilles et d'yeux de cristal.

La popularité du roi juché sur son destrier de bronze ne faiblit pas au cours des siècles suivants. On raconte qu'au XVIIIe, un mendiant harcela un riche bourgeois le long des banquettes du Pont-Neuf, lui demandant l'aumône :

« Au nom de Dieu, faites-moi la charité ! »

Le nanti fit la sourde oreille.

« Au nom de la Vierge, s'il vous plaît ! »

L'homme poursuivait son chemin.

« Au nom de son Divin Fils, je vous prie ! »

Le bourgeois ajusta son chapeau en regardant la Seine, au loin.

« Au nom de tous les saints, soyez bon ! »

Ses suppliques étant restées vaines, le mendiant en essaya une ultime en arrivant à la hauteur de la statue de bronze :

« Au nom d'Henri IV, monsieur ! »

Alors le bourgeois se retourna, surpris, répéta tout bas : « Au nom d'Henri IV... » et lui glissa dans la main un louis d'or[1].

Le dispensateur de la poule au pot avait beau être dans le cœur du peuple français le chouchou de la dynastie des Bourbons, cela n'empêcha pas sa statue de subir les foudres des révolutionnaires. Le 12 août 1792, elle fut mise à terre à coups de masse puis impitoyablement fondue, comme toutes les statues royales. Seul un jarret de la monture fut miraculeusement épargné[2]. Sur le piédestal vide, les sans-culottes affichèrent le texte de la *Déclaration des droits de l'homme et du citoyen.*

Mais le Pont-Neuf n'était plus comme avant. On avait l'impression que son âme s'était évaporée en même temps que la statue d'Henri IV. Dès les premiers jours de la Restauration,

---

1. *L'anecdote est citée par Louis-Sébastien Mercier* (Tableaux de Paris).
2. *Il est aujourd'hui visible au musée Carnavalet.*

Louis XVIII ordonna le remplacement du groupe équestre. Une statue provisoire en plâtre exécutée par un certain Henri Roguier occupa le piédestal, le temps que le sculpteur en vogue du moment, François-Frédéric Lemot, exécute la commande. C'est dire le manque ressenti par les Parisiens !

Louis XVIII mit à la disposition du sculpteur trois vieilles statues démodées, laissant à l'artiste la liberté de fondre leur bronze pour en faire un nouveau chef-d'œuvre. Il s'agissait d'une statue de Napoléon qui trônait jadis au sommet de la colonne Vendôme, du Napoléon de Houdon pour la colonne de Boulogne et de l'effigie du général Desaix élevée au milieu de la place des Victoires[1]. En 1818, le Pont-Neuf retrouva sa statue presque à l'identique, sous les hourras des Parisiens. Louis XVIII procéda à l'inauguration officielle qui donna lieu à de grandes réjouissances. Des buffets avaient été dressés pour la foule et douze fontaines débitaient le vin à flots. On dansa fort tard cette nuit-là sur le Pont-Neuf. Avant les libations, on déposa dans le socle du monument, comme le voulait la coutume pour sacraliser son édification, un assortiment symbolique de documents officiels, répartis dans quatre boîtes et listés dans un procès-verbal :

- Première boîte : ampliation sur parchemin du procès-verbal dressé le 23 août 1814, liste des membres du comité, sur vélin, procès-verbal de l'inauguration du 25 août 1818.
- Seconde boîte : *les Économies royales* de Sully, deux volumes in-folio, éd. aux W. Verts, reliés par Simier.
- Troisième boîte : *l'Henriade* de Voltaire en deux volumes, éd. de Beaumarchais, reliés par Simier.
- Quatrième boîte : *Vie d'Henri IV* de Péréfixe, éd. Renouard, exemplaire sur vélin, relié par Simier ainsi qu'un ensemble de vingt-cinq médailles retraçant le règne du souverain.

Mais ce n'est pas tout ! La rumeur populaire affirme que la cavité formée par le corps creux de la statue renfermerait bien d'autres trésors à caractère officieux. On raconte que le sculpteur

1. La statue de Desaix fut retirée de la circulation pour cause d'outrage aux bonnes mœurs, le héros de Marengo étant représenté en tenue d'Adam !

Lemot employait un ouvrier ciseleur du nom de Mesnel, aussi talentueux que bonapartiste. Mesnel aurait été tellement scandalisé par la fonte de la statue de l'Empereur qu'il aurait vengé l'outrage à sa façon en farcissant discrètement le groupe équestre de pamphlets antiroyalistes. La panse du cheval serait ainsi enceinte de chansons et de diatribes contre les Bourbons ; une statuette de Napoléon serait couchée dans le bras droit d'Henri IV et enfin, le procès-verbal de cet apport clandestin dormirait dans la tête de la monture.

Cette croyance fut colportée des décennies durant sans que quiconque ne prît la peine d'ausculter sérieusement la statue, jusqu'en 2004 — date à laquelle l'administration des Monuments nationaux décida qu'il était temps d'offrir à Henri IV une petite restauration. À peine les techniciens prirent-ils possession de l'échafaudage qu'ils furent assaillis de questions par les passants : « Alors ? Ça y est ? Vous l'avez trouvée, la statuette ? »

Le restaurateur en chef, Carlos Usaï, trouva d'abord une petite trappe ménagée dans le dos du cavalier. Il la dévissa et glissa dans l'orifice sombre une caméra jumelée d'une torche qu'il balada aussi loin que possible dans les tréfonds de la statue. Il trouva au fond du ventre du cheval quatre coffrets rectangulaires en métal, qu'il pêcha à l'aide d'une épuisette. Sans doute les quatre boîtes référencées de longue date dans le procès-verbal de l'inauguration. En revanche, ses autres trouvailles furent réellement une surprise. Il y avait dans le bras du roi, une petite boîte en métal en forme de boulon et un cylindre en bois semblable à un porte-cigares. Carlos Usaï les pêcha en s'inspirant du bon vieux système du papier tue-mouches qui fit merveille dans les troncs d'église ; il les captura à l'aide d'un bâton prolongé d'une capsule débordante de résine époxy (colle). Enfin, il trouva dans la tête d'Henri IV (position hautement symbolique !), posée sur une planchette, une autre boîte cylindrique en métal gravée au nom de Mesnel. Chacune de ces « boîtes surprises » contenait un document soigneusement roulé ou plié. Ces écrits furent confiés pour analyse à une équipe des Monuments historiques. Le document contenu dans l'espèce d'étuis à cigares listait tous les fondateurs et les ciseleurs qui avaient œuvré à cette statue. Rien d'étonnant à cela : c'est une tradition campagnonnique que de laisser quelque part (de préférence dans un endroit discret) leur signature. Le mystère reste entier en ce qui concerne les autres écrits, car malheureusement, la majorité s'est avérée illisible. Les papiers trop étroitement roulés ou trop soigneusement pliés risquaient de tomber en miettes à la moindre tentative de lissage. Inviolés, ils sont partis rejoindre les collections des Archives nationales. Quant à la fameuse statuette de Bonaparte, les restaurateurs ne l'ont pas trouvée... Elle n'aurait donc existé que dans l'imagination des Parisiens !

Statue d'Henri IV sur le Pont-Neuf

Localisation des boîtes à l'intérieur de la statue

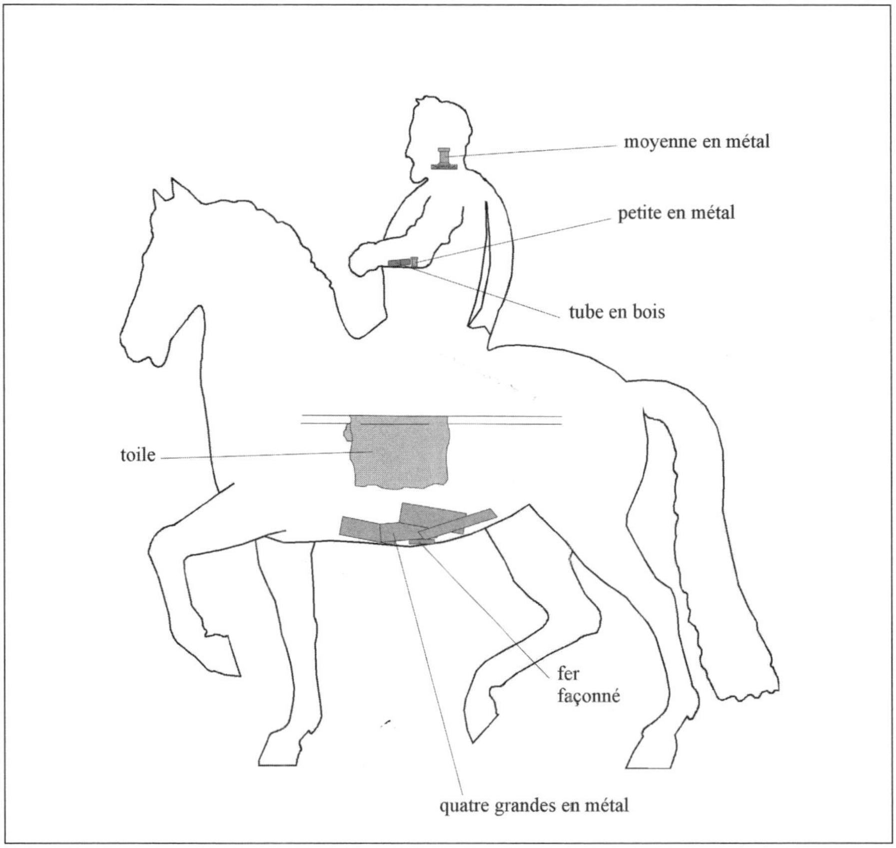

L'intérieur de la statue d'Henri IV contient plusieurs boîtes au contenu mystérieux.

Chapitre III

Des momies sous la Bastille

COMMENT d'authentiques momies égyptiennes ont-elles pu se retrouver sous la colonne de la Bastille ? Grâce à l'une de ces amusantes pirouettes dont l'Histoire a le secret.

Tout commença sous le règne de Charles X, époque où l'on s'emballait pour les découvertes scientifiques, où l'on suivait avec passion les expéditions qui emportaient au loin aventuriers, militaires et savants. Les Parisiens s'entichaient d'exotisme et le roi Charles X lui-même était féru d'antiquités égyptiennes. En Égypte, justement, régnait le pacha Méhémet-Ali, un général ambitieux et calculateur. Pour s'attirer les faveurs de Charles X et parce qu'il connaissait son penchant égyptomaniaque, le pacha lui offrit une girafe pour enrichir la ménagerie royale.

L'enfance de la girafe Zarafa fut bien triste ; des chasseurs missionnés par le pacha tuèrent sa mère pour s'emparer du girafon, qui fut élevé au lait de chamelle. À l'âge de deux ans, Zarafa fut embarquée à Sennar sur une felouque, elle descendit le Nil Bleu jusqu'à Khartoum, transita par Le Caire et embarqua à Alexandrie sur le brigantin *Les Deux Frères*. Logée dans la cale, elle ne manquait rien du paysage grâce un trou ménagé spécialement pour elle dans le pont, au travers duquel elle pouvait passer la tête. Le navire accosta à Marseille le 23 octobre 1826.

Jamais aucune girafe n'avait jusque-là foulé le sol européen ! C'est dire la stupeur des Provençaux. Les foules venaient de loin et se bousculaient pour apercevoir « la belle Égyptienne ». Il faut avouer que Zarafa avait fière allure, entourée de sa cour d'antilopes, de ses trois vaches laitières (Zarafa buvait vingt-cinq litres de lait chaque jour) et de ses deux gardes du corps — Hassan le Bédouin et Atir le Soudanais — enturbannés et vêtus de djellabas. Zarafa attendit six mois à Marseille que Geoffroy Saint-Hilaire, responsable de la ménagerie du Jardin des Plantes, vint la chercher. Ensemble, ils traversèrent la France jusqu'à Paris à raison de vingt-sept kilomètres par jour, sans vraiment passer inaperçus. Zarafa paradait sous un imperméable à capuchon aux armes de France et du vice-roi d'Égypte.

Le 9 juillet 1827, la star parvint enfin à son nouveau domicile, accueillie par le roi et la cour éberluée. 600 000 visiteurs se pressèrent pour la voir au Jardin des Plantes. 1827 fut surnommée « l'année de la girafe » en raison de l'extraordinaire popularité de Zarafa qui inspira les arts et la mode. On vit apparaître des girafes sur toutes sortes d'objets — assiettes, bijoux, éventails, estampes… et les élégantes se firent coiffer en hauteur, « à la girafe ». Un engouement qui ne dura qu'une année, d'où la difficulté de dénicher aujourd'hui des antiquités au décor dit « à la girafe », rarissimes.

Zarafa ne fut pas le seul cadeau diplomatique de Méhémet-Ali à Charles X. Elle fut suivie en 1830 par l'obélisque qui trône aujourd'hui sur la place de la Concorde. Le pacha offrit en réalité les deux obélisques de Thèbes en remerciement du décryptage des hiéroglyphes par le Français Champollion (en 1822). L'obélisque expédié ne fut jamais rejoint par son jumeau.

Toujours dans l'optique de s'attacher les bonnes grâces de Charles X, le vice-roi d'Égypte lui envoya également un lot d'une dizaine de momies soigneusement emballées dans une caisse en sycomore. Parmi elles, des princes et des généraux trépassés

L'aventure rocambolesque de la girafe Zarafa
inspira nombre de caricatures…

depuis des siècles, un pharaon inconnu et le grand prêtre Pentamenou, contemporain de Sésostris Ier.

Les momies furent exposées au Louvre et offertes à l'admiration générale dans des sarcophages de granit. Or, très vite, on se rendit compte que les momies n'appréciaient guère le climat parisien. Gagnées par l'humidité qui suintait sur les murs des salles palatines, elles se mirent à évoluer, à s'affaisser, à se laisser aller à de mols abandons. Bientôt, elles dégagèrent une formidable puanteur que ne purent ignorer ces messieurs les conservateurs du musée. Princes, généraux, grand prêtre et pharaon avaient renoncé à leur rang et étaient devenus des cadavres ordinaires. Les conservateurs s'assemblèrent et tinrent conseil : ils décidèrent de se débarrasser au plus tôt de ces hôtes encombrants. Le comte de Forbin — directeur général du Louvre — demanda au marquis d'Autichamp l'autorisation de les enterrer dans les jardins du Louvre[1]. Il reçut la réponse suivante, le 27 juillet 1827 :

« *Je ne vois aucun inconvénient à ce que vous fassiez ouvrir un trou dans l'ancien gazon du Louvre, vis-à-vis Saint-Germain-l'Auxerrois, pour y déposer les restes des momies dont vous me faites l'honneur de me parler. Comme vous n'avez sûrement pas plus envie que moi d'empester le Louvre et ses environs, je pense qu'il faut que ces trous soient profonds, et qu'ils soient recouverts de chaux vive pour qu'il ne se dégage aucune exhalaison de ces beautés lointaines.* »

Trois ans s'écoulèrent. En juillet 1830, la Révolution éclata. Le peuple prit les armes, les insurgés montèrent des barricades et plantèrent un drapeau tricolore sur les tours de Notre-Dame. Les troupes cernées dans le Louvre et les Tuileries ne purent résister à l'attaque des assaillants. Que faire des combattants patriotes morts au combat dans les journées du 28 et du 29 ? À cause de la chaleur, ils furent enterrés à la va-vite, à l'endroit même où ils

1. À l'époque, il n'y avait pas encore de fossés sous la colonnade du Louvre. Ceux-ci ont été creusés à l'initiative d'André Malraux, ministre de la Culture du général de Gaulle, afin de dégager au grand jour les remarquables bossages d'angle du monument.

étaient tombés, dont trente-deux devant la colonnade du Louvre, dans l'enclos du jardin de l'infante, un lopin de terrain face à l'église de Saint-Germain-l'Auxerrois, du côté de la Seine. À quelques mètres à peine de nos illustres momies ! Celles-ci, dans leur premier sommeil, entendirent les fusillades puis des coups de pelle et de pioche au-dessus de leurs têtes. Rageuses, elles crurent d'abord qu'un archéologue scrupuleux les faisait exhumer à nouveau afin de satisfaire une curiosité qu'elles jugèrent malsaine. Il n'en était rien ! Elles virent à la place arriver trente-deux cadavres couverts de sang et d'horribles blessures, qui furent ensevelis à la hâte.

Une fois la paix retrouvée, le bon roi Louis-Philippe se soucia d'honorer la mémoire des héroïques citoyens de Juillet. Il décida de l'érection d'un monument à la place de l'ex-Bastille pour leur offrir une digne sépulture. Louis-Philippe posa la première pierre le 27 juillet 1831, jour anniversaire de la Première Glorieuse. Le 1er août 1839, l'État décréta que « les dépouilles mortelles des victimes de Juillet, déposées actuellement au Louvre, à la rue Froid-Manteau, au marché des Innocents et en d'autres endroits seront transférées et réunies dans les caveaux existants sous la colonne de Juillet ».

Le 27 juillet 1840, on dressa autour du jardin de l'infante une palissade pour dissimuler au peuple le spectacle de l'exhumation. Les fossoyeurs furent donc les seuls à s'étonner que deux des cadavres, un peu à l'écart des autres, soient mieux conservés que les autres...

Un journaliste bien informé qui avait eu connaissance de l'inhumation des momies égyptiennes crut de son devoir d'avertir le public d'un entrefilet dans *la Gazette de France* datée du 27 juillet 1840 : « Des momies d'Égypte, analysées en 1830 au Louvre par une commission de médecins, ont été inhumées dans les tombes des vainqueurs de Juillet. » L'article ne fit guère de remous ; une poignée de lecteurs s'indigna de cet amalgame funéraire tandis que la majorité ne crut pas un mot de cette fable.

Le transfert des momies et des révolutionnaires ne fut pas une mince affaire. On fit fabriquer cinquante cercueils pouvant contenir chacun dix squelettes (seuls quarante-quatre furent utilisés). Les momies se serrèrent dans le même cercueil. Elles eurent droit le 28 juillet 1840 à une messe patriotique en l'église voisine de Saint-Germain-l'Auxerrois et puis zou ! en avant la Bastille et son caveau flambant neuf !

Un char unique convoyait les quarante-quatre cercueils. Ce gigantesque corbillard construit spécialement pour l'occasion mesurait 7,50 mètres de haut, 19 mètres de long et 4 mètres de large. Six quadriges de chevaux noirs caparaçonnés de deuil peinèrent à le traîner. Une fois le char arrivé à destination, on descendit les cercueils dans les caveaux funéraires dont la voûte ogivale laisse apercevoir en contrebas les eaux du canal Saint-Martin qui coulent dans les profondeurs du tunnel. Momies et patriotes y trouvèrent enfin un repos bien mérité.

Ce n'est que vers 1940, lors de la réfection des caveaux, que l'on s'aperçut officiellement de la confusion : le nombre de dépouilles était supérieur de deux corps au nombre de combattants gravé sur les tables d'airain !

Chapitre IV

Du rififi à la tour Eiffel

Née dans un cerveau alsacien...

PARMI LES grandes injustices de l'Histoire, il en est une particulièrement scandaleuse : celle qui consiste à attribuer à Gustave Eiffel la paternité de la tour Eiffel. L'idée de cette tour, symbole de Paris et de la France aux yeux des étrangers, germa en réalité dans un cerveau alsacien.

Il est grand temps de mettre sous les feux de la rampe le vrai père de la tour Eiffel, un ingénieur du nom de Maurice Koechlin. Celui-ci travaillait depuis le 1er novembre 1879 en tant que chef du bureau des études pour le compte de Gustave Eiffel, directeur d'une entreprise de constructions métalliques et de travaux publics, installée à Levallois-Perret. La société Eiffel était à l'époque le must en matière de réalisations métalliques. Elle signa en 1882 le viaduc ferroviaire de Garabit sur la Truyère (Cantal) et conçut l'ossature intérieure de la statue *la Liberté éclairant le monde* du sculpteur Bartholdi, offerte par la France aux États-Unis en 1885. Maurice Koechlin participa activement à ces deux aventures.

Gustave Eiffel et son gendre sur l'escalier hélicoïdal de la tour.

Au printemps 1884, on commença à parler de la grande Exposition universelle qui devait se tenir à Paris en 1889. Koechlin et son collègue Émile Nouguier s'emballèrent pour cet événement : « Et si on participait pour de bon à cette exposition ? On pourrait par exemple construire une très haute tour métallique pour lui donner de l'attrait ! » Koechlin plancha sur la question, enchaînant croquis et calculs sommaires, pour produire le 6 juin 1884 un avant-projet. Il avait songé à un pylône métallique de 300 mètres qui servirait de porte monumentale à l'exposition. L'idée d'une construction pointue et élancée était dans l'air du temps, Washington venait d'ailleurs de se doter d'un obélisque en granit culminant à 169 mètres.

Koechlin et Nouguier soumirent leur croquis à leur patron qui y jeta un coup d'œil distrait et donna son aval pour que ses deux ingénieurs aillent jusqu'au bout de leur idée. M. Eiffel avait au départ renoncé à concourir personnellement pour ce projet. Koechlin et Nouguier glanèrent les conseils avisés de divers spécialistes et firent appel à un architecte qui leur dessina un plan à grande échelle, qu'ils soumirent de nouveau à leur patron. Celui-ci fit alors volte-face et décida de s'associer au projet. Sous prétexte d'accélérer les démarches administratives, il mit son nom en avant sur une demande de brevet d'invention déposée en septembre 1884 (« Brevet pour une disposition nouvelle permettant de construire des piles et des pylônes métalliques d'une hauteur pouvant dépasser 300 mètres »). Puis il signa en décembre 1884 avec ses ingénieurs le contrat suivant :

« *MM. Émile Nouguier et Maurice Koechlin s'engagent à céder à M. Gustave Eiffel la propriété exclusive du brevet susdit et déclarent être prêts à lui faire cession de tous leurs droits sans aucune restriction ni réserve, et à réaliser cette promesse sous la forme que G. Eiffel jugera convenable et au moment qu'il choisira. Ils le laissent aussi complètement libre, s'il le croit utile, de prendre le même brevet à l'étranger, en son nom personnel et s'engagent à lui prêter leur concours dans ce but, s'il était nécessaire... En outre, MM. E. Nouguier et M. Koechlin cèdent à M. G. Eiffel leurs parts de propriété sur le projet exposé.* »

En échange, Eiffel s'engage à prendre à sa charge les frais entraînés par le brevet et à verser à chacun d'eux une prime de 1 % des sommes qui « lui seront payées pour les diverses parties de la construction » (une pratique assez courante au XIXe siècle, qui se révèle avantageuse pour les ingénieurs). Il promet enfin de « citer toujours les noms de ces Messieurs chaque fois qu'il y aura lieu de mentionner soit le brevet, soit l'avant-projet actuel ». A-t-il vraiment tenu sa promesse ? On peut en douter en voyant que seul le nom d'Eiffel est passé à la postérité. Maurice Koechlin, bonne pâte, ne se montra pas rancunier. Il fut même reconnaissant à son patron de s'être démené ainsi pour faire aboutir ce projet un peu fou, secouant sans ménagement les pouvoirs publics et abattant tous les obstacles à sa réalisation. Rien ne résiste en effet à la détermination d'un Gustave Eiffel habile négociateur et un peu filou sur les bords. Lorsque le président Jules Grévy décida du lancement officiel de l'Exposition universelle, le 8 novembre 1884, Eiffel réussit à le convaincre de lancer un concours afin « d'étudier la possibilité d'élever sur le Champ-de-Mars une tour de fer à base carrée, de 125 mètres de côté à la base et de 300 mètres de hauteur ». Un appel d'offres qui, comme par hasard, correspondait exactement au projet d'Eiffel ! Les participants ont dix-huit jours pour présenter leur projet. Parmi les 107 proposés, celui du trio Eiffel-Koechlin-Nouguier (peaufiné depuis six mois) remporte les suffrages... Il faut dire que les projets concurrents étaient parfois fantaisistes : tel architecte préconisait la construction d'une tour-guillotine pour rappeler la Révolution, tel autre proposait l'édification d'une tour-arrosoir pour déverser de l'eau sur Paris pendant les périodes de sécheresse...

Traitée de noms d'oiseaux...

Lors de son érection, la Dame de fer ne laissa personne indifférent. Ses partisans et ses détracteurs se répartissaient en deux camps, chacun fourbissant ses arguments. Un groupe d'artistes exigea son déboulonnage immédiat dans un manifeste publié dans *le Temps* le 14 février 1887 :

« Nous venons, écrivains, peintres, sculpteurs, architectes, amateurs passionnés de la beauté jusqu'ici intacte de Paris, protester de toutes nos forces, de toute notre indignation, au nom du goût français méconnu, au nom de l'art et de l'histoire français menacés, contre l'érection, en plein cœur de notre capitale, de l'inutile et monstrueuse tour Eiffel, que la malignité publique, souvent empreinte du bon sens et d'esprit de justice, a déjà baptisé du nom de "tour de Babel".

Sans tomber dans l'exaltation du chauvinisme, nous avons le droit de proclamer bien haut que Paris est la ville sans rivale dans le monde. Au-dessus des rues, de ses boulevards élargis, du milieu de ses magnifiques promenades, surgissent les plus nobles monuments que le genre humain ait enfantés. L'âme de la France, créatrice de chefs-d'œuvre, resplendit parmi cette floraison auguste de pierre. L'Italie, l'Allemagne, les Flandres, si fières à juste titre de leur héritage artistique, ne possèdent rien qui soit comparable au nôtre, et de tous les coins de l'univers Paris attire les curiosités et les admirations.

Allons-nous donc laisser profaner tout cela ? La ville de Paris va-t-elle donc s'associer plus longtemps aux baroques, aux mercantiles imaginations d'un constructeur de machines pour s'enlaidir irréparablement et se déshonorer ?

Car la tour Eiffel, dont la commerciale Amérique elle-même ne voudrait pas, c'est, n'en doutez point, le déshonneur de Paris. Chacun le sent, chacun le dit, chacun s'en afflige profondément et nous ne sommes qu'un faible écho de l'opinion universelle si légitimement alarmée. Enfin, lorsque les étrangers viendront visiter notre exposition, ils s'écriront étonnés :

"Quoi ! c'est cette horreur que les Français ont trouvée pour nous donner une idée de leur goût si fort vanté ?" Et ils auront raison de se moquer de nous parce que le Paris des gothiques sublimes, le Paris de Jean Goujon, de Germain Pilon, de Puget, de Rude, de Barye... sera devenu le Paris de M. Eiffel.

Il suffit d'ailleurs pour se rendre compte de ce que nous avançons, de se figurer un instant une tour vertigineusement ridicule dominant Paris, ainsi qu'une gigantesque cheminée d'usine, écrasant de sa masse barbare Notre-Dame, la Sainte-Chapelle, le dôme des Invalides, l'arc de triomphe, tous nos monuments humiliés, toutes nos architectures rapetissées, qui disparaîtront dans ce rêve stupéfiant. Et pendant vingt ans nous verrons sur la ville entière, frémissante encore du génie de tant de siècles, s'allonger comme une tache d'encre l'ombre odieuse de l'odieuse colonne de tôle boulonnée. »

Verlaine surenchérit en qualifiant la tour de « squelette de beffroi » et Huymans la compara à un « suppositoire volant criblé de trous ». Elle écopa d'autres noms d'oiseaux « hideux pylône à grilles », « volière horrible », « chandelier creux », « flèche de Notre-Dame-de-la-Brocante »), elle fut déclarée « anticléricale » car elle avait 300 mètres de haut alors que Notre-Dame n'en avait que 66. Pendant des mois, chroniqueurs, dessinateurs et chansonniers ironisèrent à qui mieux mieux, mais en fin de compte, son immense succès populaire cloua tous les becs. Un regard sur le livre d'or mis la première année à la disposition du public témoigne de l'enthousiasme des visiteurs :

- « Je promets au camarade Eiffel d'appeler Eiffeline ma première petite-fille », note G. Gregory, venu de Bordeaux.
- « Dieu que c'est beau ! Si mes petits lapins pouvaient voir ça, ils seraient émerveillés », s'exclame M. Lecocq, du Havre.
- « Du haut de cette tourelle, on voit le dos des hirondelles », écrit un certain Adam Louis, d'humeur poète.
- « C'est dommage qu'il pleut ! » constate, prosaïque, Mlle Fanny Barjaud, de Paris.

Records en tout genre

À peine dressée sur ses quatre piliers, la tour a inspiré d'incroyables exploits sportifs, artistiques ou scientifiques, parfois à la frontière du défi et de la folie.

Escalades et dégringolades

Le 9 septembre 1889, un boulanger landais du nom de Sylvain Dornon grimpa sur des échasses les 347 marches qui mènent au premier étage. Une bagatelle en regard du voyage Paris-Moscou qu'il venait d'accomplir, pareillement chaussé, en mars de la même année.

Le 26 novembre 1905, on vit 227 concurrents au championnat de l'escalier, organisé par le quotidien *le Sport*, s'échauffer au pied des piliers. Répartis en « vétérans, pupilles, coureurs à pied, marcheurs et joueurs de football », tous guignaient le premier prix : un vélo Peugeot. L'heureux vainqueur fut un certain Forestier, qui atteignit le deuxième étage en 3 minutes et 12 secondes.

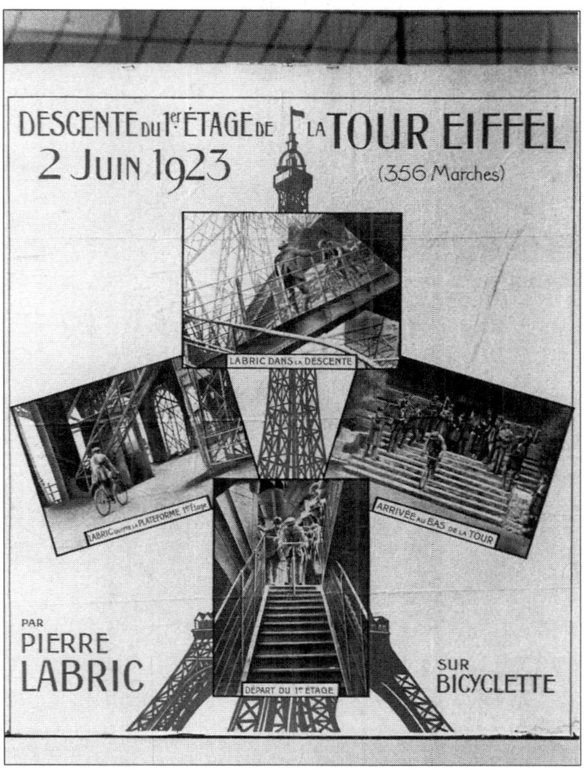

Le 2 juin 1923, le journaliste Pierre Labric descendit les escaliers à vélo depuis le 1er étage, pour gagner un pari.

Le 2 juin 1923, le journaliste Pierre Labric, féru de sport cycliste, dégringola sans autorisation à vélo du premier étage au sol, pour gagner un pari. Il fut cueilli au pied des marches par les forces de l'ordre, ce qui ne l'empêcha pas d'asseoir sa popularité et d'être élu quelques années plus tard maire de la commune libre de Montmartre.

Le 4 juin 1948, le directeur du cirque Bouglione offrit pour les 85 ans de son éléphante préférée une escalade de la tour. Le pachyderme, qui ne goûta guère le cadeau, refusa catégoriquement d'aller au-delà du premier étage.

Le 4 juin 1948, ce fut au tour d'une vieille éléphante d'escalader les marches menant au premier étage. Cette promenade lui fut offerte par son propriétaire, le grand directeur de cirque Bouglione, pour fêter les quatre-vingt-cinq ans du pachyderme, un âge canonique que les éléphants atteignent, paraît-il, rarement. La bête refusa catégoriquement de grimper à l'étage supérieur. A-t-on idée aussi d'offrir une telle excursion à une octogénaire !

En 1964, en l'honneur de ses soixante-quinze ans, la Dame de fer vit ses flancs escaladés par les alpinistes Guido Magnone et René Desmaison.

Le 20 octobre 1983, Charles Coutard et Joël Descuns firent vrombir leurs motos trial dans les escaliers jusqu'au deuxième étage.

En 1995, le triathlète Yves Lossouarn pulvérisa le record d'ascension à pied de la tour par les escaliers en 8 minutes et 51 secondes.

Entre 1998 et 2002, deux vététistes, le Français Hugues Richard et l'Espagnol Aitor Sarasua Zumeta, se disputèrent le record d'ascension des escaliers de la tour en V.T.T. du rez-de-chaussée au deuxième étage. Ils furent départagés le 26 mai 2004 à 7 h 15 du matin par Xavi Casas, champion andorran de vingt-cinq ans, qui s'élança à l'assaut de l'escalier ouest de la tour avec un V.T.T. spécialement préparé pour ce type d'exploit : très léger, sans selle et avec un guidon élargi. Il sauta de marche en marche jusqu'au deuxième étage, et cela à deux reprises, car il devait en effet pour réaliser son record gravir plus de 1 300 marches. Pour l'ensemble de son parcours, y compris la descente par le monte-charge (sans jamais poser le pied par terre !) avant de remonter, il mit 34 minutes et 31 secondes. Soit moitié moins de temps que le challenger qui avait gravi 10 marches de moins !

Planera, planera pas... ?

Le 4 février 1912 fut un grand jour pour Franz Reichelt, tailleur d'origine autrichienne exerçant à Longjumeau, par ailleurs inventeur d'un « vêtement parachute destiné à préserver les pionniers de l'aviation contre les chutes dangereuses ». À 8 h 30, notre homme-oiseau enfila sur la plate-forme du premier étage de la tour son habit de chauve-souris. Il s'approcha du vide, regarda en bas, frissonna... Impossible de reculer, toute la presse était là, venue à sa demande relayer son premier essai en conditions réelles. Courageusement, Franz fit donc le saut de l'ange mais au lieu de planer comme prévu, il s'écrasa au sol comme une pierre.

Le sort de l'aviateur Léon Collot ne fut pas moins enviable. En 1926, il tenta de passer sous la tour mais, ébloui par le soleil, il buta contre les antennes de la T.S.F. Il n'en ressortit pas vivant.

Le pilote américain Robert Moriarty fut plus chanceux. Le 31 mars 1984, à 11 h 20, il passa comme un bolide entre les piliers à bord d'un Beechcraft Bonanza. C'était un ancien marine à peine âgé de vingt-sept ans qui avait effectué 824 missions au Vietnam. Interrogé sur les raisons de son exploit, il répondit : « *Just for the fun !* » Le 18 avril de la même année, deux tourtereaux britanniques, Amanda Tucker et Mike Mac Carthy, exaucèrent le rêve de leur vie. Jouant les touristes modèles, ils s'offrirent un billet pour le sommet. À 11 heures, arrivés sur la plate-forme, ils firent quelques clichés, l'air de rien, puis, tout d'un coup, ils dégainèrent leurs parachutes cachés dans leurs sacs à dos et se jetèrent dans le vide au nez et à la barbe des gardiens. Ils atterrirent sains et saufs 45 secondes plus tard sur les pelouses du Champ-de-Mars.

Le 25 juin 1987, le Néo-Zélandais A.J. Hackett innova avec un spectaculaire saut à l'élastique clandestin accroché au deuxième étage. Ce périlleux yo-yo ne fut pas du goût des autorités de la tour. En revanche, l'exploit du funambule Philippe Petit, le 26 août 1989, fut parfaitement officiel. Pour célébrer le centenaire de la tour, il franchit la Seine dans un beau costume moulant, sur un câble incliné de 700 mètres de long, tendu entre le palais de Chaillot et le deuxième étage de la tour.

Festivités

En juin 1939, la célébration du cinquantième anniversaire de la tour donna lieu à de nombreuses festivités, notamment l'élection d'une miss tour Eiffel. Parmi les conditions requises, les candidates devaient mesurer 1,75 mètre minimum. La lauréate, Jacqueline Vialle, vendeuse âgée de dix-neuf ans, culminait à 1,85 mètre.

En juin 1959, les confettis tombèrent à l'improviste sur le petit Julien Bertin, dix ans et demi, né à Quincampoix en Normandie. Il venait d'être couronné « 35 millionième visiteur de la tour » ! M. Legrain-Eiffel, petit-fils de Gustave, lui remit les clefs d'une Simca P60. Ni son père ni sa mère ne savaient conduire...

LE 35 MILLIONIÈME VISITEUR

1959. En juin, la Tour Eiffel célèbre son 35 millionième visiteur : Julien BERTIN, dix ans et demi, né à Quincampoix, en Normandie. M. LEGRAIN-EIFFEL, petit-fils de Gustave EIFFEL lui remet les clefs d'une SIMCA P60. Ni son père, ni sa mère ne savaient conduire…

Le 35 millionième visiteur de la tour se vit offrir une Simca P60. Le hic : l'heureux gagnant n'avait que dix ans et demi, et ses parents n'avaient pas le permis !

Tour Eiffel à vendre

En 1925, un escroc international vendit la tour Eiffel à un ferrailleur crédule, avec une élégance digne d'Arsène Lupin. Comment ? Pourquoi ? Il faut, pour répondre à ces questions, remonter le temps jusqu'en 1900 et se transporter à Hostinne, une petite ville d'Autriche-Hongrie. Là, vivait une famille bourgeoise fort honorable : un père bourgmestre répondant au nom de Lustig, une épouse modèle et un garçonnet surdoué. Le petit Victor fréquentait le meilleur collège de Dresde, où il assimila sans effort, outre le hongrois, le français, l'italien, l'allemand et l'anglais. Trop facile ! Victor s'ennuyait ferme et n'aspirait qu'à une chose : gagner de l'argent, beaucoup, et vite. À dix-neuf ans, il tira un trait sur des études décidément trop barbantes, fit ses valises et quitta famille et patrie pour aller chercher fortune en France.

Beau gosse catapulté dans le Paris de la Belle Époque, il se lança d'abord dans le proxénétisme. C'était un maquereau sans scrupule mais non violent, une qualité qui lui fit défaut pour s'imposer dans le milieu. Qu'à cela ne tienne, il se reconvertit en joueur grugeur professionnel, spécialisé dans le milliardaire en croisière. Il écuma les tables de bridge et de poker des grands paquebots qui croisaient sur l'Atlantique Nord, plumant les richards désœuvrés. À sa quatrième traversée, il tomba sur son maître, un vieux filou patenté du nom de Nick Arnstein qui se prit d'amitié pour lui. En alliant théorie et pratique, Arnstein le briscard forma le jeune homme aux meilleures techniques d'escroquerie, en insistant sur l'importance de la psychologie. La guerre brisa le business juteux de cette fine équipe. Fini les croisières ! Lustig navigua à vue pendant quatre ans dans la pègre parisienne avant de partir conquérir en 1920 les milliardaires du Nouveau Monde. Il se présenta comme le baron Victor Lustig, aristocrate ruiné. « Mon château dans le Tyrol, mes terres, mes fermes, mes troupeaux, mes bijoux… La tourmente de l'après-guerre, hélas, a tout emporté, se désolait-il. Je refais ma vie dans votre beau pays, ces États-Unis où tout est possible pour les réfugiés du vieux continent. » Misant sur sa fière allure, son charme, son audace et son train de vie qui inspirait confiance, il enchaîna magouilles et arnaques jusqu'à ce que la

L'HOMME QUI VENDIT LA TOUR EIFFEL

1925. L'escroc international Victor LUSTIG, vendit à un récupérateur de métaux naïf la Tour Eiffel, soit disant vouée à la démolition. Il avait utilisé des faux papiers à l'en-tête de la ville de Paris. Le ferrailleur n'osa pas porter plainte.

L'escroc international Victor Lustig réussit à vendre la tour Eiffel grâce à un génial coup de bluff.

police new-yorkaise mette son nez dans ses affaires. Par prudence, il décida de mettre un océan entre la justice américaine et lui, et regagna Paris.

Le « baron » Lustig descendit à l'hôtel Crillon en compagnie de son nouveau collaborateur qu'il présenta comme son secrétaire — un voyou du nom de Dan Collins qui se faisait appeler Monsieur Dante. Les garçons d'étage qui transportèrent les luxueuses malles du baron étaient loin de se douter qu'elles abritaient, sous un double-fond, une dizaine de faux passeports...

Un beau matin d'avril 1925, alors que Lustig réfléchissait à de futures arnaques juteuses, installé à la terrasse d'un café des Champs-Élysées, il eut un éclair de génie. L'illumination lui vint à la lecture d'un quotidien : un article annonçait que la tour Eiffel allait subir d'importants travaux de réparation et que la Ville de Paris n'excluait pas une démolition partielle et temporaire du monument à cette fin. Le voilà le coup du siècle !

Il passa tout d'abord commande à un faussaire de sa connaissance de quelques feuilles de papier à en-têtes de la Ville de Paris et de la Société d'exploitation de la tour Eiffel. Puis il s'installa devant la Remington empruntée au secrétariat du Crillon et tapa la missive suivante en cinq exemplaires :

« *Monsieur, j'ai l'honneur de vous faire part d'une invitation pour une affaire vous concernant. Vous êtes prié de vous présenter, le 12 avril 1925, à 14 heures, à l'hôtel Crillon, où il vous sera proposé un marché pouvant vous intéresser. En espérant votre venue, je vous prie d'agréer, Monsieur, l'expression de mes meilleures salutations distinguées.*

Victor Lustig, adjudicataire délégué de la Ville de Paris. »

Les destinataires, les cinq plus importants ferrailleurs de la capitale, mordirent à l'hameçon et se présentèrent, intrigués, au rendez-vous. Lustig les reçut dans sa suite, où il entama l'entretien avec un sérieux de haut fonctionnaire :

« Messieurs, avant toute chose, je vous demande la plus extrême discrétion sur la conversation que nous allons avoir, à la demande expresse du président de la République, M. Gaston Doumergue, et du président du Conseil, M. Paul Painlevé. Il s'agit pour l'instant d'un secret d'État qui, s'il s'ébruitait, provoquerait un scandale national. C'est pourquoi je vous reçois ici ; pour la confidentialité, rien ne vaut l'anonymat d'un palace... Messieurs, je vous informe que la Ville a décidé de vendre la tour Eiffel. »

Devant les ferrailleurs stupéfaits, il enchaîna :

« Son entretien est absolument ruineux pour l'État. Vous avez sans doute lu dans la presse le coût faramineux des réparations qu'il faudrait entreprendre pour la maintenir en place. Et d'ailleurs, l'opinion publique ne cesse de se plaindre de ce chandelier creux qui injurie le paysage parisien. Sans son utilisation par les militaires avant la guerre, elle serait déjà démolie. Voilà, messieurs, 7 000 tonnes de fer au plus offrant d'entre vous. »

Puis il emmena ses clients au pied de la tour qui commençait justement à être grignotée par des échafaudages. Il leur fit visiter le monument comme s'il était chez lui, mettant sous le nez des gardiens une (fausse) carte tricolore et leur disant d'un ton péremptoire : « Ces messieurs m'accompagnent. » Il leur fit avaler sans problème que les ouvriers présents étaient occupés à nettoyer grossièrement le métal en vue du prochain démontage. Et il conclut : « Vous comprendrez que l'affaire est urgente. Envoyez-moi vos propositions sous scellés d'ici cinq jours, au Crillon. Et n'oubliez pas : discrétion absolue. »

Celui qui mordit le mieux à l'hameçon fut — ironie du sort ! — un certain André Poisson. Il fut le plus offrant et hypothéqua même son hôtel particulier pour garantir l'emprunt souscrit ! Le jour de la signature, Lustig lui fit signer un chèque en blanc — « la Ville de Paris se chargera de le remplir » — et lui fit comprendre qu'il était d'usage d'ajouter une petite commission pour le fonctionnaire intermédiaire, en l'occurrence lui-même. Cette coutume n'étonna pas l'homme d'affaires qui signa de bonne grâce un deuxième chèque conséquent à l'ordre de M. Lustig ! Ses chèques en main (dont le montant total ne fut jamais connu...), Lustig fit ses valises et déserta vite fait le Crillon, talonné par son complice.

Après un détour par la banque pour récupérer l'argent, ils sautèrent dans un taxi — direction la gare de l'Est — et embarquèrent dans l'Orient Express qui les mena à Vienne. La semaine suivante, les deux carambouilleurs épluchèrent en vain toute la presse française qui leur parvenait mais ils en furent pour leurs frais : aucun journal ne mentionnait leurs exploits. Et pour cause ! ce brave monsieur Poisson n'osa jamais porter plainte, par crainte du ridicule. Les quolibets des gardiens, le jour où il se présenta au pied de la tour avec ses titres de propriété en s'informant de la date de la démolition, lui suffirent largement !

Lustig, lui, ne s'arrêta pas sur ce coup fumant. Il retourna aux États-Unis et reprit ses escroqueries en tout genre. Il vendit 25 000 dollars une « machine à copier les billets de banque » au milliardaire Herman Loller et grugea un Américain d'origine italienne. Lorsqu'il apprit qu'il s'agissait d'Al Capone, il lui rendit prudemment l'argent. En 1934, la justice finit par mettre la main sur l'escroc aux vingt-deux pseudonymes, qu'elle condamna à vingt ans de prison. Lustig passa douze ans dans le sinistre pénitencier fédéral d'Alcatraz avant d'être libéré en 1946. Il ne profita guère de sa liberté retrouvée, car il mourut l'année d'après.

Mais il avait fait des émules ! En 1954, le Suédois Goldesberg se fit avancer 100 millions pour repeindre la tour avec une peinture prétendument anticorrosion de son invention. Et en 1960, David Stimson, un marchand de primeurs anglais, eut le culot de refaire le coup de la vente « pour démolition » de la tour Eiffel ! Il proposa « l'affaire » à une société néerlandaise, au prix de 20 centimes le kilogramme. Les Hollandais signèrent une avance de 500 000 francs à l'escroc, qui s'évanouit aussitôt dans la nature !

Ferraille à vendre (bis)

Au XXe siècle, pour qui souhaitait acheter la tour Eiffel sans se faire arnaquer, le plus simple était encore d'attendre la vente aux enchères de 1983 ! Vers 1980, on s'aperçut que la Dame de fer s'était considérablement alourdie au fil des ans ; un surpoids de 11 000 tonnes qui avait tendance à déformer ses structures (notamment au niveau des poutres de ceinture situées sous le premier étage). Principalement en cause, la dalle de béton coulée sur ce même étage au moment de l'exposition de 1937. En 1983, la tour fut allégée de 1 340 tonnes, et dotée pour l'occasion d'ascenseurs plus modernes. Pour les installer, il fallut démonter l'escalier hélicoïdal qui reliait le deuxième étage au troisième. Que faire de cet encombrant amas de ferraille haut de 1,60 mètre et large de 1,70 mètre ? Découpons-le au chalumeau et vendons-le aux enchères ! Le succès de cette vente fut colossal : le jeudi 1er décembre à 20 h 30, dans la salle Gustave Eiffel (premier étage), sous l'œil de douze chaînes de télé venues des quatre coins du monde, les vingt tronçons en colimaçon accompagnés de leur garde-corps partirent comme des petits pains. Les amateurs se disputaient les plus rouillés et les plus cabossés d'entre eux, charmés par leur « patine ». Sur les vingt tronçons, on sait que deux ont été offerts à des musées (celui de la Cité des sciences de la Villette et celui de l'Histoire du fer de Jarville, près de Nancy), que l'un fut récupéré par le sculpteur Arman qui en fit une compression (visible au château du Moncel, à Jouy-en-Josas) et que trois autres furent revendus à Tokyo le 3 avril 1990.

© *Collection Tour Eiffel*

L'escalier hélicoïdal avant son démontage en 1983.

L'escalier hélicoïdal qui reliait le 2e étage au 3e fut débité en vingt tronçons qui furent vendus aux enchères le jeudi 1er décembre 1983.

Chapitre V

Les fantômes acoustiques de l'Opéra

BIEN QUE le secrétariat de l'administration de l'Opéra Garnier ait longtemps reçu régulièrement du courrier adressé au fantôme des lieux (la dernière remonte à 1996), ce mythique ectoplasme n'existe que dans l'imaginaire des cinéastes, des romanciers et de leurs lecteurs[1]. Mais que les amateurs de mystère se consolent ; ils trouveront dans les caves de l'Opéra de quoi piquer leur curiosité…

Entre deux piliers du monument, à côté de la rotonde centrale de la cave, s'ouvre un caveau, clos par une porte de fer, qui ne contient ni stèle ni mausolée mais une sorte d'armoire blindée. Il y avait jusqu'à peu sur ses rayonnages une fabuleuse collection de voix venues d'outre-tombe.

À la fin du XIXe siècle, alors que Félix Nadar s'échinait à fixer par la photographie le portrait de ses contemporains, le père du

1. *On compte jusqu'à présent 136 adaptations (films ou téléfilms) du roman de Gaston Leroux publié en 1911.*

phonographe, Thomas Edison, rêvait de constituer un panthéon sonore d'hommes célèbres. Ce rêve fut repris quelques années plus tard par le richissime industriel américain Alfred Clark, directeur de la Compagnie française du Gramophone. Un jour, alors qu'il passait en revue ses « machines parlantes » en caressant du regard leurs gigantesques pavillons en forme de corolle, Clark se demanda comment allaient évoluer ses appareils, à quoi ils pourraient bien ressembler, mettons... dans une centaine d'années. Les progrès techniques allaient à une telle vitesse ! Dire que Marconi avait réussi à envoyer un message télégraphique de l'autre côté de l'Atlantique et que les frères Lumière venaient de mettre au point un procédé photographique en couleur ! Inouï ! Clark essaya de se projeter à l'orée du XXIe siècle : sûr que ses chers Gramophone auront à ce moment-là atteint le plus haut degré de perfection. Si seulement il pouvait être là pour le voir... Il eut alors l'idée d'offrir aux générations futures un témoignage de l'histoire des enregistrements.

Alfred Clark demanda au directeur de l'Opéra, Pedro Gailhard, de bien vouloir l'aider à enregistrer les voix des plus grands chanteurs lyriques du moment. Gailhard, emballé par le projet, battit le rappel de ses meilleurs ténors, contre-ténors, sopranos et barytons ; allant jusqu'à rallier à la cause des cantatrices italiennes et des contraltos allemands. Tous prêtèrent aimablement leur voix à cette expérience propre à les rendre immortels. Mlle Lindsay chanta la *Valse de Roméo et Juliette* de Gounod tandis que MM. Caruso et Chaliapine vocalisèrent sur des airs de Verdi, Rossini, Saint-Saëns, Mozart et Bizet. *Le Barbier de Séville*, *Rigoletto*, *Habanera de Carmen*, *Don Juan*, la *Sérénade de Faust*, la *Musique de la Garde républicaine allegro ma non tropo* de Beethoven et bien d'autres pages du répertoire lyrique furent gravés sur des disques de Gramophone. On y adjoignit même plusieurs morceaux d'instruments : un de violon, un second de trio à cordes, un troisième d'orchestre et un quatrième de piano. Deux douzaines de disques plats furent ainsi obtenus.

Le 24 décembre 1907, Alfred Clark procéda à leur « mise en conserve » au cours d'une cérémonie solennelle, en présence du président de la République et d'une kyrielle d'attachés ministériels, de sous-secrétaires d'État, de représentants de l'Académie de musique et de journalistes dépêchés par les grands titres de l'époque. On déposa les disques en sandwiches entre des plaques de verre protectrices et l'on enferma le tout dans deux urnes de plomb semblables à de grosses Cocotte-Minute. On manœuvra un petit robinet qui permettait de faire le vide à l'intérieur, puis les urnes furent hermétiquement scellées de manière à interdire la pénétration de l'air qui risquait d'être néfaste aux disques. Voilà comment s'est exactement déroulée la cérémonie :

Procès-verbal du scellement des « marmites » de cuivre contenant des disques de Gramophone, le 24 décembre 1907.

« En présence de monsieur Armand Fallières, président de la République, de monsieur Aristide Briand, ministre de l'Instruction publique et des Beaux-Arts, du directeur de l'Opéra et de monsieur Alfred Clark, directeur de la Société française du Gramophone, il a été procédé à la fermeture hermétique de deux boîtes contenant des disques de Gramophone offerts par monsieur Clark aux archives de l'Opéra et destinées à être conservées dans un caveau spécial entre deux piliers du monument.

Ces deux boîtes portent le numéro 1 et 2 et contiennent chacune douze disques de Gramophone dont la nomenclature figure sur une note jointe au présent procès-verbal.

La volonté du donateur est que ces deux boîtes soient ouvertes seulement au bout de cent ans afin d'apprendre aux hommes de cette époque :

1. Quel était alors l'état des machines parlantes encore aujourd'hui presque à leurs débuts, et quels progrès auront amélioré cette précieuse invention au cours des siècles.

2. Quelle était la voix des principaux chanteurs de notre temps, et quelle interprétation ils donnaient à quelques-uns des morceaux les plus célèbres du répertoire lyrique et dramatique.

Toutefois, le donateur laisse toute liberté au ministre de fixer la date de l'ouverture de ces boîtes après cinquante années révolues.

En faisant ce cadeau, monsieur Alfred Clark se propose de l'augmenter par la suite au fur et à mesure de nouveaux perfectionnements qui seront apportés à l'industrie du Gramophone ou à l'apparition de nouvelles célébrités lyriques et dramatiques.

Une notice explicative jointe également au procès-verbal permettra à ceux qui ouvriront un jour la boîte enfermée ici de comprendre le fonctionnement des appareils et de les utiliser pour le plus grand profit de la science et de l'art. »

Chaque urne contenait, au fond, dans une cavité isolée, un diaphragme et une boîte d'aiguilles. Leur emploi était détaillé dans une note jointe :

« *Fiche d'instruction pour se servir des disques reproducteurs des ondes sonores*

Pour obtenir la reproduction de sons émis et préalablement enregistrés, il suffit de poser le disque sur le plateau de la machine parlante et de faire décrire à ce plateau environ soixante-dix révolutions à la minute. [...] La machine parlante se compose des organes suivants : une boîte, un cylindre, une membrane, un porte-aiguille, une aiguille, un plateau, etc. »

La presse relaya l'événement en prévoyant l'intérêt des générations futures et en enviant leur chance. Quelques années plus tard, le 13 juin 1912, de nouveaux disques furent ajoutés aux premiers dans deux nouvelles urnes, avec les mêmes précautions et les mêmes formalités. La cérémonie fut en tout point semblable à celle du 24 décembre 1907. Des rayonnages libres étaient prévus pour accueillir des dépôts réguliers, effectués tous les vingt ans, suivant l'avancée des progrès techniques. Mais aucun autre dépôt ne suivit jamais les deux premiers dans cet hypogée aux allures de caveau de famille.

Les années passèrent... En décembre 1989, l'armoire fut ouverte à l'occasion de travaux d'entretien et l'on s'aperçut qu'une urne avait été fracturée et pillée, et que le Gramophone s'était envolé. Le solide cadenas fermant les grilles du caveau était pourtant toujours en place... Les premières constatations permirent de conclure que les malfaiteurs s'étaient introduits par un soupirail ménagé dans le plafond et que le vol avait eu lieu peu de temps après le deuxième dépôt, en 1912. La sécurité des urnes n'étant manifestement pas assurée dans ce local, le directeur de l'Opéra demanda à son collègue de la Bibliothèque nationale de bien vouloir les accueillir. Les marmites rescapées furent donc transférées au département de l'Audiovisuel de la B.N.F. Telle la Belle au bois dormant, elles attendent patiemment dans les hauteurs de la Tour des Nombres de la bibliothèque François-Mitterrand l'an 2007, date à laquelle elles seront exhumées après un siècle d'attente, selon le vœu du magnat Alfred Clark. En décembre 2007, on prévoit un certain nombre de manifestations autour du thème de la voix, dont une exposition, un colloque et une cérémonie « inverse » de celle de 1907.

La démarche à visée publicitaire de Clark trouva un écho dans l'initiative du grammairien et linguiste Ferdinand Brunot, qui créa le 3 juin 1911 dans son laboratoire de la Sorbonne les « Archives de la parole ». Soucieux de conserver le patrimoine sonore de la langue française, Brunot, en association avec l'industriel Émile Pathé, s'évertua à recueillir — à une époque où la radio n'existait pas encore — un maximum d'enregistrements sonores gravés dans la cire des disques plats Pathé Saphir.

La collecte s'organisait autour de cinq grandes sections :

• La section I (comme Interprètes) réunissait les enregistrements de diction idéale, de parole au timbre juste, au rythme impeccable, à l'accent pur et à la prononciation soignée. (La belle élocution était à l'époque une vertu cardinale.) L'actrice Cécile Sorel fut ainsi enregistrée alors qu'elle interprétait à la perfection un extrait du *Misanthrope* ; d'autres récitèrent les *Fables* de La Fontaine.

• La section O (comme Orateurs) glanait des voix célèbres. Des savants, de brillants avocats, des hommes politiques ou des poètes vinrent lire un de leurs textes ou discours dans le petit studio-labo de Brunot. Le commandant Dreyfus, Paul Deschanel, Maurice Barrès, Émile Durkheim, Pierre Louÿs et Guillaume Apollinaire voulurent bien, entre autres, prêter leur organe à cette expérience scientifique hors du commun. Il faut imaginer le trouble ressenti par les auditeurs après l'enregistrement en découvrant cette voix étouffée venue d'on ne sait où. Apollinaire vint procéder à sa séance d'enregistrement le 24 décembre 1913, à 11 heures, accompagné des écrivains Paul Fort, André Billy et André Salmon. Il s'appliqua à lire trois de ses poèmes (*le Voyageur, le Pont Mirabeau* et *Marie*). Quand il écouta ensuite le résultat, il fut bouleversé d'entendre son double.

• Pour alimenter la section D (comme Dialectes), Brunot prit ses cliques et ses claques et s'en alla sillonner la France (dans une limousine de 30 chevaux Charron de location !) à la pêche aux dialectes, patois, langues de rue et de corporations. Il recueillit dans son appareil à double pavillon (« Parlez bien dans le cornet ! ») des conversations, des contes populaires, des chansons de travail et des musiques traditionnelles. Il se posa dans les Ardennes franco-belges en juin et juillet 1912, dans le Berry en juin 1913, puis dans le Limousin en août. Les sujets abordés lors de conversations avaient trait à l'agriculture, à l'élevage, à la lessive ou à... la contrebande. Certaines scènes furent mémorables, comme cette rencontre dans le Berry avec la fille de la nourrice de George Sand, Louise Briaud, alors âgée de soixante-quatorze ans. Cette aubergiste bonne vivante parla avec un naturel confondant de sa soirée de la veille avec la garde-barrière Mélanie Touzet : « Et y'avait-y la Fernande ? », avant d'entonner à tue-tête la « bourrée des épouseux » [1] ! Quelques artisans parisiens vinrent aussi dans le labo de Brunot parler de leur quartier, des changements observés, des problèmes de circulation...

---

1. On peut l'écouter en ligne sur le site http://gallica.bnf.fr/voyagesenfrance, rubrique « Parcours thématiques », puis « Quelques chansons anciennes ».

• La section L (comme Langues) visait à mettre au point des méthodes de langue étrangère grâce au phonographe. Elle collecta un hymne national hongrois, une conversation en danois, une poésie islandaise, une ritournelle de pâtre grec, une sourate du Coran, un chant d'amour arabe, une incantation africaine pour faire venir les pluies et même un dialecte sioux d'une tribu du Sud Dakota !

• La section M (comme Maladies de la parole) étudiait les troubles et les pathologies liés à l'expression orale. Des personnes affligées de fissure palatine ou de bec-de-lièvre se prêtèrent obligeamment à l'enregistrement, ainsi que quatre élèves de l'Institut des sourds-muets dont le témoignage sonore, laborieux, est des plus bouleversants.

Les Archives de la parole devinrent en 1927 le musée de la Parole et du Geste, dont la mission fut de conserver « la parole des hommes célèbres, la diction et le chant des grands artistes, les mélodies populaires, les dialectes et patois qui se dégradent ». La Phonothèque nationale, créée en 1938, prit la suite de la collecte et la rendit systématique en 1943, grâce au dépôt légal des phonogrammes, vidéogrammes et documents multimédias. Le service, désormais rattaché à la Bibliothèque nationale de France, porte aujourd'hui le nom de « Département de l'Audiovisuel ».

PARTIE III

Coulisses de hauts lieux parisiens

Chapitre I

Joutes oratoires au Palais

Le Palais de justice traîne derrière lui une image de sérieux papal. On se le représente habituellement comme un dédale de couloirs où se croisent des générations de magistrats en robe chargés de dossiers à l'équilibre précaire. Pour dépasser cette impression d'austérité attachée au barreau de Paris, rien de tel qu'une plongée dans les tréfonds du Palais à la rencontre de ses traditions extrajudiciaires.

Celle de la Basoche d'abord, qui connut son heure de gloire du XVe au XVIIe siècle. Sous le règne de Philippe le Bel, les clercs du Parlement décidèrent pour se divertir de monter de petites représentations théâtrales dans lesquelles ils se moquaient d'eux-mêmes et de l'univers du Palais. Encouragée par le succès de cette autoparodie, la Basoche alla chercher son inspiration hors l'enceinte du Palais. Dès lors, tous les acteurs de l'époque défilèrent malgré eux devant le tribunal comique : les courtisans, les moines, les étudiants, les commerçants, les petites gens... Les basochiens jouissaient d'une totale liberté d'expression, ce qui leur permettait de déployer leurs talents d'orateurs autour de n'importe quel sujet. Leur éloquence atteignait des sommets au mois de mai, lors du plaidoyer de la *Cause grasse*, qui tournait en dérision un incident ridicule ou grivois, réel ou fictif. La Basoche s'éclipsa au Siècle des lumières avant de ressusciter vers 1850, sous une forme légèrement différente.

La Conférence du stage prit le relais. C'est un concours officiel régi par le Conseil de l'ordre des avocats, inscrit dans le cursus des apprentis et destiné à tester leur éloquence — une qualité primordiale dans le milieu. Pour corser l'affaire, les sujets auxquels sont soumis les candidats sont toujours subtils, parfois philosophiques, souvent emberlificotés voire spécieux. Morceaux choisis :

- La vérité est-elle un remède contre l'amour ?
- Y a-t-il une dictature de l'image ?
- Le temps qui passe est-il une injure à la beauté ?
- N'est-ce pas plutôt le jardin qui traverse le chat ?
- La faute d'orthographe entraîne-t-elle l'erreur de jugement ?
- Les héros sont-ils fatigués ?
- Travailler comme une bête est-ce vivre comme un homme ?

La Conférence s'inspire directement des plaidoiries que l'Athénien Antiphon construisit au ve siècle avant Jésus-Christ autour de procès criminels imaginaires (une accusation de meurtre sans preuve, un homicide involontaire, un homicide commis en état de légitime défense...). Ces textes — de véritables modèles d'argumentation — comprenaient une accusation, une défense, une réplique de l'accusation et une ultime défense. Exactement ce que l'on demande aux futurs tribuns : s'affronter à coups de thèse et d'antithèse et, par-dessus tout, séduire et convaincre l'auditoire.

La Conférence élit ses lauréats par éliminatoires. Chaque année, plus de cent dix candidats se présentent au premier tour du concours. Seuls trente-six sont retenus pour participer au deuxième tour. Un tirage au sort leur attribue un sujet et une position (pour ou contre), qu'ils ont à peine cinq heures pour préparer. À l'issue de ce deuxième tour, vingt-quatre candidats décrochent leur ticket d'accès au troisième et dernier tour. Ils auront cette fois cinq jours pour préparer leur prestation. Les douze lauréats deviennent alors les nouveaux secrétaires de la Conférence, amenés à « juger » la promotion suivante[1]. Ces jeunes élus voient s'ouvrir devant eux une voie royale bordée de beaux dossiers et de solides relations. Il n'est pas rare que certains accèdent aux plus hautes sphères de l'État. Trois présidents de la République (Grévy, Poincaré et Millerand), des dizaines de ministres et de parlementaires, des conseillers d'État, des membres de l'Académie française et de l'Institut ont tenu en leur temps les rênes de la Conférence. Ils y ont appris à enrober leurs mots, à jouer des effets de manche, à moduler leurs inflexions de voix, à joindre à la parole le ton, le geste et le regard... Bref, à soigner leur charisme.

La Conférence du stage a une petite sœur complètement déjantée : la Conférence Berryer[2], du nom d'un illustre avocat défenseur de justes causes. Celle-ci obéit au même principe que son aînée mais dans une version mille fois plus fantaisiste. Ici, point d'enjeu ni de concours ; l'on s'affronte pour le seul plaisir de la joute oratoire. Les jeunes avocats sont impatients d'y passer ; ils y vont comme l'on monte au front, dans l'espoir de se distinguer. Sans doute sont-ils un peu masochistes, car la Berryer s'apparente plus aux jeux du cirque qu'à une aimable causerie de boudoir. Les orateurs volontaires s'exposent dans l'arène à des ripostes cinglantes, à des attaques vachardes sur leurs travers physiques (tics de langage ou physionomie) voire à de fausses flatteries. Une Berryer est un défouloir irrévérencieux, à mi-chemin

---

1. Cette école de la parole est ouverte au public. Elle tient séance un lundi sur deux à 19 h 30, de fin septembre à juillet, dans la bibliothèque de l'Ordre des avocats.

2. Un mercredi par mois (sauf en août) à 21 heures dans la Salle des criées du Palais de justice. Entrée gratuite. Renseignements sur le site http://www.laconference.org/leprogramme.html. À la grille de la grande cour, dites aux plantons que vous allez à la Berryer. Passez la porte vitrée à droite, grimpez le grand escalier en marbre. Une fois dans la galerie des Prisonniers, prenez la première à gauche (baptisée « galerie marchande »), puis au fond à droite. L'entrée de la Salle des criées est un peu plus loin à gauche, à côté de l'escalier Z. Prévoir un quart d'heure d'avance pour être sûr d'avoir une place.

entre le jeu de massacre et le rite de passage. Drôle, savoureuse, mordante, jubilatoire. Le public ? Ravi et hilare.

Il est d'usage de convier à chaque séance un invité d'honneur, notabilité du monde politique ou artistique dont la personnalité ou l'engagement déterminent le thème de la plaidoirie — thème à double sens, volontairement farfelu ou absurde. Florilège :

• Avec Pierre Bellemare : « À belle mare, beaux pigeons ? » (décliné sur le thème de « comment arnaquer la ménagère de plus de cinquante ans »).

• Avec Amanda Lear : « Faut-il se méfier des blondes ? » et « Peut-on tout donner à lire ? »

• Avec Bernard Laporte, entraîneur de rugby : « Faut-il tout plaquer ? »

• Avec Alain Chabat : « Peut-on rire des nuls ? »

• Avec Brice Lalonde : « Faut-il se mettre au vert ? »

Quelle que soit la notoriété de l'invité, les candidats ne se privent pas de le chahuter. En ont fait les frais, pêle-mêle : Patrick Bruel, Nicolas Sarkozy, Loana, Karl Zéro, Mgr Lustiger, Serge Gainsbourg, Charles Pasqua, Guy Bedos, Fabrice Luchini, Michel Rocard, Yves Coppens, Jean Reno, Bernard Tapie, Plantu, Roselyne Bachelot, Jean-Pierre Bacri…

Les douze secrétaires de la Conférence, les mêmes que celles du stage, font une entrée remarquée en compagnie de l'invité, en prenant soin d'observer un certain retard pour chauffer la foule. Après que le secrétaire rapporteur de la séance eut prononcé un discours d'accueil en forme d'éloge aigre-doux de la guest star, les valeureux « gladiateurs » prennent la parole en soutenant qui l'affirmative qui la négative de la thématique du soir. Après chaque intervention, les douze secrétaires critiquent tour à tour chaque candidat avec plus ou moins de férocité et d'humour. Le mot de la fin revient à un ancien secrétaire qui s'amuse à clouer le bec des secrétaires en place, démontrant avec faconde que leur charabia n'est qu'un succédané d'éloquence et déplorant traditionnellement « l'image honteuse de la Conférence du stage donnée par la promotion en exercice » !

Chapitre II

Chez Ma Tante

CERTAINS IMAGINENT le Mont-de-Piété comme un décor de roman réaliste du XIXe siècle ou comme un mythe misérabiliste appartenant à un passé révolu. Ils se trompent ! Cet établissement à vocation sociale est plus vivant que jamais. Ses racines ancrées dans la Renaissance en font la plus vieille institution financière française.

L'idée germa en 1492 à Pérouse, en Italie, dans le cerveau d'un moine récollet : Barnabé de Terni. L'économie de l'Europe tout entière ployait sous le fléau de l'usure ; les usuriers saignaient les plus démunis avec des taux d'intérêt cannibalesques (proches de 130 %). Las de prêcher en vain contre ces escrocs, Barnabé contre-attaqua en créant un *monte di pietà*, une institution caritative qui accordait sur gages des avances sans frais ni intérêt (*monte* désignant en italien une mise en commun de fonds et *pietà* signifiant à la fois « piété » et « compassion »).

En 1637, Louis XIII eut vent de ce système qu'il jugea charitable et astucieux. Il réclama la même chose pour sa capitale et chargea Théophraste Renaudot de la mise en place. Ce dernier, médecin personnel du roi et ami de Richelieu, n'en était pas à son coup d'essai : ce philanthrope nommé commissaire général des pauvres avait déjà fondé à l'intention des déshérités un « bureau d'adresses » qui collectait les offres et les demandes d'emploi (l'ancêtre de l'A.N.P.E.) ainsi qu'une revue, *la Gazette de France*, considérée comme le premier journal français. Renaudot avait aussi à son actif la création des premiers dispensaires de soins gratuits, qui attirèrent sur lui les foudres et la haine de la faculté de médecine. Le Mont-de-Piété parisien ouvrit ses portes en 1637. S'y pressèrent pêle-mêle des pauvres et des nobles ruinés par les guerres de Religion ou les dépenses de cour. Délestés de leurs gages, ils repartaient avec un prêt accordé pour une durée de deux mois renouvelable, au taux de 2,5 ou 6,5 % selon les sources.

À peine son démarrage amorcé, le Mont-de-Piété dut mettre la clé sous la porte en 1644, sous la pression conjuguée des ennemis de Renaudot : les médecins de la faculté et les usuriers rancuniers. Ces derniers connurent une période faste, dopés par des taux d'intérêt faramineux. En 1777, Louis XVI, ému par la détresse de son peuple, rétablit par lettres patentes le Mont-de-Piété. L'Hôpital général fournit les premiers fonds nécessaires, en échange des futurs bénéfices dégagés. Les Parisiens, soulagés, lui font fête : 128 508 objets furent engagés la première année de fonctionnement.

L'établissement prospéra au XIXe siècle. Des déshérités mais aussi des gens plus ou moins aisés confrontés à des difficultés ponctuelles prirent l'habitude de faire appel au Mont-de-Piété. En période de guerre, les Parisiens furent nombreux à lui confier leurs biens pour les mettre à l'abri. En 1918, il prit le nom de Crédit municipal pour gommer sa connotation religieuse, démodée. L'année suivante, il fut enfin dispensé de reverser ses bénéfices aux hôpitaux de Paris et obtint le droit de les conserver.

L'euphorie retomba en 1945. Une activité au ralenti, des prêts sur gages en chute libre : l'établissement connut une crise sévère. En 1965, 75 % des prêts correspondaient à une somme inférieure à 200 francs. On parla même de fermeture à la fin des années 1970.

La loi bancaire du 24 janvier 1984 qui fit du Crédit municipal une banque à part entière lui sauva la vie en lui permettant de diversifier ses activités.

Si le prêt sur objet ne représente aujourd'hui qu'un volume marginal (30 %) de l'activité du Crédit municipal, il n'en demeure pas moins son légendaire blason. Six cents personnes en mal de liquidités se présentent chaque jour aux guichets. D'un sac ou d'une valise, elles sortent précautionneusement qui un bijou, qui une montre ou une guitare.

Les objets courants passent immédiatement entre les mains de quatre commissaires-priseurs appréciateurs (ou leurs assesseurs) qui, comme l'exige la loi, demeurent invisibles aux yeux des clients. On ne voit d'eux que leurs mains en train de soupeser, de retourner et de tester les objets à l'aide d'une panoplie d'apprenti sorcier : balance de précision, pierre de touche, flacon d'acide nitrique pour vérifier le titrage, lime pour contrôler le poinçon, gabarit pour mesurer la taille des pierres précieuses, testeur électronique de moissanite (faux diamant), loupe binoculaire et polariscope pour vérifier la qualité de la pierre. Certains appréciateurs, détenteurs d'un diplôme d'orfèvrerie ou de gemmologie, sont plus spécialisés dans les bijoux, d'autres sont forts en montres ou en antiquités asiatiques. Jamais blasés, ils s'étonnent parfois d'une fabrication peu courante, d'une habile manufacture, d'une qualité exceptionnelle de pierres. Quelques particuliers possèdent des trésors dignes de figurer dans un musée !

Les chargés de clientèle étudient la faisabilité du prêt en s'assurant que l'objet « colle » bien au client, qu'il n'y a pas d'entourloupe ni de risque de recel. Quand la provenance d'un objet semble louche (par exemple des bijoux de provenances diverses), ils interrogent le client pour tenter de retracer un petit historique du bien. L'équipe des chargés de clientèle est volontairement cosmopolite afin d'aider à la prise de décision. Un agent turc ne s'étonnera pas de voir un ouvrier turc apporter un lot de bijoux d'une valeur de 10 000 euros, car il sait que les dots sont importantes dans leur culture et souvent payées en bijoux. Chaque communauté a enfin son mode de fonctionnement, sa psychologie, ses coutumes...

L'expert estime la valeur du bien sur le marché des ventes aux enchères publiques. Si le dépositaire accepte cette estimation (c'est le cas de deux clients sur trois), il devient engagiste et reçoit dans l'heure un prêt d'argent d'un montant compris entre 50 % et 70 % de l'estimation. Le montant des prêts oscille entre 30 euros et plus de 500 000 euros, avec un taux global d'intérêt de 9,6 % à 15 % selon le montant. Il arrive quelquefois que des clients apportent sans le savoir une pièce de grande valeur (par exemple de l'argenterie très ancienne descendue d'un grenier, ou ce dessin d'un artiste d'avant-garde, vendu 750 000 francs à la surprise de son propriétaire). Mais la plupart du temps, c'est plutôt le contraire : les clients surestiment la valeur marchande de leur bien, voire la confondent avec leur valeur sentimentale. Déception...

L'engagiste peut à tout moment récupérer son bien en échange du remboursement du contrat (capital et intérêts). Plus de 90 % des prêts sont remboursés et les objets gagés récupérés dans l'année. Si l'engagiste est dans l'impossibilité de rembourser son prêt au bout d'un an, il lui suffit de payer les intérêts pour reconduire le prêt pour une nouvelle année. Une incroyable anecdote de parapluie se transmet de bouche à oreille : au XIXe siècle, un banal pépin attendit quarante-sept ans l'heure de sa sortie. Le pauvre croulait sous les étiquettes de bulletin. Ému par son sort, un membre du conseil de surveillance le dégagea à ses frais afin de le restituer à son propriétaire légitime. Celui-ci, très fier, refusa l'aumône et remit son pébroque au clou ! La palme de la constance dans l'effort revient cependant à un engagiste propriétaire d'un lot de bijoux (deux colliers et une médaille) qui se rendit plus de cent fois rue des Francs-Bourgeois afin de régler tous les six mois les intérêts de son prêt. Les bijoux furent enfin dégagés par sa famille le 30 janvier 2003, soit 54 ans 4 mois et 16 jours après leur dépôt !

Si le capital et les intérêts ne sont acquittés, l'objet est vendu aux enchères. En cas de *boni* (bénéfice), celui-ci est reversé à l'emprunteur mais si, au contraire, le montant de la vente est inférieur au montant du prêt et des intérêts cumulés, le Crédit municipal ne lui réclame pas la différence. Seulement 5 % des objets déposés en gage ne sont pas repris. Chaque mois, une dizaine de ventes aux enchères déclinées par thème (bijoux, tableaux, mobilier, timbres...) écoulent les biens abandonnés, cédés « dans leur jus », à peine dépoussiérés. Les commissaires-priseurs ont vu défiler des dessins de Rodin, des marines de Boudin, des toiles signées Cézanne (*la Maison du Midi*), Gauguin (*les Tahitiennes*), Staël, Picasso, Dufy, Seurat, Dalí... Ils ont assisté le 13 juin 2003 à un envol d'enchères mémorable autour d'un collier en platine monté de quarante-huit diamants en forme de cœur totalisant plus de soixante-dix carats, adjugé 282 000 euros. Un record dans sa catégorie !

Avec la multiplication des crédits à la consommation, on pourrait croire l'activité du Crédit municipal en récession. Point ! Depuis 2001, les chiffres sont à la hausse : 46,7 millions d'euros de prêts en 2001 et 60 millions en 2004, dont la valeur moyenne est estimée à 650 euros. Le besoin ponctuel de trésorerie ou l'urgence de répondre à un imprévu concernent tout le monde : les plus démunis comme les classes moyennes, les juniors comme les seniors, confrontés à des problèmes de rachat de crédit, d'endettement ou de surendettement. « Le Crédit municipal a pour vocation d'être à la banque ce que le Samu est à la médecine : un service S.O.S., résume Luc Matray, son directeur. Mais encore faut-il connaître le numéro d'urgence, en l'occurrence notre existence... » Mettre un objet au clou demeure une démarche atypique, une solution de dépannage ponctuelle en réponse à une situation donnée. Les exemples sont aussi variés que l'espèce humaine. Une mamie est ainsi venue se délester d'une marmite en cuivre pour soigner son chat ; les 30 euros sont partis aussitôt chez le vétérinaire. Une femme a gagé ses bijoux (5 000 euros) pour payer des soins dentaires, une autre pour financer son mariage, une troisième pour s'acquitter de droits de succession ou rénover son appartement. Un violoniste du dimanche solda un arriéré de loyer de 500 euros grâce au nantissement de son crincrin. De nombreuses dames déposent leurs bijoux à l'insu de leur mari pour couvrir les dettes ou réparer les bêtises de leur fiston. Cas extrême : une mère a pu récupérer son fils enlevé par son père et séquestré à l'étranger en payant, grâce au Crédit municipal, les frais d'avocat.

Les entrepôts sont remplis à craquer d'un bric-à-brac hétéroclite. Classés par spécialité (argenterie, sculptures, mobilier...), les objets gagés s'alignent sur des kilomètres d'étagères, soigneusement emballés et étiquetés. Aujourd'hui, on y rencontre surtout des montres, des bijoux (80 % des gages[1]), de la vaisselle, de l'ar-

Le dépôt des matelas posait jadis des problèmes d'hygiène. Pour y remédier, on les désinfectait dans une étuve telle que celle-ci.

1. *Particularité : un bijou d'homme ne peut être déposé que par un homme et un bijou de femme par une femme (à moins d'avoir une procuration), afin de limiter les risques de recel involontaire.*

genterie, des bibelots mais aussi des bustes de bronze, des meubles, des livres reliés, des guitares électriques, des soldats de plomb, de la maroquinerie de luxe, des timbres, des armes de chasse, des animaux empaillés, des statuettes africaines hérissées de clous...

La nature des biens entreposés témoigne de l'évolution de la société. Il n'est pas si loin le temps où l'on déposait en gage des objets de première nécessité : manteaux, châles, linge de maison, édredons et surtout des matelas. Vers 1850, une vieille femme venait chaque matin déposer son matelas, elle achetait avec son prêt des pommes de terre en gros qu'elle revendait au détail avant de dégager sa paillasse le soir avec le bénéfice de la journée. En 1946, il y avait encore 50 000 matelas gagés. Leur stockage posait d'énormes problèmes d'hygiène. Pour préserver leur laine et leurs plumes de la vermine, chaque sommier, oreiller et traversin était soigneusement désinfecté. On expérimenta toutes sortes de techniques d'assainissement : fumigation au chlorure de zinc (qui désintégra littéralement les matelas), saupoudrage de soufre (qui les rongea jusqu'à la fibre), passage en étuve à 120 °C selon le procédé Herscher...

Au XVIIIe et au XIXe siècle, les magasins débordaient d'outils professionnels (pelle de maçon, marteau de charpentier, machine à coudre...) mis en gage en attendant que leurs propriétaires retrouvent du travail. Un agriculteur apporta sa batteuse à la fin des moissons. Des sculpteurs prirent l'habitude d'engager une partie de leur œuvre en cours de réalisation (le bras ou la jambe d'une statue) en échange d'un prêt vital. Puis ce fut le tour de collectionneurs d'art gênés aux entournures.

Comme les hirondelles au printemps, les bicyclettes faisaient jadis leur apparition à l'entrée de l'hiver. Entreposées dans un hangar de la rue Servan, elles n'encombraient pas l'appartement de leurs propriétaires ! Le lancement du prêt sur automobiles, le 1er janvier 1925, connut un grand succès. Pour les abriter, on construisit un grand garage rue Duranti. En 1956, il y en avait plus de mille, hissées sur cale, la batterie débranchée, le radiateur vidangé et le réservoir d'essence siphonné. Leurs heureux propriétaires économisaient ainsi le prix d'un garage. Nombreux étaient des diplomates en mission de longue durée à l'étranger à profiter de l'aubaine. Les autos rutilantes voisinaient avec toutes sortes d'engins : motos, autocars, roulottes, caravanes, tracteurs… On y vit même un avion monoplace et une troïka russe ! Cette époque est désormais révolue : les véhicules ne sont plus acceptés, car leur stockage est trop onéreux et leur mécanique — si belle soit-elle — ne se bonifie généralement pas en vieillissant. En revanche, le Crédit municipal accepte depuis peu les dépôts de bonnes bouteilles pour répondre à une demande de plus en plus pressante[1].

Depuis l'apparition des appareils photos numériques, les argentiques se revendent au prix du métal alors qu'il y avait auparavant un vrai second marché des appareils photo, cotés chez les amateurs. Comme tous les biens de haute technologie (téléphones portables, ordinateurs, Caméscopes…), les numériques font l'objet d'un refus poli à cause de leur dépréciation extrêmement rapide.

En revanche, la haute technologie assiste au quotidien les agents dans leur gestion des biens déposés. Deux robots ultraperfectionnés baptisés Toto et Nono officient depuis le 14 juillet 2004 dans le magasin des bijoux. Ceux-ci sont rangés dans de petites boîtes en plastiques expédiées par ascenseur et tapis roulant dans le magasin, à l'étage. Elles sont pesées, puis réparties dans la salle en fonction de leur masse pour équilibrer leur poids sur l'ensemble de la surface au sol. Un bijou ne pèse rien mais des dizaines de milliers de bijoux… À chaque « enga » ou « déga » (-gement), le robot lit le code-barres, une pince se saisit de la boîte et la place dans un tiroir, et le tiroir va sagement se ranger sur des étagères.

---

1. Cette décision fait suite à l'initiative d'une jeune société – Au Bonheur du vin – qui, partant du constat que la cave d'un Parisien est cambriolée en moyenne une fois tous les deux ans, eut l'idée d'une cave de garde collective. La société a loué une partie du sous-sol du Crédit municipal et l'a aménagé pour la conservation du vin. Sur un simple coup de fil, elle vous livre vos bouteilles millésimées à domicile !

Aujourd'hui comme hier, nombreux sont les musiciens désargentés à mettre au clou leurs précieux instruments.

Le magasin des objets divers, situé sous les combles, est plus traditionnel. Les biens y sont rangés par genre (instruments de musique, mobilier, tableaux, livres anciens...). Paradoxalement, les bibelots les plus fragiles ne sont pas emballés pour que l'on s'aperçoive de leur fragilité lors de la manutention. Les casses sont en effet rarissimes.

Les soucis d'argent n'épargnent pas les célébrités. Joséphine de Beauharnais, qui avait ses entrées au Mont-de-Piété, y engagea souvent ses bijoux, même après son mariage avec Bonaparte. Elle n'eut pas le culot de la comtesse de Castiglione, maîtresse de Napoléon III, qui, grâce à son amitié avec le directeur de l'époque, pouvait reprendre en cas de besoin ses fourrures et ses bijoux gagés. Avant de se rendre à une réception, elle faisait un détour par la rue des Francs-Bourgeois, attrapait quelques-uns de ses accessoires, paradait en société puis rapatriait ses biens en douce au milieu de la nuit ! Paul Verlaine et Claude Monet y eurent souvent recours, comme Victor Hugo qui dégageait sur ses deniers les objets déposés par Juliette Drouet. Émile Zola connut aussi des périodes de vaches maigres : au plus sombre de la misère, il portait au clou son pantalon et son paletot et attendait cloîtré chez lui, en chemise, une éventuelle rentrée d'argent. « La maîtresse avec laquelle il vivait alors appelait ces jours-là les jours où il se mettait en arabe[1]. »

Touchés par le dénuement de certains dépositaires, quelques philanthropes de l'avant-dernier siècle tentèrent de les soulager. Vainqueur le 19 octobre 1901 du prix Deutsch de La Meurthe, pour avoir relié en trente minutes aller-retour Saint-Cloud à la tour Eiffel avec son dirigeable, l'ingénieur et aéronaute brésilien Alberto Santos-Dumont offrit la moitié de son prix au Mont-de-Piété. Cette donation de 50 000 francs permit de dégager 7 382 objets (vêtements, chaussures, literie, linge de corps et outils de travail). Poussée par un même élan de générosité, une dame patronnesse envisagea au début du XXe siècle de verser la contrevaleur des sommes prêtées sur toutes les alliances. Elle y renonça aussitôt quand elle apprit que le nombre des alliances (60 000) faisait grimper le don à plus de 500 000 francs !

Pour être à même d'affronter les situations difficiles et les affects lourds (stress, détresse, émotion intense), les chargés de clientèle suivent tous une formation spéciale « psy ». Ils apprennent les techniques de gestion de conflit, de recadrage par le haut ou par le bas, d'analyse relationnelle, d'écoute active de personnes sensibles... Les gens qui pleurent ou ceux qui font du foin sont emmenés dans un bureau à part, comme d'ailleurs les célébrités, pour préserver leur anonymat. Les agents doivent faire preuve d'empathie pour déculpabiliser le client et faire redescendre la pression. « Il faut aimer les gens pour travailler ici », disent-ils à l'unisson.

Le Mont-de-Piété récolta grâce à sa popularité quelques sobriquets croustillants : le « décrochez-moi-ça », le « clou » (à cause des objets qui y étaient jadis suspendus) ou « ma tante ». On

1. *Journal d'Edmond et Jules de Goncourt (1890).*

raconte que le prince de Joinville, troisième fils de Louis-Philippe, dut déposer sa montre au Mont-de-Piété pour honorer ses dettes de jeu. N'osant l'avouer à sa mère, la reine Marie-Amélie, qui s'étonnait de ne plus la lui voir porter, il aurait prétexté l'avoir oubliée chez sa tante. Sans doute a-t-il improvisé ce mensonge en songeant aux prêteurs sur gages d'Anvers que l'on surnommait « Mon Oncle » par opposition au mont-de-piété bruxellois (qui n'avait pas le monopole des prêts). La valse des noms et des surnoms n'est pas terminée ! Depuis février 2005, le jargon officiel exige que l'on emploie le terme de « prêt sur objet » au lieu de « prêt sur gages » qui avait une connotation trop négative, surtout pour la jeune génération élevée aux feuilletons américains qui l'associait trop facilement à « tueur à gages » !

Chapitre III

La saga de *La Tour d'Argent*

IL Y A les élus et... les autres, ceux qui en rêvent. Qui attendent une grande occasion pour qu'on leur offre *La Tour d'Argent* ou qui, las d'attendre, finissent par se l'offrir. Ce soir-là, des paillettes dans les yeux, ils n'auront probablement pas le temps de penser au glorieux passé de la *Tour*, à ces dizaines d'anecdotes qui firent d'un modeste cabaret des bords de Seine le restaurant mythique que l'on connaît.

Berceau de la fourchette française

Au XVIe siècle, il y avait aux frontières de Paris, adossée à la muraille de Philippe Auguste, une petite auberge sans prétention. De la salle, on apercevait la tour sud-ouest du château de la Tournelle, une tour dont la belle pierre champenoise pailletée de mica miroitait au soleil en produisant des reflets argentés. L'auberge fut donc naturellement baptisée *Hostellerie de la Tour d'Argent* par son propriétaire, un certain Rourteau.

Le 4 mars de l'an de grâce 1582, entre chien et loup, Rourteau vit débarquer une bande d'une cinquantaine de gaillards à barbiche, culotte de velours et fraise immaculée, juchés sur autant de chevaux écumants. Parmi eux, le tenancier reconnut le roi en personne, cible de mille politesses. La troupe revenait de Vincennes où Henri, troisième du nom, venait sans doute de faire la tournée des châteaux et des monastères. Rourteau s'empressa d'installer au mieux ces hôtes de marque. Il mit en perce ses meilleurs tonneaux et disposa sur les tables une profusion de mets : potage de riz au lait d'amandes, harengs saurets, salmigondis, flamants rôtis, chapons castrés... Ces messieurs, à l'appétit aussi aiguisé que le poignard, puisèrent à pleines mains à même les plats.

Soudain, le roi s'arrêta de parler et de manger. L'aubergiste blêmit : les cervelles seraient-elles trop salées ou au contraire pas assez relevées ? Non, son regard se portait vers le fond de la salle, sur une table occupée par d'autres clients, des gentilshommes génois ou florentins, de passage à Paris. Le manège de ces paisibles touristes était en effet bien intriguant : ils s'alimentaient à l'aide de petits instruments pointus que leurs valets avaient extraits d'écrins délicats. Ils en piquaient avec adresse leur entrecôte avant de porter le morceau à leur bouche en allongeant le bec vers leur assiette. L'ensemble produisait une mimique efféminée mais l'effet était à vrai dire fort convaincant.

Le roi se tapa sur le front en s'exclamant : « Voilà c'que je voulais faire à mon retour d'Italie ! J'ai complètement oublié ! Faut dire qu'avec mon sacre à Reims, mon mariage avec Louise, la crise des curés et la rébellion des nobles qui m'sont tombés dessus, ça m'est tout bonnement sorti de la tête... » Voyant que ses compagnons le regardaient sans comprendre, il s'expliqua : « Lorsque je fus reçu à Venise, pendant l'été 1574, on me fit essayer lors d'un festin une invention nouvelle, celle-là même que ces gentilshommes emploient. On l'appelait, je crois, fourchette. Y'a un coup de main à prendre mais c'est ma foi très commode pour manger sans se graisser les doigts ni tacher sa fraise. Je m'étais promis d'en commander dès mon retour en France mais les affaires se sont bousculées et je n'y ai ensuite plus pensé. Faites-moi confectionner plusieurs exemplaires de cet ustensile ingénieux ; je reviendrai l'essayer ici même. »

C'est ainsi qu'Henri III devint un client régulier, ravi de trouver à chacune de ses visites son couvert mis avec une fourchette d'étain à dents effilées munie d'un manche d'ivoire finement ciselé. L'usage de la fourchette gagna la cour, qui l'adopta aussitôt. Les gestes y gagnaient en élégance, mais cela évitait surtout de maculer de sauce les rigides ornements de col tuyautés et empesés que la mode imposait de porter autour du cou. En dehors de la cour, la fourchette fit d'abord scandale. C'était « un luxe asiatique, un raffinement byzantin ». « Pourquoi donc remplacer la main, cette fourchette que Dieu met à la disposition de chacun ? » Les bourgeois et les nobliaux de province, méfiants, rechignaient à employer ce drôle d'outil. La déconfiture des mignons inexpérimentés aux prises avec le nouvel accessoire fit hurler de rire les pamphlétaires. « Ils allongeaient le bec comme des hérons mais ne sachant pas encore très bien manœuvrer le nouvel instrument, ils laissaient choir autant de becquées dans le plat, sur leurs assiettes et en route que dans la bouche. » Il était aisé de reconnaître les pionniers maladroits à leurs lèvres tuméfiées de « piqûres » de fourchettes ! La mode mit fin à leur calvaire vers 1600 en sucrant les fraises...

Imbroglios galants

L'Hostellerie de la Tour d'Argent continua pendant ce temps son bonhomme de chemin. Elle devint le rendez-vous des seigneurs, des courtisans et des mondains au bec fin. Ceux d'Henri IV, puis de Louis XIII, de Louis XIV et de Louis XVI. La Révolution stoppa ces agapes raffinées ; l'Empire redora son blason. Le cuisinier personnel de Napoléon, Lecoq, racheta le restaurant et nappa tous ses plats de sauces victorieuses : Valmy, Marengo, Magenta... Puis vint le Second Empire, avec son cortège de galants et de demi-mondaines. Les salons du premier étage furent témoins d'imbroglios galants, notamment entre le duc de Morny, Lord Seymour (le fameux Milord l'Arsouille) et les reines du Paris d'alors, telles Céleste Mogador ou la comédienne Léonide

Leblanc. Napoléon III vint discrètement y bécoter sa favorite Marguerite Bellanger, actrice aux Folies-Dramatiques. On frôla de près l'incident diplomatico-conjugal quand le comte Le Hon, dentiste de l'empereur Napoléon III, déboula à l'improviste à *La Tour d'Argent* avec la ferme intention de surprendre sa femme en flagrant délit d'adultère avec le colonel-marquis de Galliffet. La comtesse volage aimait à donner ses rendez-vous dans un salon particulier ; elle usa du procédé avec le duc de Morny avant d'accorder ses faveurs au marquis de Galliffet. Lecoq fit preuve d'une ruse de Scapin pour soustraire la belle comtesse à la fureur jalouse de son arracheur de dents de mari : il appela en urgence sa femme à la rescousse et fit en sorte que Le Hon trouve dans le petit salon le marquis en galante conversation avec… Mme Lecoq ! Confus, le comte repartit en bredouillant des excuses, sans prêter attention à un frêle marmiton à bas de soie et talons bobine qui longeait les murs en se cachant derrière un plateau de pâtés en croûte.

Frédéric et ses canards

À la fin du XIXe siècle, *La Tour* hérita d'un nouveau propriétaire — le plus pittoresque de son histoire. De larges rouflaquettes poivre et sel d'archiduc autrichien, des lorgnons cerclés d'acier, une redingote toujours tirée à quatre épingles… Il s'appelait Frédéric Delair et ressemblait à un portrait de Daumier. Ajoutons-lui pour parfaire le tableau un caractère impossible et un immense génie culinaire. Il cuisinait en habit et ne se dévêtait jamais d'un sérieux papal. C'est à ce personnage haut en couleur que *La Tour* doit la recette de son fameux canard. L'auberge des débuts était déjà spécialisée dans les volailles — Henri IV raffolait de son pâté de héron — mais Frédéric hissa à un haut degré de perfection l'art de la préparation et de la découpe du canard au sang. Il en fit un véritable rituel : un service en deux épisodes et une découpe virtuose du fameux canard à bout de fourchette, sans lui faire toucher le plat, et ce, « avec le recul du juge et la précision du mathématicien »[1]. Et pas n'importe quel canard ! Du canard de

1. *La formule est d'Alphonse Daudet.*

Challans ou rien ! Un canard élevé en liberté dans un marais vendéen, un canard qui a picoré à volonté un cocktail de maïs, de blé, d'avoine, de soja, de pulpe de fruits et de mélasse avant d'être sacrifié à l'âge de huit semaines, étouffé et non pas saigné, pour qu'il garde tout son sang. Dans un souci de pérennité, Frédéric décida de numéroter ses palmipèdes ; une tradition qui nous permet aujourd'hui de recenser des générations d'illustres gourmets friands de canards au sang :

- 1890, canard n° 328 : prince de Galles, futur Édouard VII
- 1948, canard n° 185 397 : princesse Élisabeth d'Angleterre
- 1953, canard n° 236 970 : Fernandel
- 1973, canard n° 448 212 : Charlie Chaplin
- 09-08-1975, canard n° 492 283 : Jacques Chirac
- 28-11-1975, canard n° 496 516 : princesse Grace de Monaco
- 10-01-1978, canard n° 531 147 : Mick Jaegger
- 03-05-1978, canard n° 536 814 : Serge Gainsbourg
- 1983, canard n° 603 856 : commandant Philippe Cousteau
- 05-08-1991, canard n° 759 216 : Tom Cruise et Nicole Kidman
- 31-10-2000, canard n° 921 785 : Mme Vladimir Poutine

... Simple extrait d'une liste interminable qui ne cesse de s'allonger. En mars 2007, le dernier canard sacrifié portait le numéro 1 055 580.

Quand le compte est rond, il est d'usage de procéder à un lâcher de canard. Ainsi, le canard 500 000, que l'on baptisa Frédéric, fut lâché du toit du restaurant le 17 mars 1976, avec à la patte une invitation pour deux personnes. Idem pour le millionième, le 29 avril 2003. Le lâcher du canard numéro 200 000 fut épique. Le 30 mai 1949 à minuit, l'heureux canard élu du hasard prit son envol depuis la terrasse, à l'issue d'un brillant dîner.

Il portait enroulée à la patte l'invite suivante : « Étranger, où que tu te trouves, toi qui le premier liras ce message, sache que tu peux revenir à tire-d'aile à l'endroit d'où je suis venu. » Le toit de *La Tour d'Argent* était ce soir-là hérissé de radars, de projecteurs de marine et de télex prêtés pour l'occasion par les P.T.T.

Belles en décolleté, magnats au cigare, maîtres d'hôtel, commis, plongeurs, chefs sauciers et canardiers, tous suivaient l'oiseau des yeux avec anxiété, impatients d'avoir de ses nouvelles. « Le canard survole les côtes normandes » ou « Il passe à la verticale de Cherbourg ». Les plus joueurs faisaient des paris… Où le bon caprice du volatile lui dictera-t-il d'aller ? En Irlande ? En Scandinavie ? Les plus imaginatifs en furent pour leurs frais : la bestiole, guère aventureuse, se laissa tomber dans la Seine, dédaigneuse d'explorer le vaste monde.

L'animal si peu coopératif fut capturé alors qu'il barbotait à son aise dans la Seine par le reporter F.-J. Armorin, qui habitait l'île Saint-Louis et possédait un petit canot.

Le journaliste chanceux dégusta le messager pantouflard le soir même, à *La Tour*.

La découpe d'un canard est un art délicat
que Frédéric maîtrisait à la perfection.

Le caquet de la grande-duchesse

Le grand Frédéric tenait en haute estime la gastronomie et ne souffrait pas qu'on la traite par-dessus la jambe. En témoigne l'anecdote de la grande-duchesse. Ce soir-là, *La Tour* accueillait le grand-duc Vladimir et son épouse. Leur table avait été dressée avec soin — nappe arachnéenne, fine porcelaine et verres cristallins — et Frédéric s'était surpassé en confectionnant un potage inédit proche de la perfection. Il l'apporta lui-même, dans un silence recueilli. Le grand-duc le huma, le goûta avec recueillement et ferma les yeux pour savourer cette merveille. Mais la grande-duchesse, qui était femme avant tout, poursuivit son bavardage entre deux cuillerées de potage, sans saisir l'intensité mystique du moment. Une offense gravissime pour Frédéric, incapable de tolérer la moindre dissipation lors de la dégustation de son potage. Il s'avança et s'inclina devant la grande-duchesse à qui il retira l'assiette en disant : « Votre Altesse, quand on ne sait pas manger un tel potage avec le respect qui lui est dû, on ne se permet pas d'en demander. » Un ange passa puis le grand-duc sourit, donnant raison à Frédéric. L'honneur du restaurant et de son chef fut sauf !

Le soufflé vagabond

Un autre soir, Frédéric avait comme client le duc d'Hamilton, un fin gastronome doublé d'un preux gentilhomme. Le dîner se passa le mieux du monde mais, après le fromage, le duc fit appeler Frédéric et lui dit, avec une mine désolée, en tirant sa montre de son gousset :

« Frédéric, vous me voyez au désespoir mais comme j'ai promis à ces dames de les conduire à la comédie, je suis dans la triste nécessité de renoncer à l'entremets.

— Eh quoi, monsieur le duc, la galanterie passe avant la gourmandise ! » répliqua, compréhensif, Frédéric.

Le duc s'éclipsa. Ayant entendu dire qu'il emmenait ces dames au théâtre des Variétés, Frédéric confectionna en un tour de main l'entremets originellement prévu au menu, il sauta dans un cabriolet et se fit conduire fissa aux Variétés. Un quart d'heure après, le cuisinier intransigeant était à la porte de la loge, portant comme un trésor son délicat soufflé Stanhope qui eut le bon goût de ne point s'effondrer en chemin.

Le Club des Cent

Peu après la mort du grand prêtre du canard, le 10 avril 1911, naquit le Club des Cent, une association très fermée de gastronomes en rébellion contre la « tambouille internationale qui avait envahi la cuisine française ». Leur premier dîner, qui réunissait une poignée de gentlemen dégoûtés des palaces, se déroula le 4 février 1912 dans un petit hôtel-restaurant d'Évreux, *La Biche*, à l'issue d'une excursion en automobile.

Depuis cette date, ils ne cessèrent de mettre à l'honneur les bonnes auberges de jadis et les petits restaurants d'autrefois. Leur credo ? « Défendre le goût de notre vieille cuisine nationale, tristement menacée par les formules chimiques importées de pays où on n'a jamais su préparer même une poule au pot.[1] » Cette académie du bien-manger publiait chaque année un carnet de renseignements strictement confidentiel, distribué sous la redingote aux seuls membres du Club. Les jugements qu'il contenait étaient sans appel : « Chimie, peste, mort », « Ne pas débrayer », « Fuir en quatrième ». Quelques établissements durent même fermer boutique, minés par le verdict implacable de cette Cour suprême de la Table.

Pour faire partie des cent membres de ce club, il fallait peser plus de cent kilos et avoir un solide coup de fourchette — les menus ne comportant pas moins de sept plats parmi les plus roboratifs. Ce club existe toujours ; ses membres se réunissent le jeudi autour d'un déjeuner, parfois à *La Tour d'Argent*.

---

1. Le Monde n° 10 447, juillet ou août 1912.

Gueuleton de curés

Une tradition en vigueur dans les années cinquante — mais aujourd'hui révolue — voulait que chaque année *La Tour d'Argent* lançât une invitation à tous les curés des églises dont on pouvait apercevoir le clocher des fenêtres de *La Tour*. Les braves ecclésiastiques ne boudaient pas l'aubaine ! Pensez-vous, voilà qui changeait de la tambouille de leurs presbytères. À l'occasion de l'un de ces festins très prisés, un brouhaha chahuteur remua soudain l'assemblée de soutanes. M. Terrail, le maître des lieux, s'approcha avec inquiétude et s'enquit de ce remue-ménage. Quelques curés hilares lui désignèrent l'un d'eux, le curé de Montmartre, en disant :

« Le père Avenard a triché. De vos fenêtres, on ne peut pas voir son église ! »

Et l'accusé de répliquer, malicieux :

« Mais si ! Vous n'avez qu'à vous hausser sur la pointe des pieds, je suis sûr que vous la verrez. »

Le pique-assiette ne fut bien sûr pas renvoyé. Péché de gourmandise n'est que véniel…

Chapitre IV

Dans les salons de *Lapérouse*

Lapérouse... Ce nom résonne à l'oreille comme un appel à la volupté... L'on pense aussitôt à ses petits salons particuliers, seuls vestiges du Paris galant de jadis, inscrits à l'inventaire des Monuments historiques. Fidèles à leur mission, ils demeurent aujourd'hui encore les témoins muets d'amours illicites, de pirouettes diplomatiques et de pactes politiques. Et dire que ce luxueux établissement n'était au départ qu'une gargote populaire !

Depuis des temps immémoriaux, les boulangers vendaient leur pain le mercredi et le samedi, devant le couvent des Grands-Augustins, qui couvrait un espace allant du 33 quai des Grands-Augustins à la rue Christine. En 1679, les boulangers furent rejoints par les marchands de volaille auxquels une ordonnance recommanda de s'installer ici et « non ailleurs, sous peine de fouet ». On trouvait sur ce marché pittoresque dit « de la Vallée » des volailles de Bresse et de Sarthe, des oies et des dindons du Bourbonnais, des chapons du Berry, des poulets de la Beauce, des canards de Champagne, du gibier tué jusqu'à deux cents kilomètres à la ronde, des pigeons gavés, du beurre et des œufs frais.

Les rôtisseurs et les cuisiniers des gargotes à trente-deux sous venaient s'y approvisionner à bon prix. On y croisait des négociants, des paysans, des commis, des ménagères, des râleux et des houillons — marchands des quatre-saisons qui transportaient leur marchandise sur des voitures à deux roues plus ou moins branlantes.

À deux pas du marché, le long de ce même quai des Grands-Augustins, se dressait un hôtel particulier appartenant à un sieur Forget, comte de Bruillevert, maître des Eaux et Forêts de Louis XIV. Celui-ci vendit son bien en 1766 à un certain Lefèvre, limonadier du roi et fournisseur officiel de la couronne (comme l'est actuellement la maison Harrod's pour Buckingham Palace). Lefèvre ne se contenta pas d'approvisionner la cour en tonneaux, bouteilles et barriques ; il ouvrit également un comptoir de vins où l'on pouvait éponger ses godets par de robustes en-cas. La taverne se distingua rapidement par la qualité de ses mets et par sa cave bien garnie. Dans la salle, on dégustait évidemment volailles et gibier, mais aussi des « pieds-de-cheval » (huîtres géantes), des cancales, les fameuses entrecôtes « à la manière de la Villette » et autres solides casse-croûte propres à sustenter l'appétit des rudes gaillards du marché. La taverne ne désemplissait pas, fréquentée à toute heure de la journée par les volaillers, les négociants, les portefaix, les mandataires et leurs clients qui venaient causer affaires autour d'un pichet. Il n'était en effet guère prudent de dégainer sa bourse et de compter ses écus dans les allées du marché, car les vide-goussets avaient l'œil vif et la main leste.

Voyant que son établissement prenait des allures de bourse du commerce, le père Lefèvre décida de creuser plus avant le sillon. Afin de favoriser les transactions volaillères, il eut l'idée de mettre à la disposition de ses meilleurs clients les anciennes chambres de bonne du premier étage, inoccupées depuis le départ des domestiques de l'hôtel Bruillevert. Les habitués apprécièrent de pouvoir désormais faire leurs comptes et toper là en toute discrétion.

En 1840, la taverne fut baptisée *Lapérouse*[1] en hommage au célèbre navigateur. Vers 1870, la construction du marché central des Halles sous la direction de Baltard faillit signer son arrêt de mort. Le marché de la Vallée fut transféré dans un pavillon des nouvelles halles, et avec lui tout son petit monde de négociants et de fidèles clients. Heureusement, les professionnels du livre — éditeurs, auteurs et imprimeurs — qui exerçaient leur métier dans le quartier remplacèrent les volaillers dans les salons privés de *Lapérouse*. On ne parla plus de fraîcheur du gosier et de jabot ranci mais d'à-valoir, de manuscrits, de coquilles et d'esperluettes. Et la taverne populaire de se transformer en restaurant de bon ton, couru du Tout-Paris.

La maison se fit une toilette à la hauteur de celle de ses hôtes : elle s'offrit du marbre blanc au rez-de-chaussée, des tapis d'Orient dans les étages, des fresques peintes, marouflées et cirées, ainsi que des luminaires en pâte de verre signés Gallé. Elle orna différemment chacun de ses salons, répartis sur trois niveaux : le Lapérouse, aux baies plongeant sur la Seine, eut droit à de belles boiseries sculptées ; la Boussole, aux finitions Empire, fut plaquée de cuir gaufré à fleurons Renaissance dorés ; le plafond de l'Astrolabe fut tapissé d'une mappemonde...

Les grands noms de la littérature, de la politique et de la magistrature (le Palais de justice est juste en face) y causaient élégamment autour de mets élaborés par l'illustre Auguste Escoffier, puis par les Topolinski père (Marius) et fils (Roger). D'Hector Berlioz à Mistinguett, d'Honoré Daumier à Gustave Courbet, de Jules Verne à Cléo de Mérode, la liste des habitués est longue. Colette y écrivit *la Chatte*, Proust y invita Swann et plus tard Simenon y fit dîner le commissaire Maigret. Les écrivains volages et sulfureux — tels Charles Baudelaire, Gérard de Nerval, Gustave Flaubert et Guy de Maupassant — en firent leur quartier général. Une assiduité directement liée à la présence des petits cabinets privés de l'étage, particulièrement prisés. Une disposition de la loi française ôtait en effet (et ôte aujourd'hui encore) toute validité à

1. *Amusante coïncidence, le restaurant fut racheté, à la fin du XIXe siècle, par un certain Jules Lapérouse, un homonyme qui n'avait aucun lien de parenté avec le navigateur.*

un constat d'adultère établi dans un lieu public, par exemple un restaurant. On comprend mieux le succès intemporel de ces petits salons...

Ceux-ci s'alignent en enfilade à droite du couloir. Bas de plafond (c'était au XVIIe des chambres de domestiques), leur taille se rétrécit et leur intimité s'accroît au fur et à mesure que l'on s'avance vers le fond. La Belle Otéro et le salon des Sénateurs se prêtent bien aux propos commerciaux en petit comité (cinq à six personnes). Le salon des Amours et le salon Jean de La Fontaine (rebaptisé salon Victor Hugo, car celui-ci venait chaque après-midi y déguster des confitures en compagnie de son petit-fils), plus confinés, n'accueillent que deux couples.

Les plus romantiques sont le salon Quai des Fleurs et le salon des Anges (le 35 et le 36 pour les initiés). Savamment tamisés, ils

© H. Groleau

Les salons sont spécialement étudiés pour une parfaite intimité. Ils bénéficient notamment d'un service dit « à la sonnette ».

sont meublés d'une petite table et d'un vaste sofa de velours grenat. Les bidets, jadis dissimulés sous les banquettes, ne sont plus qu'un souvenir.

Ah ! Si les murs de ces salons fripons pouvaient parler, quelles histoires polissonnes, quels secrets d'alcôve, quelles croustillantes anecdotes ne vous conteraient-ils pas... Mais ils sont aussi muets que les serveurs, d'une discrétion exemplaire. Les miroirs qui ornent chaque salon sont en revanche plus bavards : ils sont couverts d'initiales, de prénoms et de dates gravés dans le verre. Une mode lancée par les donzelles de la Belle Époque... Imaginez la scène : une demoiselle Berthe, courtisée par un certain monsieur Gustave, accepte une invitation à dîner chez *Lapérouse*. Une fois le couple introduit dans le petit salon et la commande passée, monsieur dégaine un écrin qu'il offre à mademoiselle, dans l'espoir de gagner ses faveurs. Celle-ci l'ouvre et s'exclame devant une bague sertie d'un imposant diamant : « Oh ! Ah ! Non, mais vraiment... Quelle merveille... ! » Si la demoiselle témoigne l'extase de rigueur, elle n'est pas dupe pour autant : plusieurs de ses amies se sont précédemment laissées abuser par de belles imitations. Elle a alors recours à une petite comédie bien orchestrée : « Gustave mon cher ! Je suis follement heureuse... Et tenez, il me vient une idée : pourquoi ne pas graver nos initiales ici, sur ce miroir. Notre amour vivra éternellement, figé dans la glace ! »

Et la belle de s'exécuter, mimant une folle passion. Le verdict est immédiat : soit le diamant est vrai et c'est un prix correct pour l'abandon de sa vertu ; soit ce n'est qu'un vulgaire morceau de verre taillé qui s'effrite et alors... adieu Berthe ! Le galant peut aller se rhabiller...

À voir le nombre d'initiales qui griffent les miroirs, ces messieurs se sont rarement risqués à l'arnaque. Les prénoms suivent les modes, les Faustine et les Rosine étant petit à petit grignotées par les Sonia et les Lætitia. La Berthe qui a signé et daté (7 décembre 1922) en bas à gauche le miroir du salon des Anges est peut-être celle de monsieur Gustave...

Outre ses petits salons particuliers, *Lapérouse* avait un autre atout de choc propre à s'attirer les faveurs des couples illégitimes :

son fameux souterrain secret grâce auquel l'on pouvait pénétrer dans un des salons sans être vu ! Sur le mur de droite du salon des Sénateurs se dessinent les contours d'une porte dérobée, habilement dissimulée dans les moulures et haute d'à peine 1,10 mètre. Désormais murée, elle ouvrait sur un escalier qui traversait la cave (on peut encore y voir aujourd'hui une volée de marches) et s'engouffrait encore plus profondément dans le sous-sol parisien à travers une ouverture en arc en plein cintre (également murée) qu'on ne pouvait franchir qu'en se pliant en deux. Au-delà, c'était l'entrée du souterrain proprement dit qui communiquait avec le couvent des Grands-Augustins, dans la rue Christine. De là, on rejoignait le réseau des égouts, celui des Catacombes ou autres galeries souterraines que Paris compte par centaines. Bien que le couvent fût détruit en 1797 (et la rue du Pont-de-Lodi ouverte en son emplacement en 1802), le souterrain lui survécut. Il rendit trois siècles durant de précieux services aux galants, notamment aux sénateurs et aux députés de tous bords qui venaient et repartaient en toute discrétion. Hitler le fit condamner pendant l'Occupation, craignant pour la sécurité de son état-major qui venait souvent s'encanailler ici.

À cause de son passé sulfureux, *Lapérouse* possède une connotation mystérieuse et romantique tendance canaille, sur laquelle elle veille jalousement. Pas question de dévoiler tous ses secrets ! Le culte de la discrétion est d'ailleurs l'emblème de la maison : des salons sûrs où l'on peut se réfugier, à l'abri des regards indiscrets et des paparazzi. À condition cependant de ne pas tomber dans la grivoiserie... Et les grands de ce monde ne s'en privent pas. En tête, les hommes politiques, qui se font un plaisir de perpétuer la tradition, obligeant les renseignements généraux à faire de fréquentes inspections pour s'assurer qu'il n'y a pas de bombe cachée dans les salons.

Même sous la torture, il est impossible d'arracher un scoop aux serveurs, qui vous répondent par un fin sourire de circonstance. En fait d'accointances secrètes, nous apprendrons seulement que François Mitterrand venait y déjeuner avec Mazarine. Et que les habitués parlent des salons en numéros, un code d'initiés qu'ils partagent avec le personnel : « Je viens avec une nouvelle conquête. Je veux de l'intimité mais je ne veux pas l'effaroucher. Le 35 ou le 36 sont réservés au Grand Jeu. Pour aujourd'hui, donnez-moi plutôt le 34. » Ces fidèles demandent alors — ou pas — au maître d'hôtel un « service à la sonnette » qui prévoit que ce dernier ne vienne que lorsqu'on le sonne à l'aide d'un bouton blanc dissimulé dans une moulure — un système datant du XIXe siècle qui évite les entrées intempestives.

La morale fut sauve pour quelques huis clos fripons qui eurent le bonheur de se conclure par un mariage. C'est le cas de cette noce, fêtée en 1910 dans un salon du premier étage, à laquelle il arriva une singulière aventure. Alors qu'elle festoyait, elle fut surprise par la crue subite de la Seine. Le niveau de l'eau atteignant déjà le comptoir du rez-de-chaussée, l'assemblée dut redescendre à califourchon sur le dos des égoutiers ! Mais voilà que s'écroula le gibus du beau-père, fort grisé et agité. D'un geste très Régence, l'égoutier qui le portait sur son dos se baissa, ramassa le huit-reflets et le replaça sur la tête de beau-papa. S'était-il ou non rendu compte que le chapeau était plein d'eau ? Beau-papa prit en tous les cas une douche imprévue qui le dégrisa aussitôt !

Chapitre V

L'Élysée : grandeur, décadence et petits-fours

Au début du XVIIIe siècle, il n'y avait à la place du palais de l'Élysée qu'un vaste pâturage boueux appelé « marais aux Gourdes », distrait par quelques potagers. Henri-Louis de La Tour d'Auvergne, comte d'Évreux et cinquième fils de Godefroy, duc de Bouillon, trouva l'endroit à son goût. Il le jugea idéalement situé à deux pas du Grand Cours[1] et l'acheta en 1718 dans l'idée d'y faire construire un bel hôtel particulier. Le comte, qui entendait donner à sa résidence un certain cachet, réclama à l'architecte une cour d'honneur encadrée par un portail monumental à colonnes ioniques, avec à l'arrière un jardin à la française aux parterres de broderies. Ce fut une réussite : on en parla comme de « la plus belle maison de plaisance des environs de Paris ».

À la mort du comte en 1753, son hôtel fut racheté par Jeanne-Antoinette Poisson, marquise de Pompadour, qui cherchait juste-

1. *Aujourd'hui les Champs-Élysées.*

ment une maison dans les environs. Pas trop loin du couvent de la rue Saint-Honoré, où grandissait sa petite Alexandrine, mais pas trop près non plus de Paris, où elle comptait trop d'ennemis parmi le peuple. Ce n'était plus alors la Pompadour éclatante et influente de la grande époque, c'était une beauté fanée de trente-deux ans prématurément vieillie par ses soucis de courtisane. Madame d'Estrades avait pris sa place dans le lit du Bien-Aimé, pour lequel elle n'était plus qu'une simple « amie ». Elle aménagea sa retraite du faubourg Saint-Honoré selon son goût, plus fantaisiste que celui du vieux comte d'Évreux. Elle ajouta ainsi dans le jardin des portiques, des charmilles, des cascades, un labyrinthe, une grotte dorée et même un potager. Déserter la Cour ne signifiait pas pour elle épouser une vie monacale. Pas question pour la Pompadour de renoncer aux plaisirs de la fête ! La marquise organisa de somptueuses réceptions à thème et elle ne manquait pas d'imagination pour divertir ses invités. Un soir de 1763, elle exhiba un petit musicien prodige nommé Mozart. Une autre fois, elle introduisit dans son salon un troupeau de moutons — la mode était alors aux bergeries et aux fermettes fantaisie mises en vedette par Watteau dans ses tableaux représentant des scènes champêtres. Un petit troupeau de moutons bien savonnés, bien peignés et enrubannés de couleurs pastel attendaient, groupés artistiquement sous la houlette de jolis bergers à culotte de satin et bonnet de velours, dans une galerie de l'hôtel attenante au salon, le moment d'être exhibés devant le public des invités. C'était une surprise, on escomptait un gros effet. Au signal donné, on ouvrit les portes et tout le monde s'extasia devant le charmant tableau vivant. Quand, soudain, tout dérapa. Le chef du troupeau, un bélier fougueux et colérique, perdit subitement son calme. Le ruban rose entourant son col avait-il eu raison de son honneur de mâle dominant ? A-t-il cru voir dans le reflet d'une glace un rival à abattre ? On ne le saura jamais. Toujours est-il que le bélier entreprenant piqua une charge désordonnée vers le fond de la galerie et fonça tête la première dans les glaces, saccageant de mille coups de boutoir miroirs, dorures et mobilier. Panique, brouhaha, charivari, tohu-bohu indescriptible ! Les glaces volèrent en éclats, les meubles en morceaux. Les bergers s'efforcèrent de ramener un semblant d'ordre parmi leur cheptel bêlant tandis qu'à l'autre bout de la galerie, les spectateurs assistaient bouche bée à cette scène non inscrite au programme, que des dames trouvaient bon de s'évanouir et que les hommes riaient à se tenir les côtes.

Celle qui partagea le lit du roi voulut aussi coucher ce dernier sur son testament. À la mort de la marquise, Louis XV hérita donc de son hôtel. Les biens mobiliers, dont il n'avait que faire, furent vendus aux enchères. Il y en avait tant que la vente dura un an. C'était un spectacle où l'on allait par curiosité pour y contempler des raretés vues nulle part ailleurs.

Il fallut caser les peintures de Boucher, les fines sculptures de Cuvilliés, les tapisseries de la Savonnerie, des Gobelins, d'Aubusson et de Beauvais, les ottomanes en « pou de soie brodé couleur de nuée », les duchesses, les banquettes tendues de satin blanc, les meubles de Perse ancienne liserés d'or, les commodes à la grecque, les encoignures en laque de Chine, les lustres de cristal de Bohême... Il fallut trouver un nouveau propriétaire à chaque sujet en bronze, aux bibelots de Saxe et de Sèvres, aux biscuits, aux millefiori... Le roi de Prusse facilita grandement la tâche des adjudicateurs en achetant la majeure partie de ces précieux objets. Absolument tout fut vendu, jusqu'aux tuyaux de conduite, aux robinets et à la batterie de casseroles.

Louis XV mit d'abord l'hôtel à la disposition des ambassadeurs de marque de passage à Paris, avant d'y entreposer en 1765 une série de tableaux de ports français, commandée au peintre Joseph Vernet[1]. Ceux-ci furent peu à peu rejoints par un bric-à-brac d'objets hétéroclites et encombrants. Dans ce garde-meuble de la Couronne, des tapisseries de la Savonnerie voisinaient avec des vases orientaux offerts par de grands mamamouchis tandis que l'épée d'Henri IV côtoyait l'armure de François Ier, la cuirasse d'Henri III et les jambières du Roi-Soleil.

En 1773, l'hôtel passa entre les mains du financier Nicolas Beaujon qui le céda en 1786 à Louis XVI, qui lui-même le revendit

1. *On peut désormais admirer ces tableaux au musée de la Marine.*

l'année suivante à sa cousine, la princesse Bathilde d'Orléans, duchesse de Bourbon. L'hôtel d'Évreux devint alors l'hôtel de Bourbon.

Mais la Révolution éclata. Les Sans-Culottes réquisitionnèrent le logis de la duchesse qu'ils installèrent en avril 1793 dans un confortable cachot. L'hôtel fut affecté à la Commission de l'envoi des lois et à l'imprimerie du Bulletin des lois avant d'accueillir les dépôts de mobiliers saisis au domicile des émigrés ou des condamnés. Par un bégaiement de l'Histoire, voilà donc l'hôtel transformé de nouveau en garde-meuble ! Comme son nom rappelait par trop la monarchie, on le rebaptisa « hôtel de l'Élysée », en référence à la promenade toute proche.

Par crainte d'être guillotinée, la duchesse écrivit à la Convention pour la prier de bien vouloir consentir à l'abandon qu'elle faisait à la nation de tous ses biens, à savoir son hôtel de l'Élysée-Bourbon, estimé « onze cent mille francs, son château du Petit-Bourg, douze cent mille, et des valeurs mobilières, rentes et créances, pour près de dix millions, avec l'espoir, ajouta-t-elle, qu'on pourrait spécialement les attribuer aux veuves et aux orphelins des défenseurs de la patrie ». En échange de quoi, elle demanda simplement la liberté et un petit quelque chose pour vivre. Sa supplique passa purement et simplement à la trappe : la Convention ne daigna pas même lui répondre — la duchesse étant en instance d'échafaud. Le 9 thermidor la sauva. En 1797, le gouvernement du Directoire, qui se souvint du geste généreux de la duchesse, lui rendit à la fois sa liberté et son palais. Pour survivre, la citoyenne Bathilde fut contrainte de mettre une partie de son hôtel en location. Elle loua le rez-de-chaussée à un négociant du nom de Benoît Howin et se réserva un pied-à-terre à l'étage. Mais le coup d'État du 18 fructidor contraria ses projets d'avenir. L'ex-duchesse fut instamment priée de quitter le sol français. Dame Bathilde, échaudée par son séjour en prison, boucla ses malles fissa et s'exila en Espagne.

Le palais de l'Élysée se retrouva aux mains du seul ménage Howin, dont le sort faisait bien des envieux. Un bail de neuf ans dans l'un des meublés les plus somptueux de Paris ! Et tout ça pour combien ? À peine 18 000 livres par an ! Avec en bonus une logeuse exilée à Pampelune ! Le rêve... Howin et sa femme Joanne La Violette y voyaient pourtant quelques désagréments : certes, ils n'étaient pas à l'étroit mais qu'est-ce qu'on pouvait s'ennuyer dans cette baraque ! Les parquets des immenses salons de l'ex-Pompadour pleuraient leur faste perdu, l'écho des pas sur le marbre des galeries filait le cafard et les boiseries gémissaient au moindre coup de vent. Le pire, c'était pour se rendre aux cuisines. Une véritable expédition ! Il fallait franchir au moins vingt portes, longer des corridors glacials et s'avaler des volées de marches[1].

Pour tromper leur ennui tout en arrondissant leurs fins de mois, les époux Howin songèrent à ouvrir un bal dans les salons et le jardin de l'hôtel. L'idée n'était pas mauvaise : Paris comptait déjà 1 800 salons de danse, tous saturés. Comme cela se vérifia après chaque période sombre de l'Histoire, les Parisiens étaient pris d'une frénésie d'amusements et de plaisir, comme s'ils voulaient rattraper le temps dévoré par la guerre. Ils enchaînaient à perdre haleine des quadrilles endiablés, des rigodons, des trenitz, des monaco, des valses, des passe-pieds, des flics-flacs et de galantes pastourelles. L'ex-duchesse de Bourbon donna son accord par correspondance depuis sa retraite espagnole, en échange d'un supplément de loyer de 8 000 livres.

Les danseurs se pressèrent avec curiosité dans ce nouveau bal à trois livres l'entrée, ouvert les 4, 7 et 10 de chaque décade. Les salons mythiques de l'Élysée, témoins des folies de la Pompadour et des tractations du richissime Beaujon attiraient les foules. Mais, une fois leur curiosité assouvie, les fêtards retournèrent peu à peu à la concurrence, aux bals de Tivoli, Bagatelle ou Frascati. Pour conserver sa clientèle, Howin se creusa la tête. Il organisa des jeux forains sur les pelouses, des joutes sur les pièces d'eau et des feux d'artifice dans les bosquets. Pour rafraîchir les

1. *Aujourd'hui encore, l'emplacement des cuisines est véritablement un défi à la logique. Elles sont situées dans l'aile ouest alors que la salle à manger présidentielle est dans l'aile est. Il faut pour aller de l'une à l'autre longer un corridor souterrain de cent mètres et gravir des escaliers, soit un périple de quatre minutes qui laisse largement aux plats le temps de refroidir. On doit bien souvent les réchauffer dans une kitchenette d'appoint accolée à la salle à manger !*

danseurs, il fit venir le fameux glacier Garchi avec son comptoir ambulant. Il invita même un ambassadeur turc en visite dont la mise et le parler folkloriques firent fureur. Il proposa des attractions inédites telle qu'une ascension de ballon aérostat dont l'aéronaute était un pauvre mouton qui, une fois en l'air, devait descendre en parachute. Puis il corsa le numéro en demandant au célèbre aéronaute Jacques Garnerin de s'envoler avec une « personne du sexe », ce qui ne s'était vu qu'une seule fois sous le règne de Louis XVI ! Après les exploits sportifs, Howin essaya des conférences sur la statistique et la grammaire, il tenta des expositions d'art et de produits industriels. Mais tout cela ne suffit pas à capter l'attention si versatile des Parisiens.

L'entreprise était moribonde quand, en mai 1798, le Directoire décréta que l'hôtel de la duchesse de Bourbon serait vendu nationalement. La fille d'Howin, Julie-Marie Liévine, s'en porta acquéreur pour la somme de 161 000 francs. En femme d'affaires avisée, elle révisa toute l'organisation des lieux. Elle céda l'exploitation du bal à un certain Ribié, ancien marchand de contremarques. Elle débita le palais en une trentaine d'appartements bourgeois qu'elle meubla de locataires respectables : militaire en retraite, veuve de maréchal, nobles désargentés... Le comte et la comtesse de Vigny s'y installèrent avec leurs quatre enfants. Le petit dernier, Alfred, adorait galoper dans les immenses corridors et faire des niches aux autres locataires. Liévine établit également dans les deux ailes du palais donnant sur la rue du Faubourg-Saint-Honoré de petites échoppes qu'elle concéda à un boucher, un épicier, un marchand de vins et de tabac, un rôtisseur et une mercière.

L'audacieuse opération immobilière de Mlle Liévine tourna malheureusement court. Couverte de dettes, elle fut forcée de vendre l'ensemble en 1805 à Joachim Murat, maréchal de France et prince d'Empire. Murat fit restaurer le palais de fond en comble mais il n'eut guère le temps d'en profiter. Nommé roi de Naples en 1808, il abandonna les lieux à l'Empereur. L'Élysée vit dès lors défiler les plus grands souverains. De 1830 à 1848, sous Louis-Philippe, le palais redevint la résidence des ambassadeurs et des chefs d'État étrangers en visite à Paris. Un décret du 12 décembre

1848 promulgué par l'Assemblée nationale en fit officiellement la résidence du président de la République.

Un sulfureux parfum de scandale s'échappa du palais à la Belle Époque, sous la présidence de Félix Faure. Ce dernier était fort bel homme. De haute taille et d'une prestance avantageuse, il était toujours vêtu impeccablement. Les Parisiens prenaient exemple sur son élégance et suivaient aveuglément les modes qu'il lançait. Ce bourgeois gentilhomme portait dans l'intimité des pantoufles vernies à talon, des robes de chambre bleu nuit et des pyjamas croisés. Aucune femme ne résistait à son charme et à son charisme, et Félix Faure ne se privait pas d'en profiter. Son maître d'hôtel, qui pourtant en avait vu d'autres, se dira choqué du dévergondage du président : « Des conquêtes, il en venait sans cesse. » Quant à la très effacée Mme Faure, elle vivait sans broncher dans l'ombre de son mari qu'elle vénérait, et qui lui préférait leur fille Lucie.

En ce 16 février 1899, le président se réveilla patraque, embrumé et barbouillé. Il n'avait pas fait bamboche la veille au soir, ne se sentait pas grippé, et pourtant ses jambes étaient cotonneuses et les battements de son cœur désordonnés. Il sonna son chef de cabinet, lui demandant d'annuler la sortie à cheval programmée de bon matin et le priant de faire venir le docteur Calmette. Celui-ci examina le président auquel il trouva une petite mine. Il prescrivit une purge et des fortifiants assortis de quelques jours de repos à la campagne. Félix Faure liquida avec une grosse fatigue les affaires courantes, il reçut comme prévu à 16 heures le cardinal Richard puis à 16 h 30 S.A.R. le prince de Monaco, qui souhaitait l'entretenir de l'affaire Dreyfus.

À 17 heures, ses obligations expédiées, il put enfin accueillir Marguerite Steinheil. Qui était-elle ? Une courtisane de passage ? Certainement pas ! Pas elle… Voilà déjà quatre ans que Mme Steinheil était une familière de l'Élysée, plus particulièrement du boudoir d'Argent accolé au bureau du président. Elle y rencontrait le président auquel elle prodiguait soutien, réconfort et consolations diverses. Marguerite était l'épouse du peintre Adolphe Steinheil, spécialisé dans les tableaux de bataille. Depuis quatre ans, l'artiste croulait littéralement sous les commandes officielles, ce qui amusait beaucoup la presse, qui n'était pas dupe. Il s'agissait plus d'occuper le mari que d'exploiter son talent... Meg, comme l'appelait le président dans l'intimité, portait ce jour-là une ravissante robe à faux-cul rouge vermeil. Elle était grande, belle, sensuelle, plus fatale que jamais. Félix n'y résista pas. Mais alors qu'il l'honorait comme elle le méritait, il sentit soudain un vertige le gagner. Il retomba en nage sur le sofa et demanda à Meg d'appeler d'urgence son chef de cabinet et le médecin. Elle s'exécuta et revint auprès de lui en attendant les secours. Il lui confia alors le malaise de la matinée qu'il mit sur le compte de l'abus d'une « petite drogue destinée à compenser les faiblesses constitutionnelles[1] ». À l'arrivée du chef de cabinet, Meg s'éclipsa discrètement, le corsage chiffonné et le chignon de travers. Dans sa précipitation, elle oublia son corset, qui avait glissé derrière le sofa. Un des secrétaires du président le trouva, le ramassa et le conserva comme une pieuse relique.

À ce moment précis, l'infortuné président n'était guère en état de gouverner. Le teint cramoisi, les pupilles dilatées, le souffle court, il agonisait sur le sofa. Le docteur Calmette arriva enfin. Tandis qu'il confiait dans l'antichambre son pardessus au majordome, le médecin demanda :

« Le président a-t-il encore sa connaissance ?

— Non, elle est sortie par la porte de derrière, lui répondit le domestique, soucieux des convenances. En revanche, sa femme et sa fille Lucie sont à son chevet. »

Le docteur Calmette procéda à des saignées, il essaya des injections de sérum, posa des sangsues, tenta des vésicatoires puis en dernier recours une respiration artificielle au moyen de tractions rythmiques de la langue. En vain. Il ne restait plus qu'à faire venir un curé. À 19 heures, l'abbé Regnault donna les derniers sacrements et, vers 22 heures, le président mourut en bon chrétien dans les bras de sa femme. Âgé de cinquante-huit ans, Félix

---

1. *Il s'agissait apparemment d'un aphrodisiaque.*

Faure fut le premier (et jusqu'à présent le seul) président à rendre l'âme entre les murs de l'Élysée.

Le lendemain, dès 5 heures du matin, le *Journal officiel* publia la nouvelle : le chef de l'État était mort, victime d'une apoplexie foudroyante. Si les autorités parlèrent officiellement d'hémorragie cérébrale, elles se gardèrent bien de signaler l'érection persistante du président, encore bien visible à l'heure de son dernier soupir et incontestablement due à une surdose de drogues virilisantes.

Caprices présidentiels

Chaque président de la République eut à cœur de personnaliser son logis. Un tel voulut son bureau dans le salon Doré, tel autre déménagea d'un étage la salle du Conseil des ministres... Les modifications les plus notables concernèrent les appartements privés. Georges Pompidou, féru d'avant-garde, en fit dans les années soixante-dix un décor de Star Trek. Valéry Giscard d'Estaing, aux goûts plus classiques, réhabilita le style « Louis XV-Louis XVI », riche en moulures, peintures, dorures et marqueterie. François Mitterrand relégua ces vieilleries dans les greniers du Mobilier national et donna carte blanche au designer Philippe Starck pour la décoration de son bureau. L'acier et le plastique — fussent-ils signés Starck — n'étant pas du goût du couple Chirac, leur intendant s'empressa de remplacer les structures futuristes par un mobilier XVIIIe.

Le jeu des chaises musicales se répéta à chaque nouvelle investiture. Mais, en dépit de tous ces aménagements, les présidents et surtout leurs épouses qualifiaient l'Élysée de « palais sinistre et doré à la décoration chargée et douteuse » voire de « résidence surveillée, malcommode et trop coûteuse d'entretien ». Ceux qui le pouvaient rentraient le soir dormir chez eux. Ce fut le cas de Pompidou, Giscard et Mitterrand qui conservèrent leur propre appartement.

Dans les cuisines du palais, ce fut aussi un grand charivari à chaque changement de règne. Bien que les chefs élyséens soient tenus à un devoir de réserve, l'un d'eux, une fois à la retraite, a bien voulu livrer ses secrets[1]. Et l'on en apprend de belles sur la gourmandise des chefs d'État, sur leurs dictatures culinaires et leur façon d'appréhender les plaisirs de la table.

Le général de Gaulle instaura une discipline toute militaire au sein de l'Élysée. Peu de réceptions ; des repas frugaux, simples et sans chichi. La priorité n'était pas pour lui dans l'assiette. Peu importait qu'on lui servît des petits pois en conserve, un croque-monsieur ou une tranche de jambon cru. En revanche, le général était très à cheval sur les horaires. Tous les convives devaient être à l'heure. Y compris son fils Philippe, qui avait le chic pour arriver en retard. Son père, furieux, interdisait alors aux maîtres d'hôtel de lui servir son entrée, en guise de représailles. Pas question non plus de s'attarder à table ! Le repas en lui-même ne devait en aucun cas durer plus de quarante minutes, qu'il s'agisse d'une réunion familiale ou d'un dîner officiel. Quitte au besoin à sauter l'étape « fromages »... Sans doute est-ce à cause de ce contentieux personnel avec les laitages fermentés que le général lâcha un jour cette boutade restée célèbre : « Comment voulez-vous qu'on gouverne un pays où il y a trois cent vingt-quatre sortes de fromages ? » Ses proches ne lui connaissaient qu'un seul péché mignon, la bouillabaisse, pour laquelle il se serait damné...

Tout changea du tout au tout sous l'ère Pompidou. Les cuisiniers durent réviser leurs classiques et se remettre à mitonner de bons vieux plats en sauce du terroir. Ce fut l'époque bénie des bœufs carottes, des bourguignons, des daubes, des poules au pot, des merlans frits... Pour ce gastronome, la grandeur de la France devait se lire entre les lignes des menus officiels. La bonne chère était chose sérieuse. Pompidou choisissait lui-même les vins, exigeait que son cuisinier le suive lors de ses déplacements et s'intéressait à l'intendance avec la bienveillance d'un père de famille.

---

1. *Joël Normand,* La Ve République aux fourneaux, *La Table Ronde, 1999.*

L'arrivée au pouvoir de Valéry Giscard d'Estaing révolutionna les fourneaux du palais. Ce président auroral, soucieux de sa ligne, abhorrait les plats rustiques et roboratifs. Il ne jurait que par Paul Bocuse et sa « nouvelle cuisine », une merveille de légèreté et de simplicité qui préconisait la cuisson de dernière minute. Finis donc les pot-au-feu de grand-mère amoureusement mijotés ! Les consignes du « Grand » étaient claires : des recettes inspirées de celles des restaurants à la mode et beaucoup de poisson. V.G.E. avait toujours une idée très précise de ce qu'il voulait, ou pas. Parce qu'il raffolait de gastronomie italienne, il envoya un de ses cuisiniers en stage à Rome. Parce qu'il détestait les petites décorations fantaisie sur les pâtisseries, il descendit en personne dans les cuisines et fit un esclandre pour avoir trouvé une rose en sucre sur sa glace. Le pâtissier manqua de se faire renvoyer à cause d'un conflit ouvert autour d'une tarte aux pommes. Selon ce dernier, une tarte aux pommes se composait d'une base de crème pâtissière recouverte de rondelles de pommes. Selon le « Grand », les lamelles de pommes devaient reposer sur de la compote. Le pâtissier dut capituler pour garder sa place. Malheur aussi à qui s'avisait de servir des lentilles, plat honni entre tous ! Valéry Giscard d'Estaing avait l'œil à tout. Et s'il avait un appétit de moineau, il disposait également d'une mémoire d'éléphant. Lui seul était capable de se souvenir du menu servi à tel chef d'État ou à tel diplomate deux ans auparavant !

Chaque soir, le président quittait l'Élysée au volant de sa propre voiture (grande première dans l'histoire du protocole) pour rentrer dans son appartement de la rue de Bénouville (16e) où habitaient toujours son épouse Anémone et leurs quatre enfants. Il marqua son septennat par deux initiatives mémorables : l'assouplissement du protocole et l'ouverture du palais de l'Élysée au public, le 14 juillet 1977. Lors de cette première journée « Portes ouvertes », V.G.E. fit lui-même les honneurs de son logis à dix mille Parisiens.

Les relations de François Mitterrand avec les cuisines de l'Élysée furent chaotiques. « Tonton » se comportait vis-à-vis de son personnel en monarque hautain. Le satisfaire était une gageure. Quand, à l'approche d'un dîner officiel, le chef proposait un menu, il voyait revenir le papier rageusement biffé et annoté de remarques vexatoires. Jamais un compliment, toujours des reproches. Pas une seule visite en cuisine en quatorze ans de règne. L'unique fois où il adressa la parole à son chef, ce fut par hasard, lors de la traditionnelle remise des médailles aux meilleurs ouvriers de France à l'Élysée. Il ignorait que l'un des lauréats travaillait pour lui ! L'affaire des sandwiches faillit avoir raison de la santé mentale des cuisiniers. Tonton râlait toujours contre les jambons-beurres qu'on lui servait les jours où il allait jouer au golf : trop mous, trop beurrés, pas assez de jambon, le pain est infect... Le chauffeur, pris de compassion, livra un précieux tuyau aux cuisiniers : le patron semblait se régaler des sandwiches d'un certain bistro de la rue Daguerre. Un commis fut dépêché pour se procurer un de ces spécimens rares, propres à contenter le chef. Le staff au grand complet l'analysa, le disséqua et s'efforça de le cloner, sans jamais y parvenir complètement. Dès lors, le chauffeur eut pour consigne de mettre la rue Daguerre sur le trajet du golf.

Puis la situation s'envenima encore. Mitterrand décida de s'attacher pour ses repas personnels les services d'un cuisinier privé, recruté chez Lenôtre. Suprême humiliation pour la cuisine de l'Élysée, pourtant assimilée à un deux-étoiles Michelin ! L'équipe se concentra sans broncher sur la préparation des déjeuners ministériels, des dîners officiels et des réceptions présidentielles. Il fallut attendre douze ans pour que Mitterrand daigne refaire appel aux cuisiniers officiels ; son chef privé ne lui donnant plus entière satisfaction.

L'ambiance se réchauffa nettement à l'arrivée du couple Chirac. Dès le premier jour de l'investiture de son mari, Bernadette, en parfaite maîtresse de maison, descendit dans les cuisines faire connaissance avec l'équipe en place et informer le chef des péchés mignons de son époux. Le ton était donné : chaleur, proximité, décontraction et simplicité. Ce patron-là allait être plus facile à satisfaire que le précédent : il aimait quasiment tout. Les escargots, la charcuterie, les coquilles Saint-Jacques, le boudin, la laitue, l'agneau rosé, les jarrets et la tête de veau, le hachis Parmentier, les tomates farcies, les chipolatas, les omelettes au fromage et tout ce qui est à base de chocolat ! Et un sacré coup de fourchette avec ça ! Comme Pompidou, Chirac se fait un plaisir de découper lui-même le poulet, à condition d'avoir un couteau bien aiguisé. Il a, paraît-il, la dextérité d'un maître canardier. Une vocation ratée ? Peut-être... Bien peu savent que Jacques Chirac était à quinze ans apprenti cuistot à l'école d'art culinaire *Le Cordon-Bleu*, située... rue du Faubourg-Saint-Honoré ! Une fois par semaine, il venait s'initier aux subtilités de la cuisine française et maîtrisait comme un dieu la daube de queue de bœuf et le pot-au-feu !

Chapitre VI

Ramdam au musée Grévin

Le musée Grévin possède un incroyable capital sympathie. Pour les touristes provinciaux ou étrangers, c'est un passage obligé. Pour les Parisiens, il est généralement associé à de merveilleux souvenirs d'enfance, à une menotte serrant très fort la poigne rugueuse d'un grand-père. Ses majestueuses silhouettes de cire plus vraies que nature intimident et fascinent petits et grands en nourrissant leur imaginaire. À tel point que le musée est devenu un mythe vivant, un monument national qui fourmille d'anecdotes et dont le fonctionnement intrigue les curieux.

Les vrais faux personnages qui l'habitent ont le pouvoir de cristalliser les émotions. La transposition du « vrai » sur le « faux » est humaine et instinctive. En témoigne l'attitude touchante de cette costumière chargée de vérifier chaque matin la bonne tenue des personnages. Seule dans les salles, elle fait la causette aux mannequins, en rectifiant ici l'ordonnance d'une collerette ou en redressant une mèche rebelle. Évidemment, elle a ses têtes, mais chacun a droit à son petit mot ! De même, si l'on se poste près du personnage de mère Térésa, il n'est pas rare d'entendre murmurer une prière. Et il y a une dizaine d'années, un admirateur avait pris l'habitude de déposer chaque jour un bouquet de fleurs aux pieds d'un pacifiste israélien assassiné. Les effigies jouent volontiers les succédanés, pour le meilleur mais aussi parfois pour le pire...

Vers 1934, la présence de Mussolini aux côtés du Führer dans les salles du musée entraîna la mort d'un homme. Un visiteur se posta l'air hagard devant le dictateur italien et, en le fixant, il sortit un revolver de sa poche et se tira une balle dans la poitrine. Dans l'ambulance qui le transporta à l'hôpital Bichat, il eut juste le temps de dire : « M'appelle Dante Épiphane... Le fascisme m'a ruiné... », avant de rendre son dernier soupir. La police trouva dans son veston une lettre adressée à Mussolini : « Je pleure de quitter la vie si jeune mais le devoir m'y oblige. Je vous prie, Excellence, de soutenir les miens pendant quelques mois jusqu'à ce que l'horizon soit éclairci. » L'histoire ne précise pas si le Duce a pris soin des quatre enfants et de la veuve que laissait derrière lui le malheureux, mais il est permis d'en douter.

Pourquoi un tel déchaînement de passions autour de ce musée ? Parce que Grévin se veut un « journal plastique en trois dimensions », un reflet de l'actualité via l'effigie des people du moment. En effet, tous les personnages ont été installés du vivant de leur modèle (exceptés ceux qui peuplent les tableaux historiques et les scènes typiquement parisiennes). L'idée a pris naissance en 1880 dans le cerveau d'Arthur Meyer, directeur remuant du *Gaulois*, un grand journal du matin. Meyer constata que, vu l'appétit du public pour l'actualité, la presse ne donnait pas entière satisfaction aux Parisiens. Bien sûr, les journaux illustrés en couleur étaient un progrès, mais cela était insuffisant. En attendant les photoreportages et les journaux télévisés (pas encore à l'ordre du jour), il imagina « une sorte de journal plastique où le public trouverait, reproduites avec un respect scrupuleux de la nature, les individualités qui occupent son attention. En un mot, le musée Grévin sera comme une sorte d'échantillon de luxe de la grande ville dans ses élans et dans ses chutes, dans son luxe et sa misère, dans les talents qui sont sa gloire et les crimes qui sont sa honte. »[1]

Il recrute en 1881, en tant que directeur artistique, le caricaturiste Alfred Grévin, la coqueluche des bourgeois et de leurs dames qui se bousculent pour poser dans son atelier, à l'instar des célébrités du moment. Arthur Meyer, qui ne tient pas à donner son nom au musée, propose celui de l'artiste, le seul que la postérité retiendra.

La chasse à la baignoire de Marat

Peu de temps après son ouverture, le musée réussit un coup de maître : arracher au nez et à la barbe d'un régiment de collectionneurs la vraie baignoire dans laquelle Marat a été assassiné ! En effet, chaque fois que cela s'est révélé possible, le musée a cherché à acquérir des accessoires authentiques pour meubler ses mises en scène.

Justement, le 15 juillet 1885, voilà qu'un article du *Figaro* lance une véritable « chasse au sabot de Marat » en révélant que cet objet serait détenu par un certain abbé Le Cosse, curé de Sarzeau, dans le Morbihan. La nouvelle fait saliver les collectionneurs, qui se jettent aussitôt sur la piste. Gabriel Thomas, administrateur du musée Grévin, sera le plus rapide (ou le plus offrant) et décrochera le titre de propriété de la fameuse baignoire, après s'être assuré de son authenticité. Et celle-ci est indiscutable, considérant que ce brave curé avait hérité la baignoire d'une vieille demoiselle royaliste et catholique, Mlle Capriol de Saint-Hilaire, morte en 1862, qui la tenait elle-même de son père, qui avait lui-même chiné la relique en 1805 chez un marchand de ferraille de la rue d'Argenteuil.

Il faut dire qu'on avait perdu de vue depuis belle lurette cette maudite baignoire. Lors de l'inventaire du mobilier de Marat par le juge de paix de la section du Théâtre-Français venu apposer les scellés, on ne la trouva pas, et pour cause ! Elle avait été artistiquement exposée en même temps que le corps de Marat dans l'église des

1. Extrait de la préface du premier catalogue du musée, signée Albert Wolff.

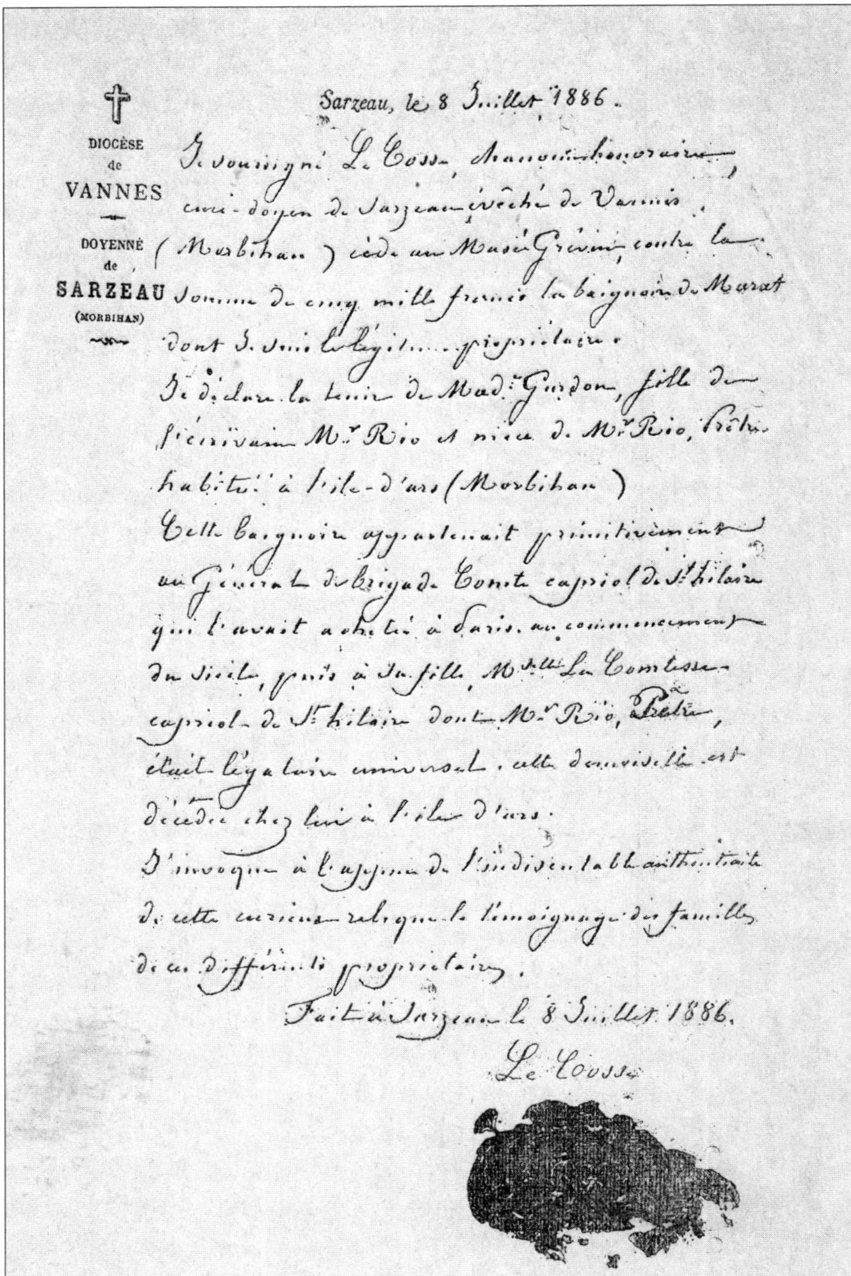
DIOCÈSE
de
VANNES

DOYENNÉ
de
SARZEAU
(MORBIHAN)

Sarzeau, le 8 Juillet 1886.

Je soussigné Le Cosse, chanoine honoraire, curé-doyen de Sarzeau, évêché de Vannes (Morbihan) cède au Musée Grévin, contre la somme de cinq mille francs la baignoire de Marat dont je suis le légitime propriétaire.

Je déclare la tenir de Mad. Gordon, fille de l'écrivain Mr Rio et nièce de Mr Rio, prêtre habitué à l'île d'Arz (Morbihan)

Cette baignoire appartenait primitivement au Général de brigade Comte Capriol de St Hilaire qui l'avait achetée à Paris au commencement du siècle, puis à sa fille, Melle La Comtesse Capriol de St Hilaire dont Mr Rio, prêtre, était légataire universel. Cette demoiselle est décédée chez lui à l'île d'Arz.

J'invoque à l'appui de l'indiscutable authenticité de cette curieuse relique le témoignage des familles de ces différents propriétaires.

Fait à Sarzeau le 8 Juillet 1886.

Le Cosse

La baignoire de Marat a fait l'objet d'un très sérieux acte de cession, rédigé par un curé breton.

Cordeliers. Elle le suivit même, paraît-il, dans son monument funéraire dressé place du Carrousel. On perdit sa trace en février 1795, quand un décret de la Convention ordonna de jeter aux égouts le buste de Marat.

Le curé breton rédigea donc l'acte de cession suivant :

« *Sarzeau, le 8 juillet 1886.*

Je soussigné Le Cosse, chanoine honoraire curé doyen de Sarzeau, évêché de Vannes (Morbihan), cède au musée Grévin, contre la somme de cinq mille francs, la baignoire de Marat dont je suis le légitime propriétaire.

Je déclare la tenir de mademoiselle Gurdon, fille de l'écrivain M. Rio et nièce de M. Rio, prêtre habitué à l'île d'Ars (Morbihan).

Cette baignoire appartenait primitivement au général de brigade comte Capriol Saint-Hilaire qui l'avait achetée à Paris, au commencement de ce siècle, pour sa fille, Mlle la comtesse Capriol de Saint-Hilaire, dont M. Rio, prêtre, était légataire universel. Cette demoiselle est décédée chez lui à l'île d'Ars. J'invoque, à l'appui de l'indiscutable authenticité de cette curieuse relique, le témoignage des familles de ses différents propriétaires.

Fait à Sarzeau, le 8 juillet 1886.

Le Cosse. »

Le produit de la vente de la baignoire permit au curé de faire reconstruire en partie l'école des fillettes du bourg de Sarzeau... Gabriel Thomas rentra à Paris sa baignoire révolutionnaire sous le bras, calculant déjà *in petto* l'agencement du tableau de la mort de Marat et de l'arrestation de Charlotte Corday. Il restitua scrupuleusement dans tous ses détails la chambre qu'habitait dans l'hôtel de Cahors, rue des Cordeliers (actuellement rue de l'École-de-Médecine), le tribun populaire. Il planta au centre la baignoire sabot en cuir fauve dans laquelle Marat se plongeait plusieurs heures par jour pour calmer les démangeaisons que lui causait son eczéma. Et il fignola la scène en ajoutant d'autres accessoires d'époque : une lettre de Charlotte (qui était au passage la petite-nièce de Corneille), l'arme du crime (un couteau de cuisine au manche d'ébène), une carte de France datée de 1791 et quelques numéros de *l'Ami du peuple*, le journal de Marat. L'ensemble dégage une dramatique saisissante, presque palpable.

Chaque tableau historique a bénéficié du même souci d'authenticité. Gabriel Thomas fit reconstruire le cachot du Temple où croupissait Marie-Antoinette dans ses proportions exactes, d'après les plans de M. Bouila, architecte chargé de la démolition de la célèbre prison en 1812. Il récupéra même l'huisserie de la porte qui s'ouvrait sur la cellule, dont le linteau avait été artificiellement abaissé par les révolutionnaires afin de contraindre les souverains à s'incliner en passant.

Un Dormeur par qui le scandale arrive...

Au musée Grévin, il arrive que des mises en scène parfaitement innocentes déclenchent des tempêtes. C'est le cas du Dormeur, un personnage anodin, tout ce qu'il y a de plus anonyme, qui pique un roupillon, nonchalamment affalé sur une banquette, dans la salle des Colonnes. Vêtu comme Monsieur Tout-le-Monde (et relooké au fil des ans en fonction des canons de la mode), il vise à tromper le visiteur, qui le prend pour un alter ego et n'hésite pas à s'asseoir à ses côtés, en veillant à ne pas le réveiller.

Cet inconnu semble avoir piqué du nez à la lecture d'un journal qu'il tient encore entre ses mains. À l'origine, il s'agissait du *Gaulois*, un élégant quotidien régulièrement remplacé pour assurer la fraîcheur des informations. Mais voilà ! cette attitude n'était pas du tout, mais alors pas du tout, du goût du directeur du journal en question, qui n'était autre qu'Arthur Meyer, fondateur et ex-directeur du musée Grévin. À peine trois jours après l'installation du Dormeur, Meyer adressait une lettre outrée à son successeur à la tête du musée, Maxime-Gabriel Thomas : « Vous avez l'air d'insinuer, écrivait-il, que la lecture de mon journal est endormante !... Je vous saurais gré de ne pas faire durer cette équivoque plus longtemps ! »

Quel est donc ce journal soporifique qui fait si bien ronfler Le Dormeur ?

Soit, on troqua *le Gaulois* contre *le Petit Parisien*. La réaction ne se fit pas attendre : une autre missive incendiaire à en-tête du *Petit Parisien* atterrit sur le bureau de M. Thomas. Celui-ci ordonna que l'on glisse entre les mains du Dormeur l'édition du *Matin*. Peine perdue ! Son directeur protesta également contre les vertus soporifiques ignominieusement associées à la lecture de son journal. De guerre lasse, M. Thomas convoqua l'habilleuse du Dormeur dans son bureau : « Désormais, lui dit-il, c'est le *Journal officiel* que vous collerez entre les mains de notre Dormeur. » Dès lors, plus aucune protestation, le consensuel *J.O.* neutralisa toutes les critiques. Le Dormeur, lui, qui ne fait guère de différence entre la rubrique des chiens écrasés et un appel d'offres gouvernemental, poursuit sa sieste comme un bienheureux.

Pauvre Bécassine !

Si le Dormeur ne fut guère affecté par le jeu de chaises volantes imposé à son journal, d'autres pensionnaires de Grévin connurent un sort moins enviable. La pauvre Bécassine fut la première (d'une longue série !) à subir les assauts vengeurs de contestataires. Depuis 1919, elle était là, dans un coin, discrète, menue, 1,50 mètre au garrot, fagotée dans un petit uniforme de paysanne bretonne. Son visage lunaire au nez en pied de marmite regardait, le doigt à la bouche et les yeux béats d'admiration, une faunesse signée Alfred Grévin. La pittoresque créature imaginée par le dessinateur Pinchot faisait la joie des tout-petits, mais apparemment pas celle des Bretons, comme va le révéler la suite de l'histoire.

Le 19 juin 1939 à 15 h 30, trois jeunes gens s'immobilisèrent devant Bécassine, se concertèrent en catimini puis, soudain, jetèrent la statue à terre et entreprirent de la fracasser à coups de marteau, réduisant en miettes le visage, les bras et les jambes de l'infortunée. Leur forfait accompli, les vauriens gagnèrent en courant la sortie. Pas assez vite cependant, car l'un d'eux, qui boitait bas, fut rattrapé par un gardien tandis que ses complices furent interceptés par le secrétaire de la direction du musée alors qu'ils tentaient de monter dans un taxi.

Conduits *illico presto* au commissariat du quartier du Faubourg-Montmartre, ils atterrirent devant le bureau du commissaire Noedts. Pressés de s'expliquer, ils commencèrent par baragouiner quelques phrases en breton, feignant de ne parler que ce patois. Le commissaire, qui n'entendait pas cet idiome, leur fit comprendre assez vite qu'il n'entendait pas non plus qu'on se paye sa tête. Les trois compères comprirent après une nuit passée au violon qu'il était dans leur intérêt de recouvrer au plus vite l'usage de la langue française, ce qu'ils firent. Ils déclinèrent leur identité : Patrick Guérin, étudiant né à Rennes, 23 ans ; Jean-François Jadé, étudiant né à Audierne, 24 ans ; Hervé Mahé, ingénieur électricien né à Saint-Goazec, 27 ans. Ils consentirent ensuite à s'expliquer :

« *Nous sommes bretons et farouches autonomistes. Nous ne regrettons rien de notre geste et en assumons l'entière responsabilité. Nous avons voulu protester contre la prochaine représentation d'un film tendant à consacrer une fois de plus le type de Bécassine considérée comme la personnification de l'imbécillité… Nous en avons assez d'entendre dans les rues de Paris, quand on*

N° de débit 98

Le Journal
100, Rue de Richelieu

19 JUIN 1939

Bécassine piétinée défigurée par trois jeunes gens

AU MUSÉE GRÉVIN

Autonomistes bretons, ils voulaient protester contre le ridicule infligé, selon eux, à leurs compatriotes en la personne de la petite bonne

POPULAIRE
Rue Victor-Massé, 9

19 JUIN 1939

AU MUSÉE GRÉVIN

Trois « autonomistes » bretons brisent une statue de Bécassine

Trois « autonomistes » bretons se sont livrés, hier, au Musée Grévin, à un acte dont le moins qu'on puisse dire est qu'il ne se justifie guère.

Il y avait, depuis vingt ans, dans le Musée, une statue de « Bécassine » de 1 m. 50 de hauteur, vêtue du costume breton. Actuellement on tourne en Bretagne un film qui s'intitule précisément « Bécassine ». Certains Bretons y veulent voir une intention de les ridiculiser eux et leur pays. Un journal destiné aux Bretons hors de leur province, « La Bretagne », a, récemment, dénoncé ce qu'il considère comme une injure et il a rappelé la présence, boulevard Montmartre, de la Bécassine de cire. Cela a incité trois jeunes gens à aller la détruire.

Hier, à 15 h. 30, ils ont mis leur projet à exécution et ont tenté de s'enfuir. L'un d'eux, M. Hervé Mahé, ingénieur électricien, né le 18 avril 1912 à Saint-Goazec, demeurant à Paris, rue Asseline, retardé dans sa fuite par une claudication, a été rejoint devant la porte d'entrée par le gardien du Musée, M. Serville : ses deux complices, MM. Patrick Guérin, étudiant, né le 25 août 1915, à Rennes, domicilié 14, rue Lanneau, et Jean Jadé, également étudiant, né à Audierne, le 23 février 1915 et demeurant 82, boulevard Montmartre, ont été arrêtés au moment où ils montaient dans un taxi.

Conduits au commissariat de la rue du Faubourg Montmartre, ils ont été entendus par le commissaire du neuvième, M. Noedts, et par M. Tourne, secrétaire du quartier Saint-Georges.

Ils ont tout d'abord feint de ne parler que la langue bretonne. Puis ils ont consenti à confier aux enquêteurs le mobile qui les avait poussés. Ils n'ont fait aucune difficulté pour reconnaître qu'ils étaient « autonomistes ». Ils ont été gardés quelques heures au commissariat, le temps de vérifier leur domicile.

Ils seront poursuivis pour « dommages volontaires causés à la propriété mobilière d'autrui ». En fait, ils s'en tirent avec une simple contravention ce qui n'est pas payer cher cette plaisanterie d'un goût douteux. Car il est bien évident, pour toute personne sensée que la présence de Bécassine au Musée Grévin ne constituait rien de désobligeant pour la Bretagne. — A. L.

...ET DE BÉCASSINE « AGENT-PROVOCATEUR »

Le musée Grévin a été, hier, le théâtre d'un sombre drame...

Il était 15 heures 30, et comme à l'accoutumée M. Malret, l'un des gardiens faisait sa ronde dans les salles, lorsque trois jeunes gens s'arrêtèrent devant le mannequin — exposé depuis une vingtaine d'années — qui représente la légendaire « Bécassine », joie des tout-petits, et que l'image a popularisée.

Les visiteurs, qui s'entretenaient à voix basse, semblèrent un instant se concerter. Puis, soudain, deux d'entre eux, renversèrent de son socle la figurine et se mirent en devoir de la piétiner, brisant les bras et le visage de l'infortunée « Bécassine »... Puis ils gagnèrent en courant la sortie.

Mais l'un d'eux fut rejoint par le gardien Malret, tandis que le secrétaire de la direction du musée s'opposait à la fuite des deux autres « complices ». On conduisit au commissariat de police du quartier du Faubourg-Montmartre, les trois iconoclastes, MM. Patrick Guérin, né le 25 août 1915, à Rennes, étudiant, 14, rue Lanneau ; Jean Jadé, né le 25 mars 1911, à Audierne, également étudiant, 82, boulevard du Montparnasse, et Hervé Mahé, né le 18 avril 1912, à Saint-Goazec (Finistère), ingénieur, 6, rue Asselené, à Paris.

Interrogés par le commissaire de police, ils déclarèrent tous trois être adhérents à un groupement autonomiste breton, et revendiquèrent la responsabilité de leur geste.

— *Nous avons voulu protester*, dirent-ils, *contre la prochaine représentation d'un film tendant à consacrer une fois de plus le type de « Bécassine considérée comme la personnification de l'imbécillité... nous en avons assez d'entendre dans les rues de Paris, quand on voit passer une Bretonne en costume : « Tiens, voilà Bécassine !... »*

Nous en avons assez de voir depuis trop longtemps au « Musée Grévin » un mannequin de cire, avec cet air idiot, en extase devant la statue d'un faune. C'est là, la raison du geste que nous avons fait. Aussi bien différents journaux — et notamment La Bretagne *dans son numéro du 10 juin — ont protesté pour mettre un terme à une personnification que nous estimons injurieuse.*

Après vérification de leur identité, les trois farouches autonomistes, qui ne sont passibles que d'une contravention, ont été remis en liberté. — J.-L. C.

N° de débit 108

L'ÉPOQUE
22, Rue de la Paix, II°

19 JUIN 1939

AU MUSÉE GRÉVIN

Trois Bretons « autonomistes » décapitent « Bécassine »

Le Musée Grévin, habituel refuge dominical de nombreux provinciaux de passage dans la capitale, a été, hier après-midi, le théâtre d'un incident.

Sous les yeux effarés de la foule des visiteurs, trois jeunes gens se sont emparés du mannequin représentant la célèbre **Bécassine** et ont tenté de le mettre en pièces. Lorsque les gardiens purent intervenir, la malheureuse Bretonne gisait sur le sol déjà décapitée et amputée de ses deux bras.

Les trois jeunes gens ont été appréhendés et mis à la disposition du commissaire de police du faubourg Montmartre qui, après interrogatoire, leur a rendu la liberté dans le courant de la soirée.

Il s'agit de Patrick Guérin, âgé de 24 ans, étudiant, demeurant à Rennes ; Henri Mahé, 27 ans, et Jean Gabé, 28 ans, se disant tous trois autonomistes.

Deux d'entre eux n'ont voulu répondre qu'en breton aux questions qui leur ont été posées. Le troisième a expliqué son geste en disant que la légendaire **Bécassine** ridiculisait la Bretagne.

Il y a quelque temps, le journal autonomiste **La Bretagne** avait longuement développé cette thèse, au sujet d'un film intitulé **Bécassine**, qui devait se tourner en Armorique. Un article de notre collaborateur Jean-Pierre Dominique a d'ailleurs mis les lecteurs de **L'Epoque** au courant de cette controverse et une intervention des pouvoirs publics a fait surseoir à la prise de vues.

Les trois briseurs de mannequins ne pourront être inculpés que de bris de matériel appartenant à autrui, sur action civile intentée contre eux par le Musée Grévin.

15

RUE D'ENGHIEN, 18

19 JUIN 1939

Au musée Grévin trois jeunes Bretons exécutent Bécassine

« Bécassine », la petite Bretonne en costume du pays dont la statue de cire fait depuis longtemps la joie des enfants en visite au musée Grévin, a été mutilée hier.

Les auteurs de cette « exécution » sont trois jeunes gens qui, après avoir brisé la figurine, en la décapitant et en lui arrachant les bras, ont tenté de fuir. Rejoints sur le boulevard alors qu'ils venaient de héler un taxi, ils furent conduits au commissariat du quartier du Faubourg-Montmartre où l'on apprit qu'il s'agissait de trois autonomistes bretons : Patrick Guérin, étudiant, vingt-quatre ans, 14, rue de Lanneau ; Hervé Mahé, ingénieur, vingt-sept ans, 6, rue Asselende ; et Jean Jadé, étudiant, vingt-huit ans, 82, boulevard du Montparnasse.

Suite page 3

Au musée Grévin trois jeunes Bretons « exécutent » Bécassine

SUITE DE LA PREMIÈRE PAGE

Aussitôt on reconstitua « l'attaque brusquée » dont avait été victime l'innocente Bécassine, par laquelle s'était exercée l'ire du juvénile trio précité. Mais, devant M. Noëdts, commissaire de police, assisté de M. Tourne, secrétaire, les trois jeunes hommes — sans doute pour mieux affirmer leur origine — ne consentirent tout d'abord qu'à répondre... en breton. Fallait-il songer à appeler un... interprète ? Ce ne fut pas nécessaire et bientôt les... « meurtriers » de Bécassine expliquèrent les raisons de leur geste.

— Nous en avons assez, dirent-ils, de voir ridiculiser la Bretagne et les Bretons, aussi bien dans un film que l'on tourne actuellement du côté de Ploumanach qu'ailleurs ; de plus, cette marionnette ridicule n'a jamais représenté le type d'une vraie Bretonne... et c'est pourquoi nous avons décidé de la détruire.

Après avoir noté cette déclaration, le commissaire, ayant entre temps fait vérifier le domicile des trois jeunes gens, les renvoya non sans leur avoir dressé contravention pour « bris d'objets mobiliers appartenant à autrui ».

N° de débit 99

EXCELSIOR
RUE D'ENGHIEN, 20, X°

19 JUIN 1939

HARO SUR BÉCASSINE

Gros émoi hier après-midi, en ce musée des cires, où, sans souci de la chronologie ou des inimitiés, les personnages célèbres vivent paisiblement côte à côte.

Trois jeunes gens, nullement provoqués, s'attaquèrent sauvagement à l'innocente Bécassine qui, le doigt à la bouche, laissait errer, depuis tant d'années, son regard perplexe et candide. La pauvre Bécassine n'est plus : ses agresseurs l'ont pulvérisée.

Bien sûr on fit donner la garde qui embarqua les trois compères encore blêmes de rage. Au « quart », sans méchanceté, on les interrogea. Un seul répondit :

— Je suis de nationalité bretonne, pas française. Nous avons supprimé Bécassine parce qu'elle ridiculise notre pays.

C'est tout ce qu'on en put tirer. Quant aux deux autres, ils affectèrent de ne pas comprendre les questions du commissaire qui, lui-même, faute d'interprète, ne saisit rien de leurs explications formulées en pur dialecte breton.

Les trois justiciers ont passé la [illegible] au poste. Dans la poche de [illegible] d'eux on découvrit un journ[al] [illegible] latant les malheurs de la Bret[agne] que persécute le mythe Béca[ssine]. Car, là-bas, dans la lande, on [illegible] chasse les cinéastes qui os[ent] filmer le légendaire person[nage] dans son pays d'origine.

Saisira-t-on la feuille qui prêc[he la] révolte et sans doute conduis[it] trois Bretons bretonnants à [une] expédition punitive ?

En tout cas, la Bretagne bouge[...] hait Bécassine et la pauvre e[st] morte, hier, au musée Grévin.

AU JOUR LE JOU[R]

APRÈS L'ATTENTAT DU MUSÉE GRÉVIN

— Cette Bécassine ! Maintenant on va pouvoir l'envoyer au Louvre !

Qui peut bien en vouloir à Bécassine au point de la défigurer sauvagement ?

voit passer une Bretonne en costume : Tiens, voilà Bécassine !... Nous en avons assez de voir depuis trop longtemps au musée Grévin un mannequin de cire, avec cet air idiot, en extase devant la statue d'un faune. »

On trouva dans la poche de l'un d'eux une édition de *la Bretagne* datée du 10 juin qui accréditait leurs dires. Ce journal destiné aux Bretons exilés hors de leur province relatait les malheurs de la Bretonne ridiculisée par le mythe Bécassine. L'article s'appuyait sur une actualité brûlante : le tournage dans la lande de Ploumanach d'un nouveau film sur Bécassine. Les Bretons, se sentant injuriés, en appelèrent à leurs députés, qui relayèrent leur cause, faisant pression sur le metteur en scène pour qu'il suspende le tournage. Et l'article de rappeler la scandaleuse présence d'une Bécassine au musée Grévin... Un véritable appel à la révolte, pris au pied de la lettre par nos trois justiciers ! Ceux-ci écopèrent d'une simple contravention pour « dommages volontaires causés à la propriété mobilière d'autrui » avant de recouvrer la liberté. Eux qui pestaient contre l'image stupide de Bécassine ont prouvé que l'on pouvait être breton et mille fois plus stupide que l'infortunée Bécassine !

Magie noire et gang des pouces

Les pensionnaires du musée Grévin se doivent de faire leur entrée dès que l'actualité les met sous les feux de la rampe. Ainsi, dans les années cinquante, les techniciens du musée suivaient de près le Tour de France, s'efforçant de prévoir le gagnant, car son sosie devait figurer le jour même de l'arrivée, avec sa bicyclette et son maillot jaune. Fausto Coppi leur donna du fil à retordre : très superstitieux, il s'opposa formellement à la réalisation de son personnage à l'avance parce qu'il craignait qu'un marabout quelconque ne lui jette un mauvais sort destiné à provoquer sa défaite. Absurde ? Pas tant que ça, car c'est bel et bien ce qui arriva à Fernandel peu de temps après ! Alors que la série des Don Camillo faisait rire la France aux éclats, dans les années soixante, le personnage de Fernandel en costume d'ecclésiastique fit son entrée au musée Grévin. Mais l'on s'aperçut vite que son effigie était régulièrement lardée de piqûres d'aiguilles. Commando de sorciers ? Partisans de Pepone adeptes de magie noire ? Dans le doute, on retira discrètement la statue envoûtée.

Dans les années soixante-dix, l'affaire dite « du gang des pouces » défraya la chronique du musée. Plusieurs mannequins furent retrouvés amputés du pouce, pour peu que celui-ci fût un tant soit peu saillant. Les mutilations cessèrent aussi mystérieusement qu'elles débutèrent, sans que l'on ait pu mettre la main sur le — ou les — « bourreaux »...

Juan Carlos décapité

Au fil des ans, certains personnages du musée subirent une cascade d'affronts en lien direct avec l'actualité, exécutés par des commandos rebelles, jamais à court d'imagination.

Un matin de 1974, alors que l'électricien du musée traversait les salles pour remplacer un fusible défectueux, il s'arrêta net en découvrant le corps décapité et dépourvu de mains de Juan Carlos au bras de sa femme Sophie de Grèce, qui le regardait avec un tendre sourire. Il donna l'alarme, déclenchant un branle-bas de combat à la direction. L'ambassade fut prévenue, ainsi que la police. Coup de théâtre le soir même, en provenance de la rédaction de *France-Soir* qui venait de recevoir un petit colis contenant un tract et... un doigt de cire ! Le tract était signé du G.A.R.O.T. (Groupe d'action révolutionnaire occasionnellement terroriste), une bande d'anarchistes espagnols (ou de sympathisants français) opposés à la dictature franquiste. Juan Carlos venait alors d'être désigné comme successeur de Franco. Le tract précisait que le commando avait pris le soin de photographier la tête décapitée de Juan Carlos au-dessus d'un pot de chambre et qu'une épreuve du cliché allait être expédiée au Caudillo, qui apprécierait très certainement et l'attention et la pose. La police espagnole intercepta in extremis la délicate missive. La tête du prince des Asturies, quant à elle, fut retrouvée quatre jours plus tard dans un bistrot parisien, les oreilles collées au sparadrap.

Marchais dans la fosse aux ours

En 1980, l'affaire Marchais défraya la chronique. Le musée Grévin avait mis en scène dans un de ses fameux tableaux la reconstitution de l'enregistrement de l'émission *Cartes sur table*, alors diffusée par Antenne 2. Le journaliste Jean-Pierre Elkabach y menait autour d'une table ronde un débat en tête à tête entre François Mitterrand et Raymond Barre, sous l'œil goguenard de Georges Marchais, debout dans un coin du « studio ». Le face-à-face télévisé qui durait depuis quatre ans fut brutalement interrompu le jeudi 17 janvier, vers 15 h 30. Une vingtaine de jeunes gens, le visage dissimulé par un foulard, déboula dans le musée aux cris de « Communistes assassins ». Tandis que la moitié d'entre eux restait dans le hall d'accueil pour neutraliser les gardiens, l'autre moitié se rua — sans prendre la peine d'acheter des billets — dans la grande salle à colonnes où sont reconstituées les scènes historiques. « Lorsque j'ai vu ces gamins arriver en masse, j'ai cru que c'était un groupe scolaire, explique la caissière. Le temps de préparer mes billets, ils s'étaient déjà engouffrés dans la salle, bousculant le faux gardien de la paix placé en faction à l'entrée et qui, en l'occurrence, est resté de cire. »

Le débat se tenait dans la première loge à droite. L'opération ne dura pas plus de trois minutes. Georges fut pris à bras-le-corps et couvert d'un drap par le commando qui, en courant, bouscula les mannequins de Valéry Giscard d'Estaing et de Simone Veil avant de s'enfuir par le passage Jouffroy. « Vous vous rendez compte, commente un des gardiens, on n'a même pas eu le temps de dire ouf ! Et le plus embêtant, c'est qu'on n'a pas de Marchais de rechange. Vous pouvez m'expliquer ce qu'ils vont bien pouvoir en faire ! »

Peu de temps après le rapt, un communiqué téléphonique parvint à l'A.F.P., en provenance d'un certain G.I.N. (Groupe d'intervention nationaliste), qui déclara « avoir débarrassé le musée Grévin de son plus sinistre personnage. Nous trouvons scandaleux que le domestique de Brejnev côtoie des femmes et des hommes qui ont aimé et servi leur pays avec fidélité. Au moment où l'impérialisme soviétique assassine le peuple afghan et colonise tout un pays, il est insultant pour toutes les victimes du communisme de voir Marchais figurer en bonne place dans un musée français. Sa place est ailleurs, nous nous chargeons de l'y mettre. »

Voilà qui n'avançait guère les policiers chargés de l'enquête... Ce mystérieux Groupe d'intervention nationaliste était-il le même que le fameux G.I.N. (Groupe d'intervention national) qui avait revendiqué des actions en 1973 et 1975, notamment contre le journal d'extrême gauche *Révolution* ? Le vrai Georges Marchais ne sortit plus sans son garde du corps ; la presse et le musée misaient sur une demande de rançon, le suspense régnait... Coup de théâtre le mercredi 30 janvier : le téléphone sonna en toute fin d'après-midi dans le bureau du directeur du musée. À l'autre bout du fil, le vétérinaire de la ménagerie du Jardin des Plantes, en proie à un extrême courroux : « On a retrouvé Georges Marchais. Ici, chez nous, dans la fosse aux ours ! Venez vite. »

Il était exactement 16 heures lorsqu'un groupe de jeunes gens, crânes rasés, mains gantées, vêtus de battle-dress et de blousons de cuir, avaient franchi sous une pluie battante la grille d'entrée principale du Jardin des Plantes, rue Linné (5e). Deux d'entre eux choisis parmi les plus costauds portaient le mannequin de Marchais, caché sous un drap blanc. D'un pas rapide, ils se dirigèrent vers la billetterie du zoo, où ils prirent sagement leurs tickets. Arrivés devant la fosse aux ours bruns, ils s'arrêtèrent net. Là, ils tracèrent au marqueur rouge sur le front du secrétaire général du P.C.F. l'inscription MOSCOU, passèrent une corde autour de son cou et le descendirent dans la fosse en immortalisant la scène au Polaroïd. Panique chez les quatre plantigrades, peu accoutumés à ce genre de rencontre ! Terrifiés, ils allèrent se terrer sous une pierre avant que l'un d'eux, plus sociable ou moins trouillard que les autres, ne se décide, après dix bonnes minutes, à aller accueillir l'inconnu. Tentant une timide approche, il le salua d'un grognement cordial. Mais devant l'insolent mutisme de l'intrus, notre ours, profondément vexé, vit rouge et joua des crocs et des griffes. Le vétérinaire du zoo, alerté par le vacarme, déboula et s'empressa d'ôter la marionnette du ring.

Les militants d'extrême droite n'attendirent pas l'arrivée de la police pour déguerpir. Ils avaient d'ailleurs encore un dernier détail à régler : l'envoi à la presse des photos humoristiquement légendées de Marchais dans la fosse aux ours, accompagnées d'un nouveau communiqué : « Nous avons ramené Marchais à sa place, parmi ses frères[1]. Celle-ci est la première action symbolique d'une série d'autres que nous mènerons contre l'U.R.S.S., Brejnev et le parti communiste français. Nous avions tout d'abord pensé à une restitution spectaculaire du mannequin de Marchais devant l'ambassade de l'Union soviétique à Paris. Mais nous y avons renoncé, pensant que ni les autorités soviétiques ni les forces de l'ordre françaises n'auraient assez d'humour pour apprécier notre geste. » La série s'est manifestement arrêtée à ce seul coup d'éclat qui eut un joli retentissement médiatique.

La direction du parti communiste cria au « squindale » via *l'Humanité*, se déclarant indignée et écœurée devant les réactions amusées, élogieuses, ironiques ou indifférentes de l'ensemble des médias français. Les responsables du Jardin des Plantes, eux, protestèrent au nom de leurs protégés : « Nos ours ne sont pas des jouets et n'ont pas être mêlés à des questions politiques. S'ils avaient eu faim et s'ils avaient avalé de la cire, cela aurait pu leur être fatal. » Le musée, enfin, déplora la perte d'un mannequin d'une valeur de 15 000 francs. En effet, il lui fut restitué dans un si piteux état que sa remise en place se révéla inenvisageable.

V.G.E. enlevé par des motards

Les justiciers qui s'en prirent à l'effigie de Valéry Giscard d'Estaing n'attentèrent pas à l'intégrité de son corps de cire. Moins barbares que les anarchistes espagnols ou les militants d'extrême droite, ils se contentèrent d'un pied de nez gentiment irrévérencieux. En mars 1981, V.G.E., qui était alors président de la République, s'était mis en tête d'instituer la vignette obligatoire aux deux-roues de plus de 500 cm^3. Rien de tel pour déclencher l'ire du lobbying des motards. Ceux-ci sollicitèrent une audience du Président à plusieurs reprises, en vain. Les tentatives d'arrangement à l'amiable ayant échoué, les motards passèrent au plan B, à

1. *L'ours fut l'emblème de la Russie avant d'être celui de l'U.R.S.S. [n.d.a.].*

savoir l'organisation d'une manif monstre dans Paris, un samedi après-midi, le jour même où V.G.E. tenait un meeting devant les jeunes giscardiens, du côté de la porte de Pantin. L'accès du Forum était férocement gardé par une armada de C.R.S. et de gardes mobiles, rendant impossible toute approche. Vrombissant, pétaradant et klaxonnant, les deux mille à trois mille motards dépités ont alors sillonné à une allure d'escargot la capitale, créant de mémorables embouteillages.

Mais voilà qu'en passant devant le musée Grévin, sur les Grands Boulevards, quelques fortes têtes eurent un éclair de génie. Ils mirent pied à terre et moto sur béquille et s'engouffrèrent dans le musée. Sans heurts ni violence, ils s'emparèrent de l'effigie cravatée de Giscard, saluèrent les gardiens ahuris et retrouvèrent sur le boulevard leurs comparses hilares. Ceux-ci collèrent sur le veston du « Président » un autocollant « Fédération française des motards en colère » et installèrent l'effigie dans un side-car. De guingois et dans une attitude que l'on aurait souhaité un peu moins coincée, V.G.E. traversa tout Paris en tête du cortège, dans un concert de klaxons ! La folle équipée zigzagua des Grands Boulevards au quartier Latin et se termina à la porte de Pantin, où les motards brandirent la statue devant les C.R.S. qui gardaient l'entrée du meeting giscardien. Puis, les plaisanteries les meilleures étant toujours les plus courtes, les motards en colère abandonnèrent leur otage sain et sauf aux mains des gardes mobiles, qui s'empressèrent de restituer sur-le-champ cet encombrant cadeau présidentiel au musée Grévin…

Mitterrand kidnappé par le commando G.R.E.V.I.N.

Les présidents se succèdent et l'histoire bégaye. Le jeudi 1er octobre 1981 vers 18 heures, alors que l'effigie du président François Mitterrand « participait » à une table ronde dans un studio de télévision reconstitué au cœur du musée, une quarantaine de jeunes gens masqués firent irruption dans le musée. Ils décrochèrent quelques vigoureux crochets du gauche aux trois gardiens qui tentèrent de s'interposer et offrirent un joli vol plané au personnage de cire de Jacques Chirac, qui assistait à la scène, avant de s'enfuir avec « Tonton » sous le bras ! Sur le siège laissé vacant par le Président, un tract portant le texte suivant :

« Nous allons frapper résolument au cœur de l'État social-démocrate, répondant coup pour coup à la détention de prolétaires emprisonnés dans les geôles de l'État. » Signé (avec une bonne dose d'humour) : G.R.E.V.I.N. (Groupe révolutionnaire enragé et vindicatif, irresponsable et nuisible).

Les ravisseurs, des militants d'extrême gauche, faisaient allusion aux prisonniers d'Action directe maintenus en détention. L'effigie dérobée de Mitterrand fit quelque temps après une courte apparition à une manifestation antinucléaire, où elle fut exhibée par des militants. Mais le musée, qui ne la revit plus jamais, en fut quitte pour refondre un nouveau président.

Concours d'anachronismes

Que devient le musée une fois ses portes refermées sur le dernier visiteur ? Peut-être les personnages s'animent-ils alors... Une chose est sûre, c'est qu'il leur est arrivé de recevoir des invités à l'occasion de réceptions privées. L'une des plus mémorables fut sans doute la soirée dite « inattendue », organisée en 1947 par le club des Grands Bijoutiers de Paris et orchestrée par le cinéaste Jean Masson. Un concours d'anachronismes couronnait la fête. Un certain nombre d'anomalies avaient été dispersées dans les tableaux d'histoire, charge aux invités de les découvrir... Un vrai jeu de devinettes grandeur nature : un timbre à l'effigie de Napoléon III était apposé sur la lettre que Roustan (mamelouk de Napoléon Ier) apporte à la Malmaison ; un fauteuil Directoire meublait le boudoir de Marie-Antoinette ; un tube de peinture Lefranc garnissait la palette de Philippe de Champaigne et le duc de Guise tenait entre les mains un livre publié après sa mort !

Les invités n'étaient pas au bout de leurs surprises. Des prix assez inattendus furent décernés aux gagnants : un foulard de chez Hermès — cadeau classique, qui fait toujours plaisir — mais aussi un bloc de glace de 10 kilogrammes, déposé sur les genoux d'une jeune fille qui en frémit de saisissement, ou un bon pour un blanchissage immédiat de chemise ! L'heureux bénéficiaire de ce lot, un certain Jacques Erwin, accepta sportivement le jeu : il se mit torse nu, fier d'exhiber son bronzage, fixa son faux col, noua sa cravate et réenfila sa veste en attendant le retour de sa chemise. Un autre écopa d'une séance de manucure à « consommer » immédiatement sur une petite estrade.

Ce concours d'erreurs connut un tel succès que l'expérience fut réitérée en décembre 1976, cette fois à l'intention des visiteurs du musée. Les anachronismes, quoique moins subtils que ceux de la soirée de 1947, amusèrent beaucoup petits et grands : le roi Henri IV serrait contre son cœur un sachet de potage « double poule » ; Marie-Antoinette, dans son cachot, disposait pour ses ablutions d'une cuvette en plastique et l'architecte Mansart compulsait un prospectus de la Garantie foncière.

Une création plus vraie que nature

La fabrication d'un personnage est un processus absolument fascinant, d'autant plus qu'il s'accomplit généralement dans l'ombre, cerné d'un halo de mystère... Une fois prise la décision de statufier une personnalité, tout commence avec un premier rendez-vous où l'on applique à la lettre les méthodes anthropométriques de Bertillon, celles-là mêmes qui ont fait leurs preuves pour identifier les criminels : prise des mensurations au millimètre près, évaluation de la couleur de l'iris, de la teinte, de la nature et de l'implantation des cheveux...

Le personnage de cire sort imberbe de son moule. Il faut alors dessiner sur son crâne et son visage glabres les emplacements des cheveux, de la barbe, des sourcils voire de la moustache. Là interviennent les implantatrices qui plantent un à un poils et cheveux à l'aide d'une sorte d'aiguille dont le chas fendu tient lieu de fourche, qu'elles enfoncent de deux millimètres dans la cire attiédie par la chaleur d'un projecteur. C'est un travail de fourmi car une chevelure moyenne d'homme ne comporte pas moins de 300 000 poils et celle d'une femme 500 000. Ce sont évidemment de vrais cheveux. On utilisait jadis des cheveux de nonne mais celles-ci se faisant de plus en plus rares, on les troqua contre des chevelures d'Asiatiques, les dernières à porter les cheveux très longs et qui présentent l'avantage de pouvoir être traités aisément (frisés, teintés, décolorés...).

Le mannequin reçoit aussi de vraies prothèses dentaires et oculaires. Pour poser les yeux, on creuse des trous dans le masque de cire fraîchement moulé et on introduit les globes oculaires à l'intérieur de la tête par l'orifice du cou. Puis on chauffe légèrement la cire des paupières pour les fixer. Lorsque le cou se révèle trop étroit pour y passer la main (c'est le cas de celui des enfants), on met les yeux en place à l'aide d'une pince à cornichons ou par trépanation.

Dans les réserves de l'atelier, des milliers d'yeux attendent d'être adoptés par tel ou tel mannequin.

Pour un réalisme total, les mains sont moulées sur le vrai personnage, à moins que la vedette ne le refuse expressément. Presque tous les modèles se sont prêtés de bonne grâce à cette

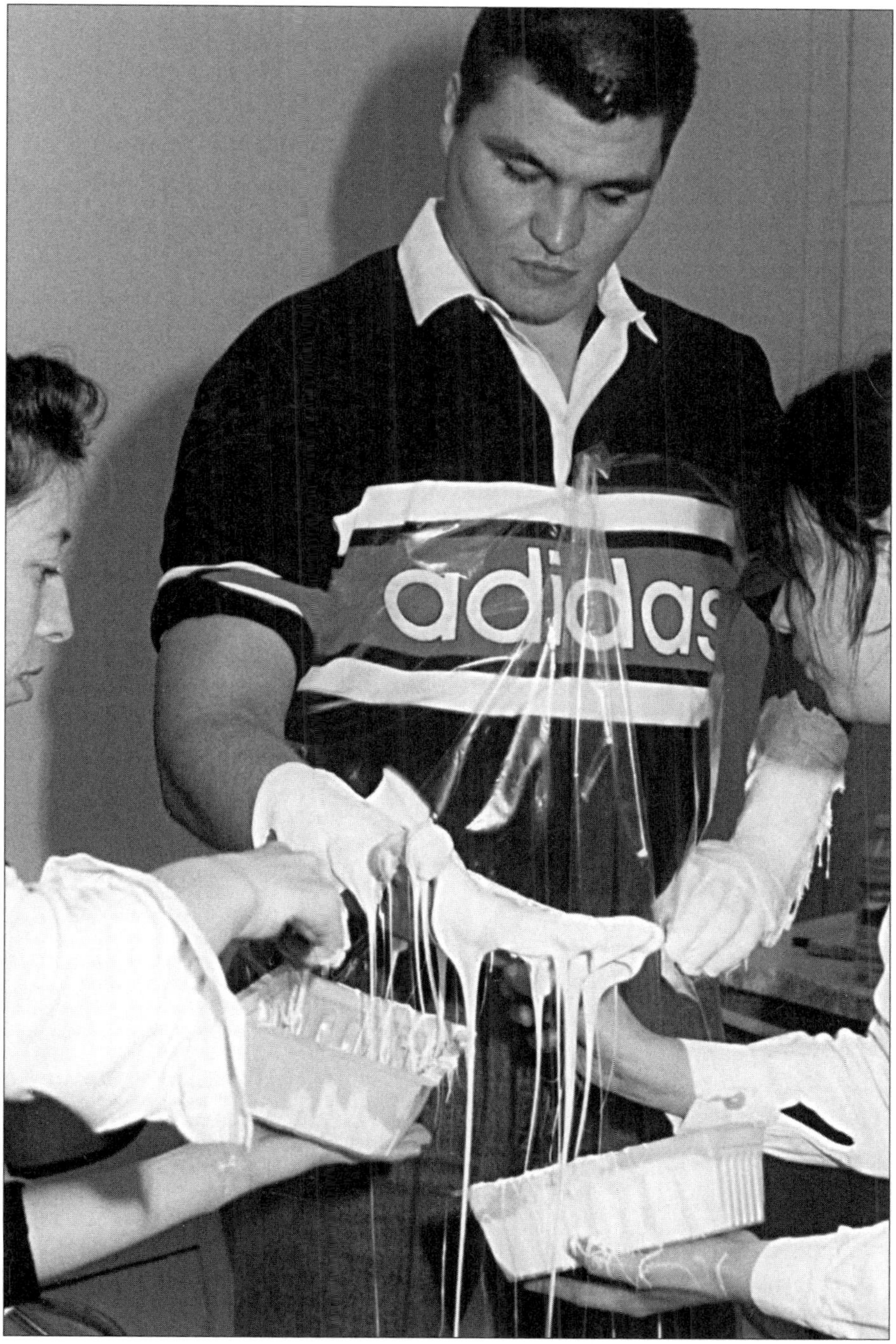

Le moulage des mains des vedettes n'est pas une mince affaire.

miniséance de torture (bon nombre de poils sont arrachés au moment du démoulage).

Les plus douillets ne furent pas ceux que l'on croit ! Le danseur Serge Lifar, à qui l'on avait rasé les jambes pour faciliter l'opération, poussa lorsqu'on les démoula des cris entendus dans tout le musée. Le boxeur Marcel Cerdan, en principe peu sensible à la douleur, ne cacha pas quelques signes d'inquiétude devant le seau de plâtre. Tous deux auraient été heureux d'expérimenter le silastène, un produit miracle que l'on utilise désormais, qui se solidifie en sept minutes et se retire comme un gant.

Les mains sont réalisées en résine (plus résistante), car elles subissent d'incessants tripotages de la part des visiteurs. C'est aussi le cas des pieds de... David Douillet ! Ses admirateurs ne résistent pas à la tentation de grimper sur les pieds nus du géant dans son costume de judoka. Résultat : le champion est plus souvent en réfection dans les ateliers qu'à son poste dans les salles du musée. Idem pour le personnage de Fabien Barthez, dont le mythique crâne rasé est tellement bisouillé par ses fans qu'il doit souvent repasser au maquillage. Heureusement, un double en réserve assure l'intérim.

Toujours dans un souci de réalisme, les sosies sont vêtus de costumes ou tenues de scène authentiques, donnés par leurs modèles. Rien de tel qu'un chapeau déformé, qu'une cravate toujours nouée à la même rayure, qu'un soulier un peu affaissé sur le côté ou qu'un pli aux coudes révélateur d'un tic familier pour donner à l'ensemble l'illusion du vrai. Le roi du Maroc a envoyé sa gandoura, son fez et quelques bijoux. Mao a donné un exemplaire de son célèbre costume. L'abbé Pierre a opportunément troqué sa soutane râpée contre une neuve offerte par le musée.

Certains modèles, parmi les plus radins, lèguent de vieux costumes complètement démodés ou qui ne correspondent plus du tout à leurs mensurations actuelles. Une habitude mesquine fréquente chez les hommes politiques sujets à l'embonpoint, dont le personnage se retrouve comiquement engoncé dans un costume de jeune militant qui le gêne aux entournures ! Les couturières du musée jouent alors du ciseau pour donner de l'aisance aux coutures...

Chaque accessoire a son importance, des lunettes aux sous-vêtements. Jean Reno a bien voulu donner l'adresse de son opticien pour qu'on y achète des lunettes rondes identiques aux siennes. Les besicles de Pivot, indissociables du personnage, sont collées entre ses doigts pour décourager les fétichistes. La petite culotte de Marilyn, trop fréquemment dérobée, est désormais peinte à même la « peau » et non plus scratchée comme avant (pour permettre d'habiller les mannequins aux jambes largement écartées, certaines pièces de vêtements sont fixées à l'aide de Velcro).

Les coureurs de fond

Un people chassant l'autre au gré de l'actualité, il n'est pas facile pour un personnage de se maintenir dans les salles de Grévin. Victor Hugo est le seul à être présent depuis la fondation du musée en 1882. Un exploit partagé par Marat, vétéran bis arrivé en 1885. Signalons également la remarquable longévité de Michel Drucker et de Bernard Pivot, dont c'est la troisième tête ! En effet, contrairement au *Portrait de Dorian Gray* qui vieillit à la place de son modèle, les sosies des célébrités sont figés dans une éternelle jeunesse...

Comme il est impossible de creuser des rides dans un visage de cire, il faut le refondre entièrement en tenant compte, sans pitié, des poches sous les yeux, des traits qui s'affaissent et des taches de vieillesse. Ce que certaines actrices ou chanteuses ont refusé, se condamnant elles-mêmes aux oubliettes du musée.

Johnny Hallyday est un autre coureur de fond dont l'allure évolue sans cesse. Après un total look « jean », le rocker a revêtu un costume de scène en 2001 avant de s'assagir dans un costume de ville en 2003.

Le cimetière des recalés

Que deviennent les personnages dont l'actualité ne fait plus recette ? La question intrigue... Sont-ils impitoyablement refondus ? Dorment-ils dans des réserves ? Ils sont démembrés — la tête en cire séparée du corps en résine — et entreposés séparément. Un stock surréaliste de troncs nus et de membres épars est regroupé dans une pièce tandis qu'une autre abrite des sortes de cartons à chapeaux remplis de têtes, soigneusement alignés sur des étagères. Il y en a près de deux cents, certaines datant du XIXe siècle.

Pendant longtemps, les têtes des personnages *has been* furent refondues pour récupérer la cire. Le spectacle était hallucinant : la cire en fusion libérait en bouillonnant les globes oculaires et quelques touffes de cheveux oubliés... La cire recyclée donna lieu à de curieuses réincarnations, tel le président Mao, fondu dans la cire de l'aviatrice américaine Amélia Ehrardt ! Cette valse des têtes ne signifie pas la disparition définitive des traits des sosies délaissés car tous les moules sont conservés dans les caves du musée.

Aujourd'hui, les techniciens du musée, plutôt que de refondre une tête, tentent diverses opérations chirurgicales « de recyclage » en décalant l'implantation des cheveux, en changeant les yeux et en rectifiant quelques traits. Les recalés, dotés d'une nouvelle identité, voient alors s'ouvrir devant eux une seconde vie, aux mœurs parfois bien différentes. C'est ainsi que le shah d'Iran fut transformé en garçon de café, que Brigitte Bardot se convertit en gitane diseuse de bonne aventure et que le président Coty devint un merveilleux monseigneur Fourcade, prélat de Lourdes. À propos, les têtes d'ecclésiastiques sont en général stockées séparément dans les ateliers, car leurs visages ont en commun une certaine onctuosité, ce qui favorise une sorte de rotation interne entre papes, évêques et cardinaux !

Cet astucieux recyclage fut néanmoins la cause d'un incident déplorable : les descendants de la famille de Breteuil, pour agrémenter la visite de leur château, eurent l'idée de la ponctuer de tableaux mettant en scène leurs ancêtres et divers personnages historiques tels Louis XVI, Marie-Antoinette ou Proust. Ils passèrent commandes de mannequins auprès du musée Grévin, qui leur en fournit un joli lot, de quoi orner toutes les pièces du château, y compris la vaste cuisine ancienne, où devait se tenir une « scène de la vie quotidienne ». Le hasard voulut que l'on place sur le corps du cuisinier la tête quelque peu modifiée d'un homme d'État belge, Paul Henri Spaak, disparu en 1972. Le hasard voulut aussi que le frère du défunt possède une propriété à 14 kilomètres de Breteuil. Inévitablement, il vint visiter le château en voisin et frôla l'apoplexie en découvrant la tête de Paul Henri sur le châssis du cuisinier ! On s'empressa de remplacer la tête de Spaak par celle de Louvois, de qui l'on n'avait en principe aucune réclamation à redouter !

D'autres particuliers passèrent commande auprès de l'atelier du musée, parfois à des fins surprenantes. C'est le cas de Léonide Leblanc, une actrice entretenue par le duc d'Aumale, qui était par ailleurs courtisée avec insistance par Clemenceau. La jeune femme avait du mal à supporter les assiduités du Tigre qui sonnait chez elle à tout bout de champ. De guerre lasse, elle commanda au musée Grévin un sosie du duc d'Aumale, qu'elle installait confortablement dans un sofa, dans un coin sombre près de l'entrée, les jours où la présence de l'homme politique se révélait inopportune. Rien de tel pour faire déguerpir Clemenceau, qui l'apercevait dès que le domestique lui ouvrait la porte !

Chapitre VII

36, rue des Morillons

La seule mention de la rue des Morillons suffit à piquer la curiosité de tout citadin normalement constitué. Comment et pourquoi ce lieu qui ne fait pourtant aucun mystère de son fonctionnement suscite-t-il un tel fantasme collectif ? Est-ce en raison de la complexité de son organisation ? Il est des administrations plus complexes encore. Est-ce à cause du caractère hétéroclite des dépôts ou du brassage social que l'on y observe ? C'est bien plus que cela. Ce lieu s'apparente à une sorte de creuset où le genre humain se révèle et se met complètement à nu, laissant apparaître sans pudeur ses pires vices comme ses plus admirables vertus.

L'étonnement est quotidien pour les agents qui y travaillent : ils s'indigneront un jour devant le contenu répugnant d'un sac à main et admireront le lendemain le geste probe d'un passant honnête. En deux cents ans d'existence, le service des Objets trouvés a eu le temps d'amasser une foule d'anecdotes toutes plus incroyables, drôles ou émouvantes les unes que les autres.

Avant la mise en place d'un tel service, les objets trouvés connurent divers « tuteurs ». Le droit féodal prévoyait que chaque épave ou objet manifestement orphelin, trouvé sur le domaine public (voie, coches ou bureaux), soit remis au roi ou au seigneur local. Celui-ci faisait alors publier la déclaration de la trouvaille trois dimanches de suite afin que le légitime propriétaire puisse récupérer son bien. Faute de quoi, le suzerain le reléguait aux domaines royaux. La Révolution française modifia légèrement les choses, décrétant le 1er décembre 1790 que tout bien sans maître appartenait à la nation. Mais il faut reconnaître que le nombre d'objets trouvés était minime par rapport à ce qu'il est aujourd'hui. Les gens possédaient peu et donc perdaient peu.

C'est à Napoléon et à sa volonté centralisatrice que l'on doit en 1804 la création d'un véritable bureau des Objets trouvés, « annexe » de la préfecture de police. Le consul chargea le préfet Dubois de l'organiser. Celui-ci ordonna que tous les objets trouvés et déposés dans les commissariats de police soient portés rue de Harlay, dans ce nouveau service que l'on avait accolé au Palais de justice, dans des locaux exigus, infects et malcommodes. Le public ignorait son existence et les premières décennies furent assez moroses. En 1848, à peine 1 500 dépôts furent effectués. L'accroissement brutal de la population, au mitan du XIXe siècle, provoqua son expansion. Paris grouillait d'activité, on se croisait, se pressait et se bousculait dans ses venelles étroites et mal éclairées. Les châles glissaient facilement des épaules, les gants, les livres, les parapluies et les lorgnons s'égaraient sous des porches ou dans les fiacres. Et à l'époque, pas question de conserver un bien que l'on avait trouvé ! Qu'en auraient pensé les voisins et les proches si perfidement observateurs ? Chacun connaissait par cœur le trousseau de l'autre et toute détention nouvelle aurait semblé suspecte, voire criminelle. Le qu'en-dira-t-on régnait en maître et dictait l'honnêteté. On s'empressait alors de rapporter tout objet trouvé, enrichissant chaque jour davantage le pandémonium des épaves.

En 1874, le nombre des objets déposés atteignit 10 000 pour grimper à 26 000 les années suivantes. Mais ils n'étaient guère réclamés, car l'attitude des employés en décourageait plus d'un.

LA MORALE PAR L'EXEMPLE

Par MM. J.-B. LECERF & L. DEMOULIN, Instituteurs

Collection publiée sous la direction de **M. ÉDOUARD PETIT**, Inspecteur général de l'Instruction publique.

La Probité N° 17.

Garder un objet trouvé, c'est voler.

D'une extrême suspicion, ces cerbères exigeaient une description pointilleuse de l'objet perdu et ne le restituaient qu'avec grande réticence. En 1893, le préfet Louis Lépine modernisa le service, lui donnant sa structure actuelle. « Tout objet déposé, quel qu'il soit, qu'il ait été trouvé dans un fiacre, un omnibus ou un tramway, ou sur la voie publique, est inscrit, numéroté, catalogué et il a sa comptabilité jusqu'au jour où il aura été restitué au propriétaire ou à "l'inventeur", ou livré au Domaine. »

Le système fonctionna si bien qu'un déménagement dans des locaux plus vastes devint nécessaire. En 1939, le service s'installa au 36 de la rue des Morillons, dans le 15e arrondissement. Il accueille aujourd'hui 170 000 objets par an, chiffre en constante augmentation (10 % de plus chaque année et 9 objets déposés pour 1 réclamé). Un accroissement paradoxal dans la société de consommation Kleenex que l'on connaît, qui prend, use et jette à tour de bras, sans souci de conservation. Le stress de la vie urbaine est une première explication : on court sans cesse, on fait moins attention, on prend un train en marche et on le quitte aussi vite. La miniaturisation des objets (portables, appareils photo) est également en cause : le téléphone qui glisse de la poche sans que l'on s'en rende compte, celui qu'on oublie sur une tablette ou une banquette... La nature des trouvailles varie selon les saisons : vêtements neufs dans des sacs pendant les soldes, paquets cadeaux à l'approche de Noël, accroissement général de l'étourderie en fin d'année scolaire ou à la rentrée des classes...

Itinéraire d'un objet perdu

Chaque matin de la semaine, à 9 heures pile, une camionnette de la R.A.T.P. vient se garer le long du bâtiment, après avoir fait le tour de tous les centres de récupération. Dans son ventre, une cinquantaine de gros sacs de plastique noir scellés d'une attache orange pour les objets en provenance du métro, verte pour les bus et rouge pour les R.E.R. A et B. Le lundi, le nombre de sacs passe à 120, en raison de l'apport du week-end. Une camionnette équivalente apporte chaque semaine les objets récupérés dans les commissariats. Une troisième, en provenance des aéroports, ne passe qu'une fois par mois.

Les sacs — soit 600 à 700 articles quotidiens — transitent d'abord par le service de réception, une salle remplie de grands casiers rouge et bleu à roulettes où des agents déballent, trient et inventorient les trouvailles sur informatique selon une liste de critères préétablis extrêmement précis (couleur, forme, marque, contenu, contenant...). À chaque coin sa spécialité : la cellule Transports traite les trouvailles de la R.A.T.P. (60 % du total). À chaque sac correspond une ligne, certaines en remplissant plusieurs (la 1 et la 4 — chouchous des pickpockets — et toutes celles qui desservent des gares). Ils contiennent une majorité de sacs et de portefeuilles volés, vidés de leur contenu et jetés par les barboteurs dont certains ne prennent que l'argent tandis que d'autres récupèrent aussi les papiers d'identité avant de jeter le contenant vide. Il y a aussi la cellule aéroports, poste et V.P. (pour voie publique) qui traite les pertes effectuées dans les rues, les grands magasins, les salons, les musées, les manifestations, les salles de spectacle... Non seulement de Paris mais aussi des départements de la petite couronne (92, 93, 94). Au Top 5 des objets trouvés : les parapluies, les lunettes, les portefeuilles, les téléphones et les gants.

Les produits périssables, insalubres, toxiques, non hygiéniques, inflammables ou polluants sont détruits d'office dès leur arrivée (briquet, laque, mousse à raser et autres flacons sous pression). Les denrées alimentaires (paquets de biscuits ou de bonbons) sont en principe éliminées en amont par la R.A.T.P. ou les commissariats, mais il n'empêche que des friandises passent parfois à travers les mailles du filet, pour le grand bonheur des rongeurs qui rôdent dans les magasins. Leur odorat aiguisé détecte immédiatement les reliquats de casse-croûte oubliés dans un sac à dos. Ils grignotent le plastique pour atteindre l'objet de leur convoitise et quelques femelles nichent même dans les paquets de bonbons entamés qui ont échappé à la vigilance des agents. Tout objet de valeur inférieure à 5 euros (prix de la taxe forfaitaire de récupération) est également détruit (par exemple un P.V. ou un paquet de cigarettes entamé).

Pour les autres objets commence alors une traque au propriétaire. Si celui-ci est facilement identifiable, un courrier lui est immédiatement expédié. S'il s'agit d'une urgence — des clés ou des papiers d'identité — un coup de fil le prévient au plus vite pour éviter qu'il n'entame des démarches de renouvellement. Mais pour cela, il faut nécessairement que les agents fouillent dans les sacs à main de ces dames et les sacoches de ces messieurs ! Une exploration qui réserve parfois de sacrées surprises... Des escargots vivants dans le sac d'une touriste japonaise, une statuette en bois avec un couteau planté dans le dos dans celui d'un adepte du vaudou, d'inquiétants grigris dans les portefeuilles d'Africains.

« C'est bête mais parfois je n'ose pas y toucher, confie une agent.

— Faut pas avoir le nez délicat ici ! surenchérit une autre qui sort justement d'un casier une paire de mocassins malodorants. Et encore ça, poursuit-elle, ce n'est rien ! On a vu passer des p'tites culottes sales roulées en boule au fond d'un vanity, des godemichés usagés, des vêtements de sport nappés d'une épaisse couche de moisi, quelques cafards et... ah oui, j'oubliais cette valise remplie de poissons récupérée dans un aéroport et grouillant d'asticots à son arrivée chez nous ! »

Cellule Columbo

Quand un objet présente un caractère d'urgence, d'utilité majeure ou de grande affectivité, et que son propriétaire n'est pas aisément identifiable, on l'expédie aussitôt dans la cellule Recherche et Investigation, dite aussi « cellule Columbo », créée en 1998. Aux manettes, trois Drôles de Dames — filles naturelles de Sherlock Holmes et de Jacques Pradel — qui déploient dans le détail leurs talents de fins limiers. À partir d'un indice infime, elles remontent la piste d'un objet jusqu'à son propriétaire ou les proches de ce dernier. Ces agents d'élite sont recrutés pour leurs qualités d'endurance intellectuelle, de curiosité, de ténacité, de diplomatie, de psychologie et d'habileté. Grâce à un impressionnant réseau tissé avec des établissements bancaires, des centres médicaux, des consulats, des ambassades ou des opérateurs téléphoniques, elles affichent un taux d'élucidation de 70 %.

Qu'il s'agisse d'un appareil auditif, d'un dossier professionnel ou d'un doudou, toutes les pistes sont explorées. Dans le cas d'un répertoire téléphonique, les Drôles de Dames épluchent les noms, font des recoupements à partir d'un même patronyme qui revient souvent ou exploite un surnom (forcément un proche). Un numéro d'abonné à un club de sport ou des documents scolaires leur sont aussi de précieux indices. Elles ne s'attaquent pas forcément à des objets d'une valeur pécuniaire importante mais à ceux chargés d'une connotation historique ou sentimentale (par exemple un album de photos ou une chevalière dont les seules armoiries ont permis l'identification du propriétaire). Patricia garde un souvenir ému de cet arbre généalogique patiemment escaladé, la plus incroyable enquête de sa carrière qui l'a menée jusqu'aux Archives nationales, où de vieux parchemins la guidèrent vers un cousin du propriétaire. Un remarquable travail de fourmi dont ne se doutent généralement pas les bénéficiaires.

Émouvantes retrouvailles

La convocation expédiée, il faut attendre quelques jours avant de voir débarquer le propriétaire en mal de propriété, venu récupérer son bien égaré. La première fois que l'on met les pieds dans la salle d'accueil, une étrange sensation nous envahit. Il flotte ici un air de profonde humanité, une atmosphère composée d'un mélange de désarroi, d'espoir, d'impatience, de fébrilité, de reconnaissance et de déception. Tous ces sentiments diversement ressentis par les individus présents se mêlent et s'entortillent dans un frémissement palpable. On sent qu'il se passe ici quelque chose... On s'attendait à des bureaux sinistres et déserts ; cela ressemble à une ruche. La salle est vieillotte mais gaie et attachante avec ses bancs, ses tables et ses antiques comptoirs en chêne patiné. Les nouveaux venus sont loin de se douter de la somme des objets traités. Ils demandent : « Pouvez-vous me montrer les paires de lunettes que vous avez, je reconnaîtrai peut-être les miennes ! » Ils imaginent un carton de besicles alors qu'il y en a des rayonnages entiers. Peut-être ne sont-ils pas revenus ici depuis l'époque de la « salle des clés », un local jouxtant le hall d'accueil où l'on pouvait jadis voir de visu toutes les clés et reconnaître éventuellement son trousseau. Ce local a disparu avec l'apparition de l'informatique.

Les guichetiers ont affaire à trois types de « clients » : ceux qui viennent déposer un objet trouvé, ceux qui viennent signaler une perte et ceux qui se présentent munis d'une convocation leur indiquant que l'on a retrouvé leur bien (sur 100 convocations envoyées, 85 personnes se présentent).

Les premiers — appelés « inventeurs » — sont minoritaires. Ils préfèrent déposer l'objet dans un commissariat plutôt que de pousser jusqu'à la rue des Morillons, excentrée et loin du métro.

Les deuxièmes sont des désespérés qui viennent spontanément après une perte ou un vol, guidés par le « On ne sait jamais ». Ils tentent surtout le coup quand l'objet pour eux a une valeur sentimentale. Dans cette catégorie entrent les touristes (20-25 % des réclamants) qui, contrairement aux Parisiens, ont le réflexe systématique de venir faire une déclaration de perte, sur les conseils diplomates des commissariats, des hôteliers ou de l'office de tourisme. Les Japonais et les Allemands sont des proies de choix, car ils transportent beaucoup d'espèces (la C.B. est chez eux un service onéreux). Une équipe polyglotte les accueille.

Les troisièmes ont reçu une convocation les informant que l'on a retrouvé leur bien. Double surprise pour certains qui ne s'étaient même pas rendu compte de la perte de leur passeport ! Un bon quart des objets trouvés sont ainsi restitués en échange d'une taxe forfaitaire correspondant au droit de garde, fixé chaque année par arrêté préfectoral. 5 euros en 2005 pour les objets dont la valeur est inférieure ou égale à 762 euros et ce, quelle que soit la durée de garde. Un droit *ad valorem* de 3 % est perçu sur les objets estimés à plus de 762 euros.

De belles leçons d'humanité

Un Parisien n'a pas le réflexe de venir réclamer un bien égaré : il mise d'instinct sur la malhonnêteté humaine qui suppose que l'on s'approprie d'office un objet trouvé. Et pourtant — incroyable mais vrai — l'esprit civique n'est pas mort ! Ce service en témoigne. Un agent confie : « Travailler ici vous réconcilie avec l'espèce humaine. Cela fait chaud au cœur de voir qu'il y a encore des citoyens honnêtes. Les gens rapportent même des trucs de valeur, des bijoux... » Vous voulez des preuves ? En 2004, un portefeuille fut rapporté avec son contenu : 6 000 euros. Un écho contemporain à l'histoire du Canadien qui, au début du XXe siècle, oublia son portefeuille garni de 500 000 francs sur l'impériale de l'omnibus de Batignolles-Clichy-Odéon. Le conducteur de l'omnibus le récupéra et le lui restitua par l'entremise du service. Le Canadien reconnaissant le récompensa de 12 000 francs. On vit aussi passer un lingot et un carnet de chèques entièrement signés d'avance, avec la C.B. et son code en regard. Un portefeuille arriva une fois par courrier, avec un Post-it dessus : « J'ai pris l'argent ; j'en avais besoin, mais je vous rends les papiers. » Encore plus fort : un S.D.F. rapporta une fois un billet de 200 francs trouvé dans un parc. « J'en aurais bien besoin mais ce n'est pas à moi. » Il en est devenu l'heureux propriétaire un an après, en toute légalité.

Têtes de linotte

L'étourderie des gens demeure un abîme de perplexité pour les agents pourtant blasés. « Comment peut-on perdre des objets neufs que l'on vient d'acheter ? » s'étonne Hervé. Un quidam a oublié sur un quai de métro un lecteur de D.V.D. acheté le matin même à la F.N.A.C. Il est encore dans son carton, avec le ticket de caisse. L'étourdi n'a pas songé à venir le réclamer, pensant que celui qui l'a trouvé en a fait son miel. Grâce à son numéro d'abonné à la carte F.N.A.C., figurant sur le ticket de caisse, on a pu, par l'intermédiaire du magasin, remonter jusqu'à lui.

Étourdis, les people le sont aussi. La distraction légendaire des artistes a fait défiler ici, incognito, MC Solaar, Yves Lecoq, Charlotte Gainsbourg (venue récupérer son sac à main), Sacha Distel (son agenda), Karl Zéro, Aimé Jacquet et Richard Bohringer — ces trois derniers étant des habitués de la maison. Célébrités ou pas, il est des écervelés chroniques que l'on voit souvent et qui, parfois, n'hésitent pas à égarer des objets déjà perdus et restitués, à reperdre dans l'escalier les objets récupérés ou à en oublier d'autres sur le comptoir en partant ! « On a envie de leur dire : À bientôt ! mais on évite... », se moque gentiment un guichetier.

Un « merci » venu du fond du cœur

Chaque agent porte en lui le souvenir d'une mamie venue récupérer, la larme à l'œil, un vieux portefeuille râpé contenant tout son trésor ; un portrait de son défunt mari ou d'un amour de jeunesse, un cliché de ses petits-enfants réunis, une fleur fanée de sa couronne de mariée, une médaille de communiante... « J'ai été profondément choquée de trouver dans le portefeuille d'une mère des photos de sa petite fille morte, allongée dans son cercueil. Pourquoi ne gardait-elle pas contre son cœur des souvenirs de son enfant souriante, pleine de vie ? » s'interroge une enquêtrice.

On trimballe en effet sa vie entière dans un sac à main... Le « merci » de ces perdants remis en possession de leur bien vient du fond du cœur : « Je ne m'y attendais vraiment plus, c'est inespéré. » Ils ajoutent parfois : « Y a-t-il quelqu'un que je puisse remercier ? » Les agents n'ont pas le droit de communiquer au propriétaire le nom de l'inventeur, mais ils se chargent de lui transmettre une lettre de remerciements, accompagnée d'une petite récompense (billet, bouteille). Une attention dont bénéficient surtout les chauffeurs de taxi. Le service reçoit parfois aussi des boîtes de chocolat, des fleurs ou du champagne en signe de reconnaissance (les consulats n'en sont pas avares).

Dans les tréfonds du magasin

Les épaves en mal de propriétaire sont expédiées dans le magasin principal où elles subissent une hibernation plus ou moins longue. Caverne d'Ali Baba, musée de l'étourderie... On ne sait comment décrire ce gigantesque hangar d'une hauteur de plafond impressionnante qui abrite une enfilade de rayonnages non moins impressionnante, desservis par d'antiques échelles girafes en bois. Un observateur du début du XXe siècle le décrivait ainsi : « Cet extraordinaire bazar est par excellence l'entrepôt des cannes, le musée des parapluies ; il offre aux regards l'assortiment le plus varié, le plus hétéroclite ; les porte-monnaie, les bijoux, les lorgnettes, les éventails et les écharpes y sont en grand nombre, on y rencontre des chapeaux, des bottines, des vêtements d'homme et de femme, des boas, des corsets, des paquets de toute dimension, des cartons, des couvertures de voyage, des livres, des pipes, des étuis de cigare, des irrigateurs... En un mot, tous les échantillons d'objets d'un petit volume et d'un transport facile.[1] » Une description toujours actuelle, à condition de remplacer les lorgnettes, les boas et les corsets par des appareils photo, des poussettes, des caddies, des valises (pleines) et des couffins (vides !). Il y règne une odeur particulière et très attachante de vieux papiers.

Les épaves y sont classées chronologiquement (par ordre d'arrivée) et non par type d'objets. À chaque semaine son allée. Ah ! vu le nombre de parapluies, celle-ci était pluvieuse ! D'autres surprises nous attendent au fond du magasin... D'abord, la salle des portables, remplie de centaines de téléphones d'une valeur inférieure à 50 euros, vidée tous les trois mois. Mais surtout le micromusée ! Véritable inventaire à la Prévert composé d'objets insolites et curieux sauvés de la destruction. Pêle-mêle, deux robes de mariée, un livret militaire accompagné de sa Légion d'honneur, une photo d'identité de Michel Rocard, des feuilles de cannabis séchées, des documents d'identité de 1925, un stéthoscope, un portrait de marin à gueule d'amour, une paire de menottes flambant neuves, une prothèse articulée de jambe droite en plastique moulé, un fer à repasser aussi lourd qu'un cheval mort, une affiche originale de l'Exposition universelle de 1889, un dentier, un mocassin orphelin, un permis de conduire allemand, quelques crânes humains, deux godemichés, une maquette de goélette, une plaque commémorative en marbre, une paire de tenailles géantes, une poupée gonflable prénommée Barbara, un gilet de sécurité de *policeman* new-yorkais, une fourche, un drapeau tricolore, une

1. Paris ignoré, *Paul Strauss, Librairies-Imprimeries réunies [sans date].*

veste d'officier égarée au cours du défilé du 14 juillet 2004, un « sac de voleur » (au double fond tapissé de ruban adhésif afin d'empêcher les codes-barres de sonner, et que son propriétaire n'osa jamais réclamer !), un exemplaire tibétain de *Harry Potter*, une série de casquettes et de képis militaires, une urne funéraire pleine de cendres, un bulletin scolaire d'un cancre honteux (opportunément oublié sur quelque sentier buissonnier), un passeport breton, un sabre de samouraï, un certificat de bonne conduite du colonel François du 146e régiment d'infanterie de 1935, une bouilloire début de siècle, une tête d'obus, un saxophone, une langouste géante naturalisée et, enfin, trois morceaux de pierre des Twin Towers conservés dans un écrin de soie rouge ! Dans ce cabinet de curiosités à la gloire des étourdis, des cervelles de linotte et des têtes en l'air, chaque objet respire un vécu. On imagine le désarroi de celui qui l'a perdu, on frôle avec émotion un parcours de vie inconnu.

Trois issues possibles

Pour chaque objet stocké en magasin, trois issues sont possibles :

Soit le propriétaire retrouve son objet et tout est bien qui finit bien.

Soit l'inventeur vient le récupérer au terme du délai de conservation — délai qui varie en fonction de la valeur reconnue : un objet d'une valeur inférieure à 50 euros (90 % du stock) est conservé 4 mois, soit 3 mois + 1 mois pour l'inventeur (période pendant laquelle l'inventeur peut venir le chercher pour se l'approprier). Les objets évalués à plus de 50 euros sont gardés 18 mois (1 an + 6 mois pour l'inventeur). La règle d'un an et d'un jour n'est désormais plus de mise, pour des raisons à la fois empiriques (peu d'objets sont réclamés passées quelques semaines) et techniques (la capacité de stockage est limitée).

Au terme de ce délai, les objets invendables (papiers d'identité, clés) sont détruits. Le reste est remis à l'administration du Domaine (un service dépendant du ministère des Finances) qui le met en vente aux enchères publiques. Individuellement, pour les objets de valeur, ou par lots, pour les objets de faible valeur

© S. Ageorges

© S. Ageorges

© S. Ageorges

Le micromusée du service des Objets trouvés ressemble à un inventaire à la Prévert.

(parapluies, portefeuilles, portables...), achetés par des puciers ou des associations.

Croustillantes anecdotes

Le fonctionnement de cette machinerie bien huilée est certes remarquable mais, me direz-vous, rien ne vaut le croustillant des anecdotes qui parfois grippent ses rouages... Elles sont si nombreuses et si variées qu'un livre d'or ne suffirait pas à les contenir toutes — romances, drames passionnels ou affaires de mœurs.

Eau de rose

Ligne 12 du métro, un matin de printemps 2001. À la station Pasteur, une mignonne étudiante monta dans la rame et s'assit face à un jeune type, plutôt beau gosse. Échange de regards furtifs dans la vitre du métro, sourires, amorce de discussion... jusqu'à la station Convention. « Je descends là. » « Ça tombe bien, moi aussi ! » Ils sortirent à l'air libre et firent un bout de chemin ensemble, elle vers son école d'art, lui vers le service des objets trouvés — il avait perdu un truc la veille et espérait le retrouver. À la place Henri-Rollet, leurs chemins divergeaient, il fallut bien se quitter. La pluie qui tombait dru n'invitait pas à la flânerie. Vite, il lui demanda son numéro de téléphone, qu'elle griffonna sur un bout de papier.

Le lendemain, la jeune fille se pointa au guichet et expliqua son problème à l'agent :

« Voilà, j'ai rencontré hier l'homme de ma vie, j'en suis sûre. Je veux absolument le retrouver, mais j'ignore son nom. Je lui ai donné mon numéro mais, avec cette pluie, les chiffres ont peut-être été effacés. Il est passé chez vous hier, vous l'avez vu : un beau brun, cheveux très courts, yeux bleus, avec un blouson en jean... Vous vous en souvenez forcément ! Je vous en supplie : s'il revient — et il va revenir, j'en suis persuadée —, dites-lui que la fille du métro veut le revoir, redonnez-lui mon numéro. »

Tout le service se mobilisa : des affichettes avec le portrait-robot du bel inconnu furent discrètement accrochées à côté de chaque guichet. La demoiselle revint chaque matin pendant dix jours, espérant toujours, telle une Pénélope, des nouvelles de son bel inconnu. Le dixième jour, elle poussa la porte, en larmes. Conviée à passer dans le bureau de la responsable, elle s'épancha :

« Il m'a enfin rappelée... Sniff ! Il avait finalement pu déchiffrer mon numéro mais... Sniff, bououh ! ses sentiments ne sont pas à la hauteur des miens. Rien de sérieux à espérer de son côté. »

Il fallut toute la compassion et la patience des agents complices pour consoler la donzelle au cœur brisé !

Consigne au rabais

Un jour d'été 2003, une dame apparut au guichet chargée de deux gros cartons débordant de paperasses. Elle expliqua qu'elle venait de se brouiller définitivement avec son concubin, qu'elle avait fichu ce beau saligaud dehors et qu'elle avait balancé *manu militari* par la fenêtre toutes ses affaires, vêtements, disques et compagnie. Mais voilà, bien qu'elle soit femme de caractère, elle n'était pas mégère pour autant et répugnait à jeter dans le vide-ordures les papiers administratifs importants de son ex (avis d'imposition, fiches de paye, contrats d'assurance, etc.). Quant à le revoir pour les lui remettre, pas question, plutôt mourir ! « Alors, j'ai pensé à vous... » L'agent refusa d'abord catégoriquement : « Ce n'est absolument pas la mission du service », mais devant son insistance, il finit par céder et accepta de prendre les cartons en dépôt. Le service joua donc les intermédiaires en contactant l'amant éconduit et en le priant de venir récupérer son bien. Le jour de sa venue, on se contenta pudiquement de lui dire que les cartons avaient été trouvés sur un trottoir !

Certains prennent le service pour une consigne bien pratique : ils viennent la bouche en cœur y déposer les effets personnels d'un quelconque parasite squattant leur domicile ou une chambre de leur hôtel. Et qui sait si des receleurs n'utilisent pas le service comme planque provisoire ? Si des malfrats ne s'en servent pas comme d'une zone de blanchiment ? Le culot n'a pas de limites. Dans un magazine de consommateurs, à la rubrique

« Trucs et astuces des lecteurs », on a pu lire l'entrefilet suivant : « Vous ne savez pas quoi faire de vos habits d'hiver qui encombrent votre armoire à l'approche du printemps ? Portez-les rue des Morillons en faisant croire que vous les avez trouvés. Le service les gardera au chaud pendant un an et cela ne vous coûtera que 5 euros pour les récupérer. Beaucoup moins ruineux que douze mois de garde-meubles ! » Ce que le petit malin ignore, c'est que le délai de garde est désormais réduit à trois mois pour les objets de faible valeur ! Pfuit, envolé le trousseau !

Le téléphone pleure...

La possibilité de bloquer à distance un téléphone a considérablement réduit le nombre des vols de portables. Après un pic en 2002 (70 par jour), la courbe est redescendue. Il y en a encore plusieurs dizaines chaque matin, qui donnent lieu à des scènes surréalistes dans la salle de traitement des arrivages. À intervalles réguliers, certains sacs scellés se mettent à sonner, qui sur *la Marche de Radeski,* qui sur *la Danse des Canards*, les plus modernes meuglant ou miaulant. Quelques agents lancent alors un assaut, se précipitant pour tenter de localiser la sonnerie à travers le plastique opaque. « C'est celui-ci, non, c'est celui-là ! » L'enjeu : parvenir à décrocher à temps pour identifier rapidement le propriétaire et s'épargner ainsi des heures de recherches. Un jour, une enquêtrice qui eut l'idée d'écouter le répondeur d'un téléphone perdu tomba sur ce message : « Bonjour, je suis le propriétaire de ce téléphone. Si vous le trouvez, merci de me contacter au... » !

Perdus de vue

Il arrive que le service soit mêlé malgré lui à de douloureuses affaires d'héritage, de divorce, de personnes disparues... Tel ce dossier judiciaire contenant tous les documents du procès X contre Y, retrouvé sur une banquette de métro. À qui appartiennent ces papiers au contenu confidentiel ? À X ou à Y ? Les restituer au mauvais camp peut envenimer la situation, voire nuire à X ou à Y. La sagesse dicte alors d'appeler un des avocats.

Les affaires de fugues et de brouilles familiales ne sont pas en reste. Le sac à dos d'un S.D.F. arriva un jour. À l'intérieur, le minimum vital, plus une sorte de carnet de voyage aux pages griffonnées de pensées et de croquis. À la fin étaient inscrits au crayon gris trois numéros de téléphone, presque effacés. Le premier sonna dans le vide, le deuxième n'était plus attribué, mais le troisième aboutit chez la sœur du S.D.F. qui habitait à l'autre bout de la France. La brave dame n'en revenait pas : voilà quinze ans qu'elle n'avait plus eu aucune nouvelle de son frère. Grâce à l'intermédiaire du service, le lien fut renoué.

Une 4L en or

Dans les années quatre-vingt-dix, un papy sous tutelle s'enfuit de sa maison de retraite, se faufila en douce dans le garage de son ex-maison pour récupérer sa vieille 4L rouillée qui, par miracle, démarra sans faire d'histoires. Il fit un saut à la banque pour retirer toutes ses économies (130 000 francs) et appuya sur le champignon pour prendre le large. La 4L poussive n'avait apparemment pas les mêmes ambitions... Crachant et toussotant, la malheureuse cala à la lisière du périphérique, obligeant notre aventurier à se garer tant bien que mal. Plutôt mal que bien d'ailleurs, car la 4L fut embarquée à la fourrière pendant que son propriétaire était allé chercher du secours. À son retour, ne trouvant plus sa voiture, il poursuivit sa cavale *pedibus*, en grommelant. Et pour cause ! Son magot était resté dans le coffre ! Les policiers de la fourrière découvrirent l'argent et le remirent aux objets trouvés. Mais l'affaire s'ébruita. Pensez donc ! Un tel pactole... et aucun propriétaire en vue ! La presse s'en fit l'écho, poussant de nombreux imposteurs à se présenter, chacun tentant sa chance pour s'approprier le bas de laine. Enfin, le papy en cavale se manifesta, penaud. Il avait pris soin de faire, bien avant cette épopée, des photocopies de quelques-uns de ses billets, ce qui lui permit de prouver sa paternité et de récupérer son bien.

La femme, le mari, l'amant

Les théâtres de boulevard n'ont pas l'apanage des scènes adultérines. Les affaires de mœurs se plaisent aussi à nicher dans les sacs de ces dames et les attachés-cases de ces messieurs...

Une sacoche d'homme trouvée à Paris arriva un jour au service. Elle était absolument banale et contenait ni plus ni moins tout ce à quoi l'on était en droit de s'attendre. L'identification du propriétaire fut un jeu d'enfant : un répertoire téléphonique mentionnait en ouverture les coordonnées de son domicile, un numéro commençant par 03. On le composa, Madame décrocha, on lui expliqua le fait : « La sacoche que votre mari a perdue avant-hier à Paris est retrouvée. Vous pouvez venir la chercher quand vous voulez. » Aïe ! Le mari en question n'était absolument pas censé se trouver à Paris ce jour-là... Il fallut rattraper le coup en prétendant que certains objets trouvés en province étaient expédiés à Paris, en l'absence de service équivalent en province. Madame goba l'excuse et le mariage fut sauf, du moins pour cette fois...

Un autre coureur de jupons eut moins de chance. Quelle imprudence aussi de venir récupérer en compagnie de son épouse un portefeuille contenant des photos d'une jolie jeune femme qui n'était point sa cousine ! Il n'avait pas pensé que les agents étaient tenus d'en faire l'inventaire sous les yeux du propriétaire... Il en fut quitte pour une volée d'injures en public.

Plus fine fut cette bourgeoise B.C.B.G. d'une cinquantaine d'années qui perdit son sac à main. Son portefeuille contenait une photo d'elle vraisemblablement en compagnie d'un séduisant gigolo. Elle se présenta au guichet accompagné d'un homme de même profil qu'elle, manifestement mécontente de son escorte. Elle présenta sa convocation et, en échange, saisit rapidement son sac. Le mari s'étonna : « Tu ne vérifies pas ? » Le guichetier, dont le hasard voulut que ce soit le même qui avait procédé à l'inventaire du sac, ne put s'empêcher de dire malicieusement : « Oui, je vous en prie, vous pouvez vérifier que tout y est. » Et la dame de répliquer : « Non, non ! Ça ira ! Je vous fais confiance et, de toute façon, si je me suis fait voler, tant pis, c'est trop tard ! »

Cette vérification routinière du contenu en fit rougir plus d'un jusqu'aux oreilles. Combien d'hommes ont sorti la même excuse éculée, face à des revues porno glissées entre des piles de dossiers, dans un attaché-case : « Ah oui, mais ça c'est pas à moi ! C'est encore une farce de René ! Les collègues, vous savez... » « Oui, monsieur, bien sûr, on sait. » C'est sans doute dans cette même crainte d'être jugé qu'un quidam n'est jamais venu récupérer sa panoplie de sadomaso (imper noir brillant, bas résille, fouet, talons aiguilles et perruque), accompagnée de clichés d'un homme revêtu de cette même panoplie et ligoté à un arbre.

Histoires d'os

L'une des plus célèbres anecdotes du service est certainement celle de ce jeune homme éperdu de douleur qui, au retour de l'enterrement de sa grand-mère adorée, oublia son urne funéraire sur un siège du métro. Aussitôt qu'il s'aperçut de sa perte, il se précipita bouleversé rue des Morillons, où il expliqua tant bien que mal qu'il avait égaré son aïeule. La camionnette de la R.A.T.P. ramena l'urne le lendemain et le petit-fils repartit avec la mère-grand sous le bras !

Dans la même veine, un agent fraîchement intégré était un matin occupé à déballer un sac de trouvailles quand il se trouva nez à nez avec une élégante amphore de couleur bordeaux. Il la tourna, la retourna, la secoua, l'ouvrit et tenta d'identifier son contenu. « Du sable semble-t-il... » Pour s'en assurer, il mit sa main dedans. Son collègue lui lança alors : « Tu sais que t'es en train de tripoter un macchabée ? » Le p'tit nouveau retira illico sa main, livide. Après ce bizutage involontaire, il se rattrapa en localisant le lieu d'incinération grâce au numéro du crématorium gravé sur le socle de l'urne. Mais il ne fut pas au bout de ses peines, car les héritiers refusèrent tout net de la récupérer ; ils l'avaient abandonnée exprès, aucun descendant ne voulant chez lui des cendres de ce parent abhorré !

Une valise arriva, avec une lettre accrochée à la poignée par une ficelle : « Je vais me suicider, merci de remettre cette valise à ma sœur. » Le désespéré a heureusement raté son coup et récupéré son bien.

Les lauréats sont...

Deux prétendants se disputent la palme d'or du Ridicule :

• un habitant du 15e arrondissement venu rapporter une pizza au saumon entière et encore chaude dans sa pochette de livraison siglée Allô Pizza ;

• un individu tapant du poing sur le comptoir pour faire enregistrer le bouchon de stylo qu'il avait trouvé, exigeant à grands cris son reçu. À croire que certains font les poubelles pour avoir le plaisir de rapporter un objet, se donnant ainsi l'impression d'exister et d'être utiles à la société.

Le responsable d'un centre de loisirs eut le culot de venir voir si, par hasard, quelqu'un n'avait pas ramené ici un môme dont il avait la charge et qu'il venait de perdre dans le parc Georges-Brassens ! D'autres cherchent leur chat. Ils récupèrent dans le meilleur des cas le panier vide, avant d'aller pister le félin à la fourrière. Une vache normande est aussi passée par là, et un squelette de femme unijambiste, et une langouste empaillée... Et l'on s'étonnera toujours de voir débarquer des prothèses, des dentiers et des béquilles oubliées dans une rame de métro. Libre à vous d'imaginer le scénario : l'invalide est assis, il réalise un peu tard être arrivé à destination, se lève précipitamment et saute du train en oubliant ses béquilles. Guérison miraculeuse ? Hypocondriaque rêveur ? Éclopé par intérêt ? Tout est possible...

Happy end

Il y a des trouvailles extraordinaires et des inventeurs farfelus, il y a enfin des histoires incroyables liées à la façon de retrouver le propriétaire. Un homme trouva un jour sur le trottoir, devant l'entrée de son immeuble, un vieux calepin corné de partout. Il le ramassa, le feuilleta : une succession de notes, de poèmes, de croquis, d'idées en vrac, de pensées saisies sur le vif. Pas de nom, pas d'adresse, aucun indice permettant d'identifier le propriétaire... Notre homme le déposa aux Objets trouvés et s'en retourna chez lui, dans le 11e arrondissement. Quelques jours après le dépôt, la responsable du service reçut un coup de fil :

« Je suis celui qui vous a déposé un vieux carnet anonyme il y a de ça une semaine. Et, aujourd'hui, je crois savoir à qui il appartient ! Il se trouve que je l'ai lu avant de le déposer chez vous — une curiosité humaine toute naturelle. Bon ! Et le hasard a fait que je suis tombé hier soir, en zappant, sur une émission de variétés à la télé, dans laquelle Didier Bourdon (l'un des ex-Inconnus) parlait de ses projets, en l'occurrence le tournage d'un film, dont il dévoilait en deux mots le scénario. Et justement, ce scénario correspondait pile-poil à une des histoires lues dans le calepin ! Ça m'a fait penser que l'on m'avait dit un jour que Didier Bourdon habitait le quartier. » On prévint Didier Bourdon — effectivement le propriétaire — qui ne cacha pas son émotion de retrouver ce carnet intime qui le suivait depuis des années et auquel il tenait comme à la prunelle de ses yeux. Des retrouvailles en forme de petit miracle, dû à un mélange de curiosité et de hasard.

Chapitre VIII

Le métro comme vous ne l'avez jamais pris

CHAQUE PARISIEN a dans sa poche, quand il ne l'a pas en tête, un petit plan de métro. Un coup d'œil lui suffit à se repérer dans cette toile d'araignée aux fils multicolores qui laisse les touristes perplexes tant qu'ils n'ont pas saisi son implacable logique. Si l'on s'amusait à substituer à ce plan familier un autre, celui des pros du métro, alors les Parisiens seraient à leur tour complètement désorientés. Ils y verraient des stations fantômes, des tunnels désaffectés et des voies parallèles, aussi impénétrables que celle du Seigneur pour le voyageur lambda.

Stations fantômes

Septembre 1939. La guerre est déclarée. Prière de se serrer la ceinture. Pour cause de personnel mobilisé, deux cent cinquante stations sur les trois cent trente-deux que comptait alors le réseau furent subitement fermées. Au cours de l'hiver 1940, elles furent progressivement rouvertes, à l'exception d'une centaine, transformées pendant l'Occupation en abris antiaériens. À la Libération, toutes les stations furent rouvertes, sauf sept : Arsenal, Champ-de-Mars, Croix-Rouge, Saint-Martin, Liège, Rennes et Cluny[1]. Leur tort ? Être trop proches de leur voisine ou pas assez rentables. Rennes et Liège eurent la chance d'être rouvertes à l'exploitation des dizaines d'années plus tard, ainsi que Cluny, qui trouva une seconde jeunesse en 1988 grâce à la construction de la station Saint-Michel du R.E.R. B, à qui elle offrit un accès et une correspondance. En revanche, les stations Arsenal, Champ-de-Mars, Saint-Martin et Croix-Rouge furent définitivement closes. Mais si elles furent gommées des cartes, elles n'ont pas disparu pour autant. Les trains les franchissent sans s'arrêter et le voyageur attentif peut parfois apercevoir un bout de quai plongé dans les ténèbres et des bribes de céramique noircie, quand la station n'a pas été murée.

Arsenal (située sur la ligne 5 entre Quai de la Râpée et Bastille, le long du boulevard Bourdon) desservait un quartier trop calme. Cela lui fut fatal. Ses quais servirent de cobayes dans les années soixante pour tester de nouveaux prototypes de décoration, de signalétique et d'éclairages de stations. Puis la R.A.T.P. aménagea la station en 1996 pour accueillir des stages de formation de techniciens et d'ingénieurs en électricité.

Même punition pour Croix-Rouge (ligne 10 entre Sèvres-Babylone et Mabillon), qui voyait passer avant la guerre 400 voyageurs par jour, soit la fréquentation la plus faible de tout le réseau !

La station Champ-de-Mars (ligne 8 entre École Militaire et La Motte-Picquet-Grenelle) fut jugée trop proche de cette dernière. 100 mètres à peine les séparaient et les voyageurs se rendaient directement à La Motte-Picquet — confluent de trois lignes — pour s'épargner une correspondance.

Le cas de Saint-Martin (ligne 8 entre Strasbourg-Saint-Denis et République) est particulier. Cette station fut rouverte à la Libération puis définitivement fermée en 1967 car trop proche de

---

1. Sur les quais de la station Abbesses, on peut encore voir de vieux plans de métro (fort détériorés) où figurent ces stations, avec une affichette collée à côté mentionnant leur récente fermeture. Cette curiosité risque cependant de disparaître lors de la réhabilitation de la station Abbesses.

République (100 mètres). Puis vint l'hiver 1986 et sa redoutable vague de froid. Les sans-abri furent conviés dans l'urgence à bivouaquer sur ses quais. Mais ce refuge ne pouvait qu'être provisoire car incompatible avec le respect de la santé et de la dignité des individus. La R.A.T.P. réaménagea la station en Espace Solidarité Insertion en faveur des plus démunis. Les quais furent murés et l'ancienne salle des billets ornée d'un mur lumineux reproduisant en sous-sol le spectre variable de la lumière du jour. Cet espace, inauguré le 6 mars 2000, est géré par l'Armée du salut. Émouvante coïncidence quand on songe au moine soldat saint Martin, célèbre pour avoir partagé son manteau avec un pauvre lors d'un hiver rigoureux du premier siècle de notre ère...

Sans accès depuis l'extérieur...

Encore plus mystérieuses sont les stations qui n'ont jamais vu le jour. Situées hors du réseau, elles demeurent totalement invisibles. Elles ont généralement fait les frais d'un remaniement du tracé en cours de route et n'ont même pas d'accès vers la surface.

Haxo se situe sur la voie des Fêtes, un tunnel qui relie les stations Porte des Lilas (ligne 3 *bis*) et Pré-Saint-Gervais (7 *bis*). Vers 1910, la R.A.T.P. décida de raccorder ces lignes sous la forme d'une courte ligne 3 *ter*. L'idée fut subitement abandonnée en 1921 ; la Ville de Paris — favorable au projet — et la C.M.P. (Compagnie du chemin de fer métropolitain de Paris) — qui lui était hostile — n'ayant jamais pu se mettre d'accord. Mais le tunnel était déjà construit, les voies posées et la station Haxo creusée. On recycla le tunnel comme voie-école pour l'instruction des apprentis conducteurs et comme banc d'essai de la « grand-mère », le prototype du métro sur pneumatiques M.P. 51, en 1951.

À l'exacte diagonale de la station fantôme Haxo se trouve celle de la Porte Molitor, dont l'histoire est très semblable. Il était prévu à la même époque de relier les lignes 9 et 10, et d'ouvrir une station au pied du Parc des Princes. On creusa donc en 1923 la voie Murat sous le boulevard homonyme. Mais des problèmes de circulation condamnèrent ce projet ; la station creusée n'eut jamais d'accès. Les voies inutilisées servent désormais au garage des trains[1].

Une voie mythique

Arsène Lupin en personne lorgna sans doute avec convoitise sur cette mystérieuse voie des finances dont on ne parlait qu'à mots couverts... Avant qu'elle ne fasse appel à des services de transports de fonds par camions blindés, la C.M.P. (devenue ensuite R.A.T.P.) collectait elle-même les recettes de ses stations en utilisant les trains classiques. Il y avait une « rame des finances » par ligne. C'était une rame de voyageurs ordinaire à la différence près qu'une grille séparait la cabine du conducteur des sièges de la première voiture. Chaque soir, vers 22 heures, un signal était lancé depuis le terminus à toutes les stations au moment où la rame s'ébranlait : « Attention, départ de la rame des finances, train numéro 25 ! » Dans chaque station, le responsable descendait sur le quai, les bras lestés d'au moins trois boîtes à finances (deux contenant la recette et une troisième remplie de jetons P.P.T. — car les agents receveurs vendaient aussi des jetons pour téléphoner depuis les cabines du métro). Une fois la rame chargée de la recette et des voyageurs, elle continuait son ramassage. Au fur et à mesure, la recette était centralisée de sorte qu'il n'y ait à la fin qu'une seule rame. Celle-ci s'avançait alors dans un tunnel raccordant les lignes 1 et 5, entre Quai de la Râpée et Gare de Lyon. La recette était ensuite transférée sur un minitrain à traction électrique, le seul à pouvoir s'aventurer sur la fameuse voie des finances, protégée par une porte blindée. Le petit véhicule empruntait la ligne étroite pour acheminer l'argent vers un quai de déchargement. Là, un ascenseur l'escortait vers les sous-sols blindés de la Compagnie, en contrebas du quai de la Râpée. Le métro de New York récoltait ses recettes de la même façon grâce

1. L'association A.D.E.M.A.S. (Association d'exploitation du matériel Sprague) organise des virées insolites au cœur du réseau. Durant une nuit entière (de minuit à 5 h 30), on circule à bord d'une ancienne rame le long de tunnels cachés, de lignes oubliées et de stations fantômes. Contact : 01 48 25 13 32.

aux *Money Cars*. Ce curieux système inspira évidemment romanciers et réalisateurs. Vers 1947, Marcel Allain ordonna à Fantômas, dans l'une de ses dernières aventures[1], de faire disparaître une rame des finances contenant la recette de la journée de la ligne Nation-Dauphine dans les 500 mètres séparant Anvers de Pigalle. La rame 126 fut retrouvée vide, sans voyageurs ni recette, dans un raccordement oublié... En 1965, *la Grosse Caisse* d'Alex Joffé mit en scène Bourvil dans le rôle d'un chef de station qui rêvait de s'emparer de la mirifique recette. En 1966, l'Américain Joseph Ruben reprit l'idée dans son *Money Train*. Ce système perdura jusqu'en 1967, date à laquelle la recette fut ramassée par des motrices spécialement affectées à cet usage, qui empruntaient les voies de raccordement. Désormais, elle transite par camions blindés munis de coffres à goulotte — un dispositif qui gobe les sacs d'argent sans pouvoir les rendre, à la façon d'un vide-ordures. Les espoirs des escamoteurs sont désormais brisés mais le mythe demeure...

La starlette de la Porte des Lilas

Comme sa voisine Haxo, la station Porte des Lilas fut réformée à peine achevée dans les Années folles. On la recycla en podium de présentation pour des prototypes de métro ou des essais publicitaires avant qu'elle ne trouve sa véritable vocation : studio de cinéma. La station Porte des Lilas (surnommée « station Studio ») sert de doublure à toutes les autres quand il s'agit de filmer une scène se déroulant sur un quai métropolitain. Films, téléfilms, shots publicitaires... Elle se plie à mille scénarios, s'équipant selon les besoins de bancs seventies, d'affiches rétro ou de fausses plaques de nom de station. Elle fut transformée en station Abbesses pour *le Fabuleux Destin d'Amélie Poulain* de Jean-Pierre Jeunet. Lors du tournage d'*Une époque formidable* de Gérard Jugnot, on la rebaptisa Gare de l'Est pour jouer la scène mémorable dans laquelle les clochards Jugnot et Bohringer s'interpellent d'un quai à l'autre. Les anecdotes foisonnent... Celle de

---

1. Le Maître de l'épouvante *(1947).*

Robert Lamoureux tirant de façon impromptue la sonnette d'alarme d'un train en plein tournage à cause d'une « envie de pisser urgente comme jamais ». Ou celle des pompiers appelés à la rescousse en tant que conseillers techniques pour disposer Charles Vanel sur les rails comme un « vrai suicidé ».

Nocturne inaugurale de la station Franklin-D.-Roosevelt

La station Franklin-D.-Roosevelt, aujourd'hui bien terne, connut la plus folle inauguration de toute l'histoire du métro. Dans la nuit du 1er au 2 mars 1957, elle fut baptisée par un fastueux banquet donné à l'intérieur même de la station, transformée en palace pour l'occasion. À peine le « balai » (le dernier train) parti, à 1 h 04 pile, une multitude d'agents et d'extras s'activèrent. En douze minutes chrono, ils firent entrer et stationner deux rames de six wagons chacune dépouillées de leurs banquettes, ils abaissèrent leurs parois, déroulèrent des tapis et dressèrent un somptueux buffet sur leurs plates-formes. Lors des répétitions, les nuits précédentes, on avait mis quatre heures, puis quarante minutes et enfin dix-huit minutes et demie.

Vers 1 heure, les trois mille invités papotaient dans la vaste salle des billets décorée de cent cinquante palmiers et d'une multitude d'azalées. Le gratin du Tout-Paris était présent : Françoise Arnoul, Zizi Jeanmaire et Ludmilla Tcherina — les marraines de la station —, François Périer, Arletty, la môme Moineau en chapeau de cow-boy et pantalon noir, ainsi qu'une belle brochette de notables abonnés aux chauffeurs de maître qui jamais auparavant n'avaient songé — grands dieux ! — à mettre un mocassin dans le métro. M. Pinton, secrétaire d'État aux travaux publics et organisateur de la sauterie, paradait fier comme un pou aux côtés des ministres, des préfets et des représentants des métros londoniens, moscovites et milanais.

À 1 h 16, les invités furent conviés à s'engager dans les escaliers. Puis ils s'avancèrent timidement dans les couloirs, intrigués par l'obscurité ambiante. Une panne d'électricité, peut-être... ? Seule une petite flamme tremblotait à l'extrémité du quai, en direction de Vincennes. C'est la bougie du *great event*. On souffla dessus et la lumière jaillit par trois rampes de tubes fluorescents.

Plus de voies ! À la place, cinq buffets de quarante mètres de large. Par-dessus, des nappes, du champagne, des montagnes de petits-fours... Autour, des garçons en veste blanche, des haies de gardes républicains en tenue d'apparat...

La splendeur des nouveaux aménagements éclipsa les vedettes présentes. La céramique blanche et bleue de Choisy-le-Roi, bien connue des Parisiens, avait ici été dédaignée au profit d'un matériau ultramoderne qui devait apporter « un souffle de jeunesse au vieux tube » : le verre. On admira l'asphalte rose des couloirs, les plafonds lumineux, les parois en pierre de Rochefort, les bancs en matière plastique, la voûte tapissée de miroirs et les revêtements d'aluminium. Une dame extatique demanda à un tiers : « C'est très joli ce wagon rouge entre ces wagons verts. C'est tous les jours comme ça ? » On se pâma surtout devant les vingt panneaux décoratifs exécutés selon la technique du gemmail — de minuscules morceaux de verre multicolores, taillés et cuits au four, puis collés en couches superposées et éclairés en transparence pour produire une impression de relief. Chaque panneau représentait un tableau célèbre, donnant aux invités la sensation de visiter « la plus extraordinaire galerie de peinture au monde ».

Picasso et Braque, gemmistes convaincus, s'étaient proposés d'exécuter gratuitement les maquettes des vingt panneaux destinés à orner les quais. Mais la firme publicitaire chargée de la décoration de la station refusa cette offre exceptionnelle. Pour des raisons commerciales, elle préféra insérer des reproductions d'œuvres célèbres bien ciblées, propres à contenter ses annonceurs. Chaque panneau fut ainsi sponsorisé par une marque de savon, de lait concentré, de machines à laver ou de bière ! *Le Petit Pâtissier* au mouchoir rouge de Soutine servit à vanter les mérites d'un entremets, la *Nana* de Manet fut mise au service d'une marque de gaine, *les Baigneuses* de Dufy firent mousser une marque de lessive et *le Café de nuit* de Van Gogh étaya la pub d'une eau minérale.

La soirée s'acheva à l'aube. Une équipe de cinquante ouvriers se chargea de tout déblayer pour que la station retrouve son aspect normal avant l'arrivée des premiers voyageurs. Le lendemain, les discussions allèrent bon train dans les salons à la mode : « J'ai visité le métro. Vous connaissez ? »

Saint-Michel pris dans les glaces

La ligne 4 a la particularité d'être en correspondance directe avec toutes les autres lignes du métro ainsi qu'avec celles du R.E.R. Si l'on observe son tracé sur un plan, on remarque que cette ligne rose, qui devrait logiquement traverser Paris tout droit du nord au sud, fait une drôle d'embardée au moment de franchir la Seine. Au lieu de franchir le fleuve à la hauteur du musée du Louvre, son tracé est dévié vers le quartier Latin. Est-ce dans le but louable de desservir l'Université ? Que nenni ! Ce n'est ni plus ni moins un caprice d'académiciens ! Il était prévu à l'origine que la ligne coupe droit des Halles vers la rue de Rennes et qu'elle passe donc sous le palais de l'Institut. C'était sans compter le tollé des Immortels qui se levèrent comme un seul homme pour s'y opposer formellement. Craignaient-ils d'être dérangés dans la rédaction de leur *Dictionnaire* par les travaux ? Avaient-ils peur qu'un grondement souterrain récurrent trouble la sérénité de leurs débats ? S'agissait-il tout simplement d'une indifférence dédaigneuse envers un moyen de transport destiné aux classes laborieuses ? Nul ne sait. Les académiciens firent barrage de leur illustre corps et les ingénieurs durent revoir leur copie. Ils dévièrent la ligne vers la gauche mais se heurtèrent de nouveau à une levée de boucliers, de la part cette fois des magistrats qui s'opposaient pour les mêmes raisons au passage du métro sous le Palais de justice. On déporta encore un peu plus à gauche le tracé de la ligne et là, plus personne n'y trouva à redire.

Si les ennuis diplomatiques étaient résolus, d'autres soucis attendaient les ingénieurs à Cité et à Saint-Michel... Du fait de leur profondeur, ces deux stations furent les premières du réseau à être équipées d'ascenseurs. Mais il fallait surtout affronter la traversée sous-fluviale, la première du genre. Or il se révéla que le sous-sol de la rive gauche du petit bras de la Seine, chargé de sable et d'alluvions, était marécageux et particulièrement instable. Les ingénieurs eurent alors l'idée géniale de congeler le terrain pour barrer le chemin aux infiltrations, creuser librement et procéder au fonçage et au raccordement des caissons étanches qui forment les tunnels de la ligne. Des ouvriers enfoncèrent dans le terrain à terrasser cinquante-sept tubes verticaux qu'ils remplirent d'une solution de chlorure de calcium refroidie à moins 24 °C, produite par deux usines frigorifiques implantées place et quai Saint-Michel. Après quarante jours, les cubes-témoins placés dans le maillage des tubes où circulait la saumure attestèrent la congélation complète du terrain. On procéda enfin au terrassement dans un sol très dur. Ce tronçon fut exécuté de décembre 1908 à septembre 1909. Cette méthode de congélation fut de nouveau employée lors de la construction de la station Auber de la ligne A du R.E.R. et continue à être utilisée aujourd'hui encore, avec des outils plus modernes.

Zizanie dans le métro

De même que le nom des rues, celui des stations de métro n'est pas immuable. Une station peut être opportunément rebaptisée pour des raisons pratiques ou diplomatiques. Ainsi en 1914, la station Allemagne fut renommée Jaurès tandis que la station Berlin devenait Liège. La station Dugommier se nommait Charenton jusqu'en 1943. Elle fut débaptisée, car elle était l'objet d'une confusion avec la station Porte de Charenton. Corentin-Celton s'appelait avant le 15 septembre 1945 « Petits-Ménages » à cause de l'hospice voisin qui accueillait des petits vieux nécessiteux. Un nom à connotation trop sombre que l'on préféra troquer contre celui du résistant Corentin Celton.

Dans un même souci politiquement correct, Jussieu-Halle aux vins devint en juin 1967 Jussieu-Faculté des sciences (tout de même plus sérieux), puis Jussieu tout court en mai 1971.

La station Chambre des Députés mit du temps à se mettre au diapason de la loi. Bien que la France changeât de Constitution en 1946 — rebaptisant pour l'occasion la Chambre des députés en « Assemblée nationale » — la station Chambre des Députés n'est devenue Assemblée Nationale qu'en juin 1989 !

La station Rue Montmartre fut la dernière à être rebaptisée, en automne 1998. Traître, elle trompait les gens en leur faisant croire qu'elle desservait la rue menant à Montmartre. Des milliers de voyageurs étrangers, provinciaux et même parisiens, faisant confiance à la logique, sont tombés dans le panneau ! Déception de ne point trouver là le Sacré-Cœur, colère de devoir composter un autre ticket. Que dire alors de la confusion qui régnait dans les années trente, quand cette station s'appelait « Montmartre » tout court ! Las d'affronter une grogne perpétuelle, les commerçants du quartier proposèrent le nom de Grands Boulevards, une appellation joyeusement faubourienne qui risquait de tomber dans l'oubli.

Partie IV

Incroyable mais vrai

Chapitre I

Affaires de cœurs

DANS LA SYMBOLIQUE du corps humain, le cœur occupe une place de choix. Cœur de pierre, cœur d'artichaut, cœur sur la main, cœur brisé, cœur au ventre... Siège des émotions, des sentiments nobles et profonds, des pensées intimes, des élans, du courage et de l'amour, cet organe est bien plus qu'un simple muscle à double ventricule. Sans doute est-ce pour cette raison que les puissants d'hier exigeaient pour lui un traitement *post mortem* particulier. Dès le Moyen Âge, il était courant que l'on enterre « en kit » les personnalités. Le corps des saints et des martyrs était dispersé par morceaux : une phalange par-ci, un fémur par-là, le tout soigneusement emballé dans de précieux reliquaires. Un autre traitement attendait les rois, reines, princes et princesses : le cœur était extrait du torse et les entrailles de l'abdomen avant que le corps ne soit généralement embaumé. Puis les trois entités rejoignaient chacune une destination différente : une chapelle, un monastère, un château bien-aimé, un fief de province... On pouvait ainsi vénérer le défunt en plusieurs endroits.

La chapelle du Val-de-Grâce recueillit une ribambelle de cœurs royaux en vertu d'une tradition qui remonte à Anne d'Autriche. Celle-ci se désespérait de ne point pouvoir donner d'héritier à son époux. Confite en dévotion, elle supplia le ciel de lui offrir un fils, en échange duquel elle promit de faire construire une église. Après vingt et un ans d'attente tout de même, le ciel daigna exaucer la reine en lui donnant en 1638 le petit Louis, quatorzième du nom. La souveraine, reconnaissante, ne tint pas rigueur du retard divin dans le délai d'exécution de son vœu et, toute à sa joie, lança les travaux d'édification de l'église promise. Le futur Roi-Soleil posa lui-même la première pierre du Val-de-Grâce, à l'âge de sept ans.

Quand la première petite-fille de la reine, Anne Élisabeth de France, s'éteignit le 20 décembre 1662 alors qu'elle n'était encore qu'une enfant, Anne d'Autriche ordonna que l'on dépose son cœur dans la chapelle. Par testament, la reine mère demanda que le sien rejoigne celui de sa petite-fille, avec quelques consignes d'ordre pratique : son cœur « devait être tiré par le côté sans autre ouverture de son corps ». À sa mort, en 1666, on exécuta scrupuleusement ses volontés. Cela devint une tradition : quarante-cinq cœurs de la famille royale, princes et princesses de France, furent ainsi déposés dans la chapelle Sainte-Anne, puis descendus dans la crypte à partir de 1696, faisant du Val-de-Grâce un mausolée royal, inférieur seulement à Saint-Denis.

Quand la Faucheuse emportait un membre de la famille royale, un curieux cérémonial s'enclenchait : un cortège de carrosses royaux se dirigeait nuitamment vers le Val-de-Grâce. Du premier carrosse caparaçonné de noir, l'on sortait avec précaution une châsse en vermeil en forme de cœur contenant le palpitant du défunt, isolé par une enveloppe de plomb. L'officiant posait la relique sur une console magnifiquement ornée. Puis une cérémonie se déroulait jusqu'à 2 heures du matin. Ensuite le cœur était descendu dans un caveau incrusté de marbre dont la voûte, peinte en noir, était parsemée de larmes d'argent.

Quelques anecdotes défrayèrent au passage la chronique des cœurs : celui de Louis XV, tombé par terre, fut mangé par un chien errant tandis que celui de la Grande Mademoiselle, mal embaumé,

La Grande Mademoiselle aimait à se faire remarquer.
Elle fit scandale, même après sa mort !

explosa à la figure de ses proches ! Anne Marie Louise d'Orléans, duchesse de Montpensier, petite-fille d'Henri IV, plus connue sous le nom de la Grande Mademoiselle, était une femme richissime, orgueilleuse et exubérante. Quand elle fut emportée en avril 1693 par une maladie des reins, le roi désira que la pompe funèbre de sa cousine se déroulât avec dignité. Le corps de la défunte fut exposé pendant huit jours sur un lit de parade, dans son palais du Luxembourg, veillé de religieux feuillants du couvent de la rue d'Enfer qui, selon l'usage, ne cessaient de psalmodier. D'innombrables messes furent dites et toute la ville alla asperger la dépouille d'eau bénite. Comme le voulait l'usage, on avait procédé à l'extraction du cœur et des entrailles de la princesse en vue de leur transfert dans des urnes au Val-de-Grâce et à la chapelle des Orléans du couvent des Célestins, selon les volontés de la défunte. Au milieu de la journée, alors que des proches de la Grande Mademoiselle se recueillaient auprès de son corps, l'urne qui était sur la crédence et qui contenait les entrailles se fracassa avec un bruit épouvantable et une puanteur subite et intolérable. Les viscères mal embaumés avaient macéré et fermenté dans leur châsse jusqu'à explosion. Les dames de qualité, pleureuses, duchesses et princesses se pâmèrent d'effroi, du moins celles qui ne se bousculaient pas autour de la sortie, leur voile de crêpe noir collé en tampon contre leurs narines. Les hérauts d'armes et les moines feuillants s'étouffaient aux portes avec la foule qui gagnait au pied. La confusion fut extrême. La plupart gagnèrent le jardin et les cours. Après l'effroi, l'ordre fut rétabli. Tout fut parfumé et cette frayeur servit de risée. On s'esclaffa devant le dernier exploit de cette sacrée Grande Mademoiselle.

À la Révolution, toutes ces reliques du « despotisme » furent détruites. Les sans-culottes prirent soin de récupérer les châsses de vermeil avant d'éparpiller leur contenu aux quatre vents. Mais quand, par bonheur, un peintre se trouvait dans les parages à l'heure de la profanation, les cœurs embaumés connaissaient une seconde vie... Les artistes en étaient en effet friands, car ils en extrayaient une substance de couleur brune appelée *mumie* qui, mélangée à de l'huile, produisait sur leurs toiles un glacis incomparable. Cela ne marchait pas aussi bien avec des cœurs embaumés de porcs ou de bœufs. Seuls les cœurs humains sécrétaient cette matière organique miraculeuse pour laquelle les peintres se livraient une guerre sans morale ni pitié. Celle que vendaient les droguistes du Levant provenait de cadavres que les juifs d'Orient conservaient à l'aide d'aromates résineux et de bitume de Judée. Mais elle coûtait une fortune et l'on s'en procurait difficilement.

La Révolution avec son cortège de profanations de tombes royales fut une bénédiction pour les artistes. Michel-Martin Drolling acheta pour son usage personnel onze cœurs de princes et princesses de sang déposés de 1662 à 1789 dans la chapelle du Val-de-Grâce. À cet amateur de scènes de genre et d'intérieur peintes à la manière flamande, il fallait beaucoup de *mumie*. Il récupéra donc les cœurs d'Anne d'Autriche, de Marie-Thérèse, du duc et de la duchesse de Bourgogne, de Mme Henriette (l'héroïne de Bossuet), ceux du Régent, de la Palatine, de Gaston d'Orléans, de la duchesse de Montpensier... Drolling les emporta à son atelier, les réduisit en poudre et les mit en tubes. Le tout passa sur sa palette. On retrouve notamment trace des viscères royaux sur son *Intérieur de cuisine*, conservé au Louvre.

Son ami Saint Martin, lui, s'approvisionna en l'église Saint-Louis-des-Jésuites[1]. Il y avait là, face à face de part et d'autre de l'autel, deux reliquaires contenant les cœurs de Louis XIII et de Louis XIV, dont les entrailles avaient été déposées à Notre-Dame. Les reliquaires furent expédiés à la fonte à l'hôtel des Monnaies et les cœurs cédés contre quelques écus sonnants et trébuchants à Saint Martin. Celui-ci eut plus de scrupules que son ami. Après avoir hésité, il se décida pourtant et entama le cœur de Louis XIV — le plus gros, paraît-il. Il en barbouilla notamment un portrait de Marat... Celui de Louis XIII resta intact : le peintre ne déroula pas même la bandelette qui l'enserrait, à laquelle était suspendue une petite médaille. À la Restauration, Saint Martin eut la courtoisie de restituer, par l'entremise du comte de Pradel, intendant de la maison du roi, le cœur non utilisé de Louis XIII et ce qui restait de celui du Roi-Soleil. Louis XVIII lui fit parvenir, en guise de remerciement, une tabatière en or.

---

1. *Actuelle église Saint-Paul-Saint-Louis, rue Saint-Antoine (Paris 4e).*

La *mumie* (ou *mumia*) ne servait pas seulement de liant fabuleux dans la peinture, elle était également employée en médecine, comme adjuvant de potions. Ce terme d'origine arabe ou perse désignait de la chair musculaire humaine desséchée ou pourrie au soleil à laquelle on supposait des vertus curatives ou merveilleuses. Vendue sous forme de morceaux durs, secs et luisants, c'était une véritable panacée, à appliquer sur les plaies, à utiliser en cas de contusions, de chutes, d'obstructions, d'aménorrhée, d'asthme et de phtisie, en cas de relâchement des nerfs et de leucorrhée, pour l'épuration du sang et contre l'anémie. La meilleure étant celle issue du cadavre momifié de jeune fille vierge. Elle entrait dans la composition de la poudre contre les chutes, du baume de la momie, de l'onguent sympathique, du cérat astringent, du baume du Christ, de l'emplâtre Opodeldoch et du baume du Balsano. Les plus prévenants portaient toujours sur eux un petit fragment de *mumie* pulvérisé avec de la rhubarbe, à prendre en cas d'accident.

Au XVIIIe siècle, la vogue de la *mumie* en Europe fut telle qu'on alla s'approvisionner en Égypte où, dit-on, les momies étaient monnaie courante. Mais les Égyptiens virent d'un mauvais œil la mise à sac de leurs tombeaux. De petits malins eurent donc l'idée de fabriquer de fausses momies, avec le concours d'empalés, de pendus et d'esclaves morts. Peu importe que la matière première fut issue d'individus ladres, vérolés, rogneux, demi-pourris ou pesteux ! Les faussaires farcissaient leur corps de poix avant de le bander bien serré et de l'exposer au soleil pour dessécher la préparation. Après quelques jours de ce traitement, la fausse momie semblait sortir du tombeau de Kheops ! La contrefaçon gagna l'Europe et l'on fabriquera même des momies à Paris où la chaleur du four remplaça celle du soleil égyptien ! Maître Ambroise Paré, hostile à ce remède d'outre-tombe, fut l'un des premiers à le dénoncer : « On nous fait avaler indiscrètement et brutalement la charogne puante et infecte des pendus ou de la plus vile canaille de la populace d'Égypte. Comme s'il n'y avait pas d'autre moyen de sauver un homme tombé de haut, contus et meurtri que de lui insérer un autre homme dans le corps. »

Chapitre II

La pagode de Babylone

LE 7e ARRONDISSEMENT, l'un des plus classiques qui soient, doit sa réputation de sérieux aux nombreux ministères et couvents qu'il compte dans son périmètre. Trop austère, dites-vous ? Allez donc vous balader rue de Babylone ! Vous y verrez au numéro 57 *bis* un curieux édifice qui vous fera aussitôt changer d'avis... Imaginez une pagode rouge brique chapeautée de tuiles vernissées jaillissant d'une forêt de bambous et de glycines... La vision de ce lieu est d'un exotisme dépaysant et son histoire digne d'un roman d'Alexandre Dumas.

La saga commença à la toute fin du XIXe siècle, en 1896, au dernier étage du Bon Marché, plus précisément dans le bureau de son directeur, François-Émile Morin, qui avait pris les rênes du grand magasin à la mort d'Aristide Boucicaut. M. Morin était un brave homme apprécié de son personnel, un patron probe et paternaliste qui n'avait aux dires de ses subordonnés qu'un seul défaut : celui de trop aimer sa femme. Son amour, qui confinait à l'idolâtrie, l'emportait dans d'interminables rêveries d'où il revenait benêt et hagard, la moustache froissée et les yeux riboulants.

Quand il ne songeait pas à la silhouette ou au charmant minois de son épouse Amandine, il cherchait par quels moyens la contenter. Chaque soir, il lui ramenait un petit cadeau choisi parmi les nouveautés du magasin ; un chapeau, une dentelle, un ruban ou autre frivolité à la mode. Et la belle enfant gâtée de sauter chaque soir au cou de son gentil mari avec des mines de chatte câline.

L'anniversaire de Madame approchant, M. Morin torturait ses favoris en réfléchissant à un cadeau d'éclat, à quelque chose de grandiose, sans commune mesure avec les bricoles du quotidien. Il pensa à une petite De Dion Bouton qui emmènerait son Amandine prendre l'air à la campagne, mais il se ravisa en pensant qu'il risquait de la voir moins souvent. Il songea à une toilette signée Worth ou à un bijou de chez Boucheron mais sa moitié avait des idées si arrêtées en matière de mode qu'à coup sûr il tomberait à côté. Alors quoi ? Une croisière sur un transatlantique ? Impossible, ses affaires le retenaient à Paris.

En regardant par la fenêtre de son bureau, il vit sur le trottoir d'en face un marchand ambulant qui, armé de son seul bagout, invitait les passants à s'intéresser à son étal, joyeux fatras de babioles exotiques. L'Extrême-Orient était en effet à la mode depuis l'ouverture du Japon de l'ère Meiji au commerce occidental, quelques années auparavant. Les artistes français puisaient une inspiration nouvelle dans les estampes japonaises tandis que Monsieur et Madame Tout-le-Monde collectionnaient à n'en savoir que faire des statuettes de bouddhas, des colifichets en ivoire et diverses babioles venues du pays du Soleil-Levant. Mme Morin comme les autres... La voilà l'idée géniale que cherchait M. Morin ! Sa Didine adorait les japonaiseries ? Il allait lui en donner, à en faire baver d'envie ses meilleures amies !

Il convoqua le lendemain dans son bureau Alexandre Marcel, un architecte qui venait justement de faire l'objet d'un article élogieux dans le quotidien *le Temps*. Le journaliste le présentait comme « un artiste de talent, attiré par la nature et l'exotisme, passionné par l'Orient et plus particulièrement par le japonisme ». L'architecte orientaliste écouta attentivement les desiderata de M. Morin : « Je voudrais offrir à ma femme une maison japonaise — comment appelle-t-on cela déjà ? Ah oui ! Une pagode ! Je veux qu'elle soit la plus réaliste possible, jusque dans ses moindres détails, à l'intérieur comme à l'extérieur. Vous aurez pour cela un crédit illimité. Je viens d'acheter au bout de la rue un terrain suffisamment vaste. Vous la planterez là. Faites pour le mieux, mais faites vite. »

Alexandre Marcel arpenta le terrain, esquissa des croquis et compulsa de savants ouvrages. Puis on le vit dresser des plans, établir des listes, signer des commandes, recruter une équipe. Plusieurs semaines durant, il dirigea le chantier en pestant contre les retards de livraison, les ouvriers absents et la mauvaise volonté de la météo. Enfin, à peine deux jours avant l'anniversaire de Mme Morin, on accrocha les carillons aux angles recourbés du toit de la pagode neuve. L'architecte pouvait être fier de lui : il s'était inspiré du sanctuaire baroque Toshogu de Nikko et, dans un souci d'authenticité, il avait fait venir du Japon certains éléments tels que les fresques, les tentures et les poutres ouvragées. Les tuiles vernissées provenaient d'une fabrique vosgienne qui avait dû se plier bon gré mal gré aux techniques orientales. Le chantier avait été dissimulé au regard des curieux par de hautes palissades de bois de sorte que l'apparition de la pagode fut une révélation.

Le jour J, François-Émile Morin banda les yeux de sa femme, qui s'amusa de l'aventure. Face à son cadeau, il dénoua le foulard en attendant avec gourmandise la réaction de sa Didine adorée. Celle-ci resta d'abord sans voix puis elle applaudit comme une enfant et embrassa fort son mari dans le cou avant de courir explorer sa pagode. Amandine prit rapidement possession des lieux. Au comble du bonheur, elle y organisa de somptueuses réceptions à thème oriental où elle reçut le Tout-Paris des Années folles, costumée en « impératrice du Soleil-Levant et du Mont-Fuji ».

Mais le conte de fées tourna malheureusement court avec l'entrée en scène, quelques mois plus tard, d'un nouveau personnage… Lors d'une de ses soirées orientales, Amandine fit la connaissance du fils de l'associé de son mari, un jeune homme bien fait, à l'esprit aussi joliment tourné que la silhouette et à l'ambition prometteuse. Sur un coup de tête, elle quitta mari et pagode pour suivre son Adonis en Amérique où fortune les attendait. On n'eut plus jamais de leurs nouvelles.

Le mari abandonné revendit la pagode à la meilleure amie de sa femme et s'adonna à corps perdu à son commerce, en replongeant de temps à autre dans les rêveries qui lui étaient coutumières mais qui avaient désormais pour thème l'ingratitude féminine. À la pagode, les réceptions se poursuivirent par éclipses jusqu'en 1928, date à laquelle la maîtresse de maison se fit trop vieille pour demeurer la reine des soirées. La pagode fut mise en vente. Les acheteurs ne se bousculèrent pas, freinés par l'exotisme trop prononcé du bâtiment. C'est justement cet exotisme qui séduisit en 1930 des diplomates chinois qui cherchaient un local pour leur ambassade. L'endroit était parfait : un décor typiquement oriental au cœur du quartier des ministères et des ambassades — ils ne pouvaient rêver mieux ! Le gouvernement de Pékin envoya une délégation pour la visiter de fond en comble. Tout se déroula idéalement jusqu'à ce que les membres de la délégation se penchent sur les fresques qui ornaient les murs de la superbe salle extrême-orientale. Ce qu'ils y virent les firent blêmir de colère :

© D. Lesbros

La façade orientalisante de la Pagode surprend le promeneur.

L'esprit de la belle Mme Morin flotte encore dans le jardin exotique de la Pagode.

les peintures illustraient des épisodes de la guerre sino-japonaise durant lesquels les guerriers chinois semblaient essuyer une cuisante raclée ! Impossible d'imposer à l'ambassade un tel parrainage ! La délégation tourna irrémédiablement les talons.

En dépit de ce dédain, la pagode ne s'avoua pas vaincue. Elle fut transformée en 1931 en cinéma à « cercle restreint » et eut la primeur des projections des films de Renoir et de Buñuel. Jean Cocteau y donna la première du *Testament d'Orphée* en 1959. Classée à l'Inventaire des Monuments historiques en 1986, la mythique pagode se refit une beauté entre 1997 et 2000 avant de rouvrir les portes de sa salle obscure. Un salon de thé accueille désormais les cinéphiles au sortir d'une projection « art et essai ». À consommer l'été dans le jardin de bambous, à l'ombre du ginkgo biloba...

— Dites donc, voisin, on a un peu boissonné chez vous hier ! ça allait rondement ! ça va bien ce matin ?
— Pas mal, et vous ?

Chapitre III

Une prison pas comme les autres

EN SE PENCHANT sur le passé, il arrive que l'on découvre des coutumes surprenantes tombées aux oubliettes ; des usages qui faisaient partie du quotidien de nos aïeux mais qui, aujourd'hui, heurtent profondément notre logique. C'est le cas par exemple de la prison pour dettes qui offrait au mitan du XIXe siècle l'hospitalité aux débiteurs qui ne pouvaient honorer leurs dettes. Ceux-ci tombaient alors sous le coup de la « contrainte par corps ». D'après une législation restée en vigueur jusqu'en 1867, le créancier avait le droit de disposer du corps de son débiteur, à défaut d'être remboursé. L'État, qui ne souhaitait pas se mêler des dettes privées, disait en substance au créancier : « Vous voulez punir votre débiteur ? Soit, on l'emprisonne, mais à une condition : c'est vous qui payerez son entretien. » Le créancier dépensait donc de l'argent pour subvenir aux besoins de son débiteur qui, incarcéré, se voyait complètement empêché de gagner sa vie et par là même de combler sa dette ! L'absurdité de la situation n'a pas empêché cette prison privée de fonctionner pendant plusieurs décennies.

Située au numéro 70 de la rue de Clichy, on l'appelait la « prison de Clichy ».

Il suffisait qu'un créancier exaspéré porte plainte auprès du tribunal de commerce et que celui-ci rende un arrêt de « contrainte par corps » pour qu'un officier du tribunal assisté de ses « recors » cueille le débiteur incriminé et le traîne par le collet vers la « Bastille commerciale ». Quelques alinéas de la loi protégeaient les débiteurs. Ainsi les septuagénaires pouvaient dormir sur leurs deux oreilles ; leur grand âge leur épargnait la saisie. De même que l'on ne pouvait retenir plus de dix années les étrangers à l'ardoise chargée. Dans un ménage, le créancier ne pouvait prendre qu'un seul corps ; il avait le choix entre le mari et la femme solidaires. Les petits malins pouvaient jouer longtemps au chat et à la souris, car il était interdit aux officiers d'appréhender au corps le dimanche et la nuit, du coucher au lever du soleil. De sorte qu'un mauvais payeur pouvait circuler impunément du soir au matin et le dimanche toute la journée. Mais gare aux cendrillons qui oubliaient de regarder l'heure ou le calendrier ! Ceux-là étaient conduits *manu militari* au Mont-de-Piété des créatures humaines.

Les quelque quatre cents personnes qui franchissaient chaque année le seuil de la prison de Clichy formaient un panel hétéroclite, car la contrainte par corps frappait indistinctement toutes les classes sociales. Les poètes fauchés cohabitaient avec de pauvres boutiquiers, des banqueroutiers, des marquis désargentés, des ouvriers rétamés, des savants impécunieux, des palefreniers sur la paille, des diplomates ruinés, de jeunes gandins dédorés... Les plumassiers de l'administration pénitentiaire tenaient une rigoureuse statistique annuelle de leurs pensionnaires, classés par profession :

• *Rentiers*	*55*
• *Industriels*	*53*
• *Ouvriers*	*30*
• *Employés*	*27*
• *Professeurs*	*24*
• *Voituriers*	*24*
• *Tailleurs*	*17*

• *Militaires*	*8*
• *Sans profession*	*12*
• *Artistes*	*1*
• *Étudiants*	*10*
• *Hommes de lettres*	*9*
• *Mécaniciens*	*8*
• *Ingénieurs et architectes*	*6*
• *Courtiers*	*3*
• *Charbonniers & porteurs d'eau*	*3*

Le bâtiment de trois étages était divisé en deux quartiers : celui des hommes et celui des femmes. À son arrivée, le détenu était conduit dans l'une des deux cents cellules de la prison. Une fois seul, il avait alors tout le loisir d'examiner les lieux : son nouveau « royaume » mesurait exactement 3 mètres sur 2,50 mètres. Chaque chambre était pourvue d'une cheminée, d'un lit de fer, d'une armoire, d'un portemanteau, de deux chaises de paille et d'une petite table de bois blanc. Le strict minimum en somme. Ce trousseau de base pouvait cependant être étoffé, moyennant quelques deniers, car l'administration louait à raison de 30 centimes par jour une paillasse, un matelas, un oreiller, deux couvertures et une paire de draps (changés tous les quinze jours). Elle fournissait également quelques autres prestations domestiques. La note de frais mensuelle d'un prisonnier exigeant ressemblait à ceci :

- *Loyer du mobilier : 30 francs*
- *Taxe volontaire pour avoir le droit de faire chauffer de l'eau au fourneau commun et pour subvention aux garçons appelés auxiliaires qui veillent à la propreté de la maison : 5 francs*
- *Services du perruquier : 30 centimes par semaine*
- *Blanchissage de linge de corps : 10 francs*
- *Luminaire : 5 francs*
- *Pour se procurer des aliments, non compris le prix de la course du commissionnaire qui va les acheter : 45 francs*

Les détenus particulièrement soucieux de leurs aises pouvaient faire venir de l'extérieur un supplément de confortable. Ils traitaient alors avec des commerçants des environs. Il faisait bon être rôtisseur ou tapissier aux abords de la prison de Clichy ! À ce sujet, une affaire défraya la chronique : un detteur incarcéré à Clichy avait jugé indispensable de meubler sa chambre d'un fauteuil Voltaire (d'occasion), loué 18 francs par mois à un tapissier voisin. Trois ans après, au moment de sa levée d'écrou, il devait 630 francs au tapissier (il avait payé le premier mois d'avance). Comme notre homme était plus que jamais à sec, il dut regagner sa cellule pour couvrir cette nouvelle dette, mais cette fois sans son fauteuil !

Les détenus se répartissaient en deux catégories : les débiteurs, qui avaient des ressources pécuniaires à ajouter au faible secours alimentaire donné par les créanciers, et les nécessiteux sans d'autres moyens de subsistance que les quelques centimes reçus tous les cinq jours au bureau de paye. Ces derniers se faisaient domestiques des autres détenus pour un modique salaire. Ils étaient surnommés les « bonnets de coton ».

Dans cette prison hors normes, on se la coulait douce. Il n'y avait pas plus de geôlier que de verrous aux portes des chambres. Dès 7 heures du matin en hiver et 6 heures en été, les pensionnaires pouvaient circuler librement dans l'enceinte du bâtiment, se promener dans les galeries autour du jardin, prendre des bains de soleil sur la pelouse ou jouer à la balle, à l'écarté ou au piquet à l'ombre des acacias. Hormis les jeux de cartes, tous les jeux étaient permis. Les solitaires pouvaient puiser à volonté dans une bibliothèque dont la plupart des volumes avaient été offerts par Alexandre Dumas père — philanthrope sensible aux revers de fortune. Les mondains qui avaient de l'argent de poche pouvaient lancer des invitations et recevoir des visites. Dans ces cas-là, pas question d'offrir à leurs invités l'ordinaire frugal de la cantine ! On commandait chez un restaurateur des environs un véritable festin : huîtres, écrevisses, perdreaux, dindes truffées, vins fins, champagne et vieilles liqueurs. C'étaient alors de joyeux et bruyants gueuletons qui se prolongeaient tard dans la nuit. Plus d'une fois, un convive qui avait trop forcé sur la bouteille eut du mal à regagner sa cellule.

Nul n'était forcé de faire appel à un traiteur extérieur pour se procurer quelques douceurs à bon compte. On trouvait dans l'enceinte même de la prison toutes sortes de commerces, comme dans un bazar ! Chacun avait qui sa boutique, qui son comptoir, qui son échoppe. Dès potron-minet, les portes s'ouvraient, les cellules devenaient bistrots, restaurants, débits de tabac, épiceries, bureaux de correspondance. Les nouveaux venus se repéraient aux enseignes. Un pensionnaire, ex-limonadier, avait ouvert dans sa cellule un *Café de l'Univers*. L'enseigne fixée avec les moyens du bord qui couinait au-dessus de sa porte annonçait des consommations à 15 centimes maxi. Un autre détenu s'était reconverti marchand de comestibles, un troisième vendait de la galette. La boutique de ce dernier ne désemplissait pas. Le jour où son créancier voulut lui rendre sa liberté, le vendeur de galette refusa tout net : « Si on lève ma contrainte, je fais de nouvelles dettes pour revenir ici continuer mon commerce ! »

Les grilles de Clichy se refermèrent un jour sur un nouvel arrivant qui n'avait pas l'ombre d'un sou en poche — la « paye » versée par son créditeur ne tombant que le lendemain. Il arriva à l'heure du déjeuner, heure à laquelle le couloir central était envahi de délicieux fumets de toutes sortes, plus alléchants les uns que les autres. Un véritable supplice pour le détenu affamé ! La faim titillant son astuce naturelle, l'homme eut une idée de génie. Avisant un superbe melon et une dinde rôtie sur l'étal d'un marchand de comestibles, il entra dans la boutique, s'enquit auprès du vendeur du prix de ces deux denrées, les marchanda raisonnablement et demanda à ce qu'on les lui réserve, précisant qu'il n'en prendrait livraison que dans une demi-heure. Puis le bougre ressortit aussitôt et se fit indiquer l'emplacement du cabinet de lecture. Là, il charma de son mieux le bibliothécaire et obtint de lui trois feuilles de papier vierges. Il débita les feuilles en quatre-vingt-dix carrés égaux. Il en numérota soigneusement quatre-vingt-neuf et inscrivit sur le dernier :

« *Bon pour un festin composé d'une succulente volaille rôtie et d'un melon sucré à souhait.* »

Il plia ensuite tous ses papiers en quatre, les glissa dans un vieux galurin et courut se placer au milieu du jardin. À la façon d'un crieur de foire, il cria son boniment à la cantonade :

« *Grande loterie gastronomique et philanthropique*
Au profit d'un pauvre père de famille prisonnier pour dettes et de ses trois enfants !
Six sous le billet seulement
Un festin à la clé avec du salé et du sucré
Tentez votre chance :
Demandez le numéro sortant ! »

Ce fut un succès ! L'opération rapporta 19 francs net au prisonnier futé, une fois déduit le prix de la dinde et du melon. Le lendemain, l'homme clouait au-dessus de sa cellule une enseigne mentionnant en belles capitales : « À la Reconnaissance, Félix, restaurateur. » Son petit commerce marcha si bien qu'à sa sortie de prison, Félix acheta un pavillon coquet aux environs de Paris.

Quand un joyeux drille rejoignait l'équipe pénitentiaire, l'ambiance montait d'un cran. Comme ce fameux jour où M. Javary, chef d'orchestre au *Casino de Paris*, fut « enclichysé ». Sa chambre donnait sur la grande allée du jardin de Tivoli voisin et, chaque soir, le musicien avait la larme à l'œil et des fourmis dans les mains en entendant les flonflons du bal. Un beau soir, il n'y tint plus ; il se saisit de son violon qui ne le quittait jamais, sortit en trombe de sa cellule, frappa à toutes les portes de son étage et embrigada tous les détenus de bonne volonté qui avaient un tant soit peu l'oreille musicale. Il les regroupa près de la fenêtre de sa chambre, mit entre les mains de chacun un instrument de fortune et donna le *la*. Un détenu avait hérité de la grosse caisse (l'armoire de la cellule), un autre du triangle (un flambeau de cuivre qu'il frappait d'une clé) et un troisième des cuivres (une batterie de casseroles). Le maestro accompagné de son orchestre improvisé attaqua un quadrille endiablé avant d'enchaîner sur une valse, puis une polka à la mode. Le public qui se pressait dans le jardin de Tivoli s'approcha du mur de la prison, intrigué par ce concert peu orthodoxe. Quelques danseurs physionomistes reconnurent le fameux Javary, l'acclamèrent, l'applaudirent. Et la scène se reproduisit tout au long du séjour du musicien à Clichy. Un séjour qui fut heureusement de courte durée, le chef d'orchestre attitré de Tivoli voyant d'un assez mauvais œil cette concurrence déloyale !

Clichy avait beau être une prison douce et gaie, c'était tout de même une prison et d'ordinaire on ne se souciait guère d'y entrer. L'écrivain Honoré de Balzac, sous le coup d'une contrainte par corps, resta tapi pendant trois semaines chez un ami afin d'échapper aux recors. Cet ami finit par s'acquitter de la créance de son hôte — par pure générosité ou par lassitude ? — ce qui permit à Balzac de remettre enfin le nez dehors.

La durée de l'incarcération, proportionnelle au montant de la créance, pouvait aller de quelques jours à dix ans, la moyenne étant cinq ans. Or, les évasions se faisaient rares. Cela s'expliquait peut-être par la douceur du régime pénitentiaire de Clichy mais aussi et surtout par le fait que la vie à l'extérieur de la prison risquait d'être infernale pour un fugitif privé de ressources. Pourtant, une rocambolesque affaire d'évasion fit un jour la joie des gazetiers de Paris.

Un dénommé Lauriston réussit à tromper la vigilance des gardiens à la faveur d'une fausse alerte à l'incendie. L'évadé s'en alla tout droit chez son créancier, qu'il dérangea en plein repas : « Je viens vous proposer une bonne opération, lui dit-il. Je vous dois 10 000 francs, or vous savez que le directeur de la prison de Clichy est responsable de ses prisonniers. Donnez-moi 500 francs et je quitte Paris. C'est le directeur de Clichy qui devient votre débiteur et avec lui, vous aurez plus de chances qu'avec moi d'être payé. »

Après quelques minutes de réflexion, le créancier, saisi par la justesse du raisonnement, accepta le marché et installa lui-même son débiteur dans une diligence à destination d'Orléans.

Le lendemain matin, le créancier se présenta aux aurores devant les guichets de Clichy, insistant pour être reçu séance tenante par le directeur.

« Monsieur, vous me voyez confus d'interrompre si tôt votre sommeil et surtout pour une si mauvaise nouvelle, mais la gravité de l'événement...

— De quel événement voulez-vous donc parler ? demanda placidement le directeur.

— Monsieur le directeur se rappelle-t-il ma figure ou ma qualité ?

— Parfaitement, vous êtes le créancier de mon pensionnaire M. Lauriston.

— De votre ex-pensionnaire. Pardonnez-moi de vous reprendre mais vous devez être au courant des faits et savoir que le sieur Lauriston s'est évadé hier et qu'aujourd'hui je ne connais malheureusement que vous pour mon débiteur... »

Le créancier jouait à merveille le type contrarié et désolé, tournant et triturant son chapeau entre ses mains. Le directeur sourit finement et assura à son visiteur qu'il ne pouvait s'agir que d'une erreur, que le prisonnier dont il avait la charge était bel et bien en train de dormir comme un ange dans sa cellule. Le créancier, exaspéré par le calme du directeur occupé à se lisser consciencieusement les moustaches, assura qu'il était certain du fait qu'il avançait. Le directeur ordonna alors à un surveillant : « Allez me chercher Lauriston ! ». Le créancier malhonnête s'apprêtait en secret à jouir du désappointement du directeur au moment de l'annonce de la disparition du détenu. Mais ce fut lui en vérité qui fut sidéré quand il vit s'avancer dans le bureau directorial Lauriston en personne, les cheveux en pétard et le visage enchifrené de sommeil ! Le prisonnier salua bien bas son créancier, avec un sourire ironique, savourant la mine furieuse et déconfite de son adversaire. Voilà comment les choses s'étaient déroulées : arrivé à la barrière de Denfert-Rochereau, Lauriston avait sauté de la diligence et avait happé un commissionnaire. En échange de quelques sous, il avait chargé le gamin de remettre en mains propres la missive suivante au directeur de la prison de Clichy :

« *Monsieur le Directeur, si vous voulé gagné dix mil francs, dont je suis la valeure représentative, veuillez vous transporter en person chez Véry, ce souar à onze heures. J'accepterai de vous aveque plaisir à souper et après, je vous done ma parole de revenir prendre place dans votre volière. Signé : votre dévoué Lauriston.* »

Le directeur, amusé par ce billet, goûta fort l'audace et la finesse qu'il révélait. Après avoir pris soin de vérifier l'absence de son pensionnaire, il s'habilla et grimpa dans un fiacre, direction le Palais-Royal. Lauriston l'attendait en effet tranquillement sous les arcades des galeries, un cigare au coin des lèvres. Tous deux franchirent bras dessus bras dessous la lourde porte à tambour de chez *Véry* et partagèrent comme convenu un copieux souper en trinquant à la santé du créancier. Puis le directeur régla l'addition sans broncher et ramena son convive à la maison !

Mais cette histoire abracadabrante n'est rien à côté de celle de cet homme qui, à l'âge de quarante ans, fut incarcéré pour n'avoir pas réglé… ses frais de nourrice ! Une implacable logique préside à la succession des faits : les parents du détenu devaient à la nourrice, à l'époque du sevrage, une somme de 400 francs. Ils firent un billet, mais moururent tous deux avant d'avoir pu s'acquitter de leur dette. Une fois majeur, leur fils eut connaissance de cette dette, voulut l'honorer et souscrivit un nouveau billet avec les intérêts. Ce billet passa entre les mains d'un usurier. Le chiffre enfla au fur et à mesure des renouvellements et le nourrisson fut, à l'âge de quarante et quelques années, enfermé à Clichy comme débiteur de près de 15 000 francs !

La loi de la contrainte par corps fut abolie le 20 juillet 1867, sous la pression de l'opinion publique. Le bon sens populaire faisait remarquer à juste titre que pour permettre à un individu de se libérer de ses dettes, le pire moyen était sans doute de l'enfermer et de l'empêcher de se livrer à ses occupations habituelles. Ce raisonnement élémentaire eut enfin le dessus sur l'absurde tradition. La maison d'arrêt pour dettes de Clichy se trouva de fait démodée et ses détenus libérés. En 1869, le bâtiment fut mis en vente aux enchères, mais personne n'en voulut. La prison finit par être démolie en 1871 et, trois ans plus tard, un entrepreneur se décida à racheter le terrain pour y construire un ensemble immobilier de luxe : la cité Clichy.

PARTIE V

Crimes et énigmes policières

Chapitre I

Un crime parfait

LE CRIME de la Porte Dorée, l'un des plus parfaits qui soient, passionna l'opinion publique de l'entre-deux-guerres en narguant les meilleurs limiers. Policiers d'élite, détectives privés ou simples amateurs d'affaires criminelles, tous s'y sont cassé les dents. Aujourd'hui encore, malgré les nombreux éléments recueillis, l'énigme reste entière : Qui a tué ? Comment ? Et pourquoi ?

En ce dimanche 16 mai 1937, jour de la Pentecôte, un grand nombre de Parisiens avait eu la même idée : fuir la chaleur accablante et aller chercher un peu de fraîcheur dans les allées du bois de Vincennes. Les pelouses environnant le lac Daumesnil étaient noires de monde ; des familles pique-niquaient à l'ombre des marronniers, des pêcheurs en canotiers taquinaient le goujon et des amoureux tendrement enlacés faisaient verdir les catherinettes de jalousie. Vers 6 heures du soir, le temps devint de plus en plus lourd. De gros nuages sombres roulèrent dans le ciel, annonçant un orage imminent. Les mères de famille plièrent leur nappe vichy en rameutant leur troupe, les asticotiers rengainèrent leurs mouches et les amoureux se serrèrent davantage l'un contre l'autre en se dirigeant d'un pas rapide vers le métro Porte Dorée.

Les quais de la station se noircirent peu à peu. Répartis par couples ou par petits groupes, les voyageurs guettaient le train de 18 h 30. Vers le milieu du quai, trois jeunes filles à la toilette coquette gloussaient et minaudaient en regardant du coin de l'œil un fringant militaire posté à deux pas. Celui-ci, se sachant observé et soupesé, commençait à tourner nerveusement son képi entre ses mains quand enfin, à 18 h 29, son supplice de gentleman fut abrégé par l'entrée en gare de la rame.

« Ouh là ! Les voitures sont pleines ! s'écria l'une des midinettes. On va être serrés… L'horreur, par cette chaleur !

— Non, répondit son amie, regarde, ce sont les wagons de seconde qui sont bondés ; les premières, elles, sont quasiment vides. Une chance ! »

Les wagons verts défilèrent, puis vint le wagon rouge, qui était en effet désert, à l'exception d'une jeune femme coiffée d'un chapeau blanc, assise côté voie dans la rangée des fauteuils à une place et qui semblait somnoler, la tête contre la vitre. Le train ralentit et freina pour finalement s'immobiliser dans un léger hoquet. Un hoquet qui provoqua un déséquilibre de la passagère. Derrière la vitre, depuis le quai, alors que le train n'avait pas encore ouvert ses portes, on la vit basculer en avant puis s'écrouler au sol. Les portes s'ouvrirent, les trois jeunes femmes et le militaire se précipitèrent ensemble pour relever la voyageuse étalée à plat ventre. Quand ils s'approchèrent d'elle, ils eurent un sursaut d'effroi : la jeune femme avait un couteau à cran d'arrêt planté dans la nuque. Pas une seule goutte de sang ne s'écoulait de la plaie, seul le manche enfoncé jusqu'à la garde trahissait l'agression. La victime, âgée d'une trentaine d'années, n'était pas morte : les yeux ouverts, elle râlait doucement. Le jeune homme, qui était médecin militaire, lui prit le pouls et délivra son triste diagnostic : « Il n'y a rien à faire, elle va mourir. La veine jugulaire tranchée, ça pardonne pas. Il faut prévenir la police. » Puis l'officier, bousculant légèrement les demoiselles, s'excusa, quitta la voiture et disparut dans le remous des voyageurs montant et descendant. L'une des jeunes filles se ressaisit, courut à la guérite du chef de station et s'écria : « Là, dans le wagon de première, une femme assassinée ! »

M. Fabre, contrôleur de la ligne, se chargea d'appeler police secours qui arriva cinq minutes après. Un agent souleva la malheureuse puis, d'un geste sec, retira le poignard de la plaie en comprimant l'artère. Aussitôt le sang gicla à flots, maculant la peinture blanche des panneaux de larges flasques écarlates. Le policier demanda à la voyageuse agonisante : « Qui vous a fait ça ? » La malheureuse ouvrit les yeux, ses paupières battirent deux ou trois fois, ses lèvres s'entrouvrirent, laissant passer quelques sons inintelligibles. Elle hoqueta. Un peu de sang vint mouiller la commissure de ses lèvres. Puis elle s'affaissa, les yeux grands ouverts. Transportée à l'hôpital Saint-Antoine, elle expira pendant le trajet. Les employés du métro tractèrent le wagon sur une voie de garage et les policiers y apposèrent des scellés.

Une demi-heure plus tard, le commissaire Badin fit son apparition. Monumental gaillard bourru et moustachu, Badin faisait partie de l'élite de la P.J. Son flair de limier avait résolu nombre d'enquêtes difficiles et sa réputation dépassait de loin les frontières du secteur de Picpus, dont il avait la charge. Il était aussi célèbre pour sa sagacité que pour ses colères, qui faisaient trembler les murs du commissariat. Et Badin en donna ce soir-là une redoutable démonstration. Apprenant qu'un agent avait ôté à mains nues le couteau de la plaie, empêchant ainsi les premières constatations et détruisant les empreintes possibles, il entra dans une rage noire. Le jeune policier gaffeur fut agoni d'injures, de même que ses collègues qui avaient omis de réclamer que personne ne sorte de la station, permettant au flot des voyageurs de s'écouler à l'air libre sans aucun contrôle d'identité.

Heureusement, personne n'avait touché au sac à main de la victime. À l'intérieur, Badin trouva tout ce menu fatras propre à l'intimité de ces dames : des clés, de la poudre de riz, un tube de rouge, un mouchoir, une minuscule fiole de parfum, de la monnaie, une lettre de rendez-vous pour le soir même et une pièce d'identité. Celle-ci était au nom de Yolande-Lætitia Nourrissat, épouse Toureaux, née à Oyace, dans la vallée d'Aoste, le 11 septembre 1907, et demeurant 3, rue Pierre-Bayle, dans le 20e arrondissement.

Le commissaire se rendit aussitôt au domicile sus cité, un logis fort modeste — à peine deux pièces — mais pimpant : une petite cuisine propre comme un sou neuf et une chambre garnie de livres, de portraits et de fleurs. Il extorqua sans trop de difficultés une foule d'informations précieuses à la concierge, pipelette comme il se doit :

« Ah, Monsieur ! Une bien brave locataire notre Lætitia ! Propre sur elle, polie, mignonnette, toujours un mot gentil. Jamais d'histoires, jamais d'homme chez elle ! À part ses frères, le Riton et le Virgile. Et puis sa mère évidemment, qui vient la voir souvent. Elle habite vers le Père-Lachaise, ça lui fait pas loin avec le 42 qui s'arrête au coin. La p'tiote, elle est ben courageuse, va ! Depuis la mort de son pauvre mari... Oui, vous saviez pas ? Il est parti jeune, il y a deux ans, de la tuberculose, laissant la petite toute seule à se débrouiller avec la vie. Elle a d'abord fait caissière en banlieue, avant de dénicher une place à l'usine, celle de Saint-Ouen qui fabrique les cirages à souliers. Mais enfin, ça gagne trois sous, ça lui suffit pas pour vivre, à la petite. C'est que dame ! elle tient à sa tournure la Lætitia ! Il lui faut des robes de printemps et des robes d'été, des chapeaux comme ci ou comme ça, et des ceintures à la mode et des souliers pointus... Tout un tralala qu'on n'imagine pas ! Alors elle rempile le soir comme dame de vestiaire dans un dancing des Halles, *l'As de Cœur* qu'ça s'appelle. Ça me fait de la peine de la voir le matin avec des cernes jusque-là. Et vous me dites que maintenant, la pauvre... »

Le commissaire coupa court à une nouvelle salve de sanglots bruyants en prenant congé. Il alla ensuite interroger la mère de Lætitia. Après la mort de son mari, un cultivateur italien emporté par la guerre de 14, la veuve Nourrissat était venue en France avec ses quatre enfants. Elle avait fait des ménages et de menus travaux de couture. Lætitia, pour l'aider, s'était fait embaucher en 1926 dans un atelier de poterie. C'est là qu'elle rencontra Jules, le fils du patron, un homme de trente-cinq ans qui s'éprit aussitôt de cette jolie fille de dix-neuf ans. Jules épousa Lætitia en cachette en 1930 et ne l'avoua à ses parents qu'à la veille de sa mort, quatre ans plus tard, des suites d'une laryngite tuberculeuse. La jeune veuve s'installa alors rue Pierre-Bayle et enchaîna quelques petits boulots avant d'être engagée comme conditionneuse dans la fabrique de cirage Mox, à Saint-Ouen.

Le lendemain matin, lundi 17 mai, le commissaire se rendit à la première heure à l'usine Mox. Il y rencontra le contremaître et des collègues de la victime, dont la besogne consistait à coller des étiquettes sur des flacons. Celui-ci parla d'une employée modèle, systématiquement choisie comme démonstratrice quand il s'agissait de représenter les produits de la maison sur le stand Mox, au Salon des arts ménagers. Celles-là décrivaient Lætitia comme une jeune femme toujours élégante, souriante, heureuse de vivre, à la gaieté communicative, serviable et amoureuse de grande musique — la voix de Caruso, notamment, la mettait en transe. Le patron de la fabrique ajouta un détail étonnant à ce portrait flatteur : cette ouvrière consciencieuse lui avait été recommandée par des policiers, car il voulait une employée de confiance, susceptible de le renseigner sur des grèves éventuelles. La jolie Valdotaine était devenue ce qu'on appelait alors « une mouche d'usine ». À sa connaissance, elle fréquentait aussi les bals musettes de la rue de Lappe et rapportait à la police les propos de certains messieurs.

Ces faits nouveaux laissèrent Badin perplexe. La demoiselle menait donc une double vie... Le commissaire retourna à la station Porte Dorée examiner le wagon tragique mais il n'y trouva absolument rien qui soit susceptible de le mettre sur la piste de l'assassin. Il convoqua à son bureau la mère et les frères de Lætitia pour les entendre à nouveau et dresser l'emploi du temps de la victime pendant la journée du dimanche.

Avant le drame, Lætitia avait reçu à 15 heures la visite de son beau-frère — le mari de sa sœur Simone — chauffeur de taxi de son état, qui l'avait conduite à *L'Ermitage*, un bal musette de Maisons-Alfort. Là, elle rejoignit son frère Henri, dansa et bavarda avec lui jusqu'à 18 heures. Elle devait ensuite participer en compagnie de sa mère et de sa sœur à un banquet de compatriotes valdotains. Elle expliqua à Riton qu'elle désirait repasser chez elle pour se changer avant de se rendre au rendez-vous convenu à 20 h 30, place de la République. Le patron de

Qui était au juste la belle Lœtitia ? Une ouvrière modèle ?
Une fille facile ? Une espionne ?

L'Ermitage se souvint parfaitement de cette ravissante jeune femme vêtue d'une robe de laine verte et coiffée d'un chapeau blanc qui s'éclipsa discrètement à 18 heures. Les deux receveurs de la S.T.C.R.P. non plus n'avaient pas oublié cette personne attirante qui attendait, seule et droite comme un I, l'autobus à destination de Paris. Les employés s'en souvenaient d'autant mieux qu'ils l'avaient dévisagée avec convoitise et qu'ils avaient remarqué sur son corsage un ruban rouge qu'ils prirent pour la Légion d'honneur : « Tu t'souviens, Fernand ? On s'est même demandé comment une fille si jeune avait bien pu l'obtenir... » À 18 h 15, l'autobus numéro 3 085 de la ligne E.1 marqua l'arrêt. Le receveur, Clément Ragoneau, remarqua lui aussi la jolie voyageuse qui était sa seule passagère : « Je ne l'ai pas quittée des yeux jusqu'à la station de métro. Personne ne l'attendait. » À 18 h 24, l'autobus arriva à son terminus de la porte de Charenton. La jeune femme salua le receveur, descendit et se dirigea vers la bouche de métro où elle s'engouffra, toujours seule. Une rame attendait sur le quai le moment de partir. Lætitia prit place dans le wagon de première, désert, tandis qu'une bonne centaine de voyageurs était répartie dans les autres voitures. À 18 h 27, le chef de gare siffla. Trente secondes plus tard, la rame numéro 382 s'ébranla. À 18 h 29, elle atteignit la seconde station de la ligne, Porte Dorée. On connaît la suite...

Le commissaire Badin froissa sa moustache dans un geste qui lui était familier et tenta *in petto* de reconstituer le drame. Deux hypothèses : ou bien l'assassin est immédiatement redescendu à la porte de Charenton même, c'est-à-dire qu'il a accompli son crime en trente secondes ; ou bien il a agi entre les deux stations avant de passer en seconde classe par la porte de communication. Mais aucun occupant des wagons de seconde n'a remarqué l'arrivée d'un nouveau passager.

Le lendemain, mardi 18, le docteur Paul, médecin légiste, fit parvenir au commissaire les résultats de l'autopsie pratiquée sur le cadavre. Le rapport à la prose glaciale excluait l'hypothèse du suicide, laquelle avait été évoquée. Les conclusions du légiste sont formelles : c'était médicalement in-con-ce-va-ble. Le rapport ne laisse aucun doute à ce sujet : « La mort est due à un coup de couteau donné avec une extrême violence et qui, atteignant la région droite de la nuque, a sectionné la carotide et la jugulaire et lésé la moelle épinière. La lame a suivi une direction de haut en bas, de droite à gauche et d'arrière en avant, ce qui indique que lorsque Mme Toureaux a été frappée, elle avait la tête tournée vers la gauche. La netteté de la plaie prouve qu'il n'y a pas eu lutte. » Instructif, mais cela n'apportait aucun élément nouveau à l'enquête.

Le mercredi, l'hôpital Saint-Antoine appela pour demander à qui il devait envoyer le paquet contenant les effets de la victime. Badin ordonna qu'on le lui fasse parvenir. En examinant chaque vêtement, son attention fut arrêtée par un petit ruban rouge à liseré noir accroché au corsage. Il se souvint aussitôt de deux témoignages : celui des collègues de Lætitia tout d'abord, unanimes à vanter ses hautes qualités morales. « La preuve, dirent-ils, c'est qu'elle est inscrite à la Ligue du Bien public, celle dont les membres se reconnaissent par un ruban analogue à celui d'une décoration. » Le même ruban qui avait attiré sur la jeune femme la curiosité des deux receveurs d'autobus. Ne voulant négliger aucune piste, le commissaire envoya un policier au siège de l'association sans se douter qu'il allait y lever un lièvre. Il apprit par l'intermédiaire du président de la Ligue que pour y être admise, la jeune femme a dû, comme tous les membres, être parrainée par deux autres, en l'occurrence un détective privé et un inspecteur de la police judiciaire. Le président n'arrivait plus à trouver le nom de l'inspecteur, mais il se souvenait en revanche très bien du détective, un dénommé Rouffignac.

Badin n'eut aucun mal à le localiser. Il se rendit sur-le-champ à son agence baptisée Rouff, au 31 de la rue Le Peletier, cinquième étage gauche. Rouffignac ressemblait trait pour trait à une caricature de privé : chapeau mou, cigare, costume passe-partout, dégaine anodine de quart de voyou. Oh que oui qu'il connaissait Mme Toureaux ! Il n'en connaissait même qu'une, y'en avait pas deux comme elle ! « J'ai employé Lætitia comme indic pendant plus d'un an. Elle a accompli quatorze missions pour le compte de mon agence ; deux affaires d'adultère, trois surveillances extraconjugales et neuf enquêtes diverses. Y'a un truc qui m'a toujours intrigué, souligna Rouffignac. Quand j'ai voulu, comme à tous les « bleus », lui donner quelques tuyaux de base pour les filatures, lui indiquer comment s'y prendre, etc., elle m'a répondu : « Pas la peine, je sais faire... » Effectivement, elle ne s'est jamais fait repérer, elle a toujours mené ses missions au poil, sans bavures. C'était pas une débutante. Sûr qu'elle devait connaître le métier de détective bien avant de le pratiquer à mon service. Elle avait ça dans le sang. Je s'rais pas étonné qu'elle ait fini par se mettre en contact avec quelque service secret. » Impression vite confirmée : les policiers trouvèrent trace de la femme dans une poignée d'autres agences de police privée. Même pendant ses années de mariage, elle occupait ses loisirs en enquêtant pour le compte de détectives parisiens.

La personnalité de la victime prit avec cet éclairage un relief inattendu. La belle Lætitia, si douce, si réservée, si émue par la grande musique, avait changé vingt fois de métier en douze ans et tenait pour arrondir ses fins de mois le vestiaire de *l'As de Cœur*, un dancing de la rue des Vertus fréquenté par des souteneurs.

Le vendredi 21 mai, trois employés du métro de la station Philippe-Auguste, où la victime descendait habituellement pour regagner son domicile, vinrent spontanément déposer à la police judiciaire. Ils racontèrent au commissaire que Lætitia Toureaux aurait été attaquée le 13 mai par un inconnu qu'elle aurait mis en fuite, devant sa porte, en le giflant. Elle en aurait fait la confidence à la caissière de nuit et au chef de la station. Badin ne prit guère cette nouvelle information au sérieux. Cette histoire ne semblait avoir aucun rapport avec le crime du métro, l'individu en question n'étant vraisemblablement qu'un galant trop audacieux. Quelque chose le chiffonnait, mais il ne savait au juste quoi. Il semblait que Lætitia se soit sentie menacée. D'ailleurs, ce dimanche-là, elle avait changé d'allure. Cette brune piquante s'était fait teindre en roux et, pour la première fois depuis son veuvage, elle avait quitté sa robe noire pour une verte. Redoutait-elle la vengeance d'un familier ? À qui était destiné ce déguisement ?

Le 26 mai, une visite inattendue confirma ses doutes. Une femme d'une cinquantaine d'années, aux formes opulentes et à la mise extravagante, se présenta quai des Orfèvres en demandant « à causer à M'sieur le Commissaire chargé du crime du métro ». Badin la reçut avec sa rudesse coutumière. La visiteuse déclina son identité : « Mme de Romanuelas, voyante extralucide. J'ai un cabinet au bord du parc Monceau, dans lequel je ne reçois en consultation que la meilleure société. J'ai vu dans le journal la photo de Lætitia Toureaux, je l'ai bien regardée et je suis formelle : je l'ai eue pour cliente. » Révélation sans grand intérêt pour le commissaire Badin. Mais la suite le fit sursauter : « Je suis sûre qu'il s'agit de Mlle Yolande. » Ce patronyme, c'était celui que Lætitia Toureaux empruntait lorsqu'elle se mettait au service des agences de détectives.

« Elle ne comptait pas parmi mes clientes habituelles. Je ne l'ai vue qu'une fois. Elle est venue à mon cabinet le vendredi 14 mai, deux jours avant le crime.

— Que voulait-elle savoir ?

— Elle voulait que je lui indique une pratique de magie noire.

— Pourquoi faire ?

— Pour tuer quelqu'un, avoua, un peu mal à l'aise, Mme de Romanuelas.

— Et comment cela ?

— Oh ! c'est bête comme chou : on confectionne une statuette de cire qui représente la personne qu'on veut supprimer. On insère dans la cire un petit objet lui appartenant. Ensuite, on perce la figurine à coups d'épingle, en prononçant des paroles magiques. Mlle Yolande connaissait cette pratique. Elle ignorait seulement les paroles magiques.

— Qui voulait-elle tuer ?

— Un homme qui la menaçait et dont elle souhaitait se débarrasser. Elle m'a expliqué qu'elle était en butte aux sollicitations d'un homme dangereux dont elle craignait tout et qui lui écrivait chaque jour.

— Quel homme ?

— Elle a juste précisé que c'était un jeune étudiant en médecine d'origine sud-américaine. »

Badin se carra dans son fauteuil en se tordant la moustache, l'air pensif. Était-ce l'inconnu qui avait agressé Lætitia quelque temps avant sa mort, au pied de son domicile ?

Le même après-midi, une certaine Mme Guignon, guichetière de jour de la station Philippe-Auguste, vint à son tour faire une déposition. La brave dame tenait à signaler au commissaire un fait troublant : « Voyez-vous, M'sieur le Commissaire, je connaissais bien Mme Toureaux. Elle m'achetait un carnet de tickets tous les lundis. Que des tickets de seconde. La pauvre, elle voyageait à l'économie, comme presque tout le monde, l'avait pas les moyens de rouler en première classe. Mais v'là-t'y pas que je lis dans le journal qu'elle a été assassinée dans un wagon de rouge ! Vous y comprenez quelque chose, vous, M'sieur le Commissaire ? » Badin répondit à Mme Guignon qu'il allait se pencher sur la question. Interrogée à ce sujet, la mère de Lætitia l'éclaira : « Ma fille prenait le dimanche des tickets de première parce qu'elle était en toilette. » Un mystère de moins. Restait à explorer la piste de la correspondance. On avait trouvé lors de la perquisition au domicile de la victime de nombreuses lettres échangées avec deux militaires : le marin Jean Martin, basé à Toulon, et le soldat René Sderamm, cantonné à Longwy. Tous deux furent définitivement mis hors de cause grâce à un alibi en béton : faute de permission, ils n'avaient pas quitté leurs casernes respectives le week-end de la Pentecôte. Blanchi aussi le frère de Lætitia, Riton, qui fut longuement interrogé dans les locaux de la P.J. le samedi 22 mai.

Pour faire avancer l'enquête qui piétinait, Badin orienta les investigations vers l'arme du crime. On fit des recherches dans deux cents coutelleries, avec la photo du couteau de l'assassin, une sorte de laguiole à cran d'arrêt, au manche en corne et à la lame oblongue. Une coutellerie de Thiers, en Auvergne, le reconnut formellement : « 16 centimètres de lame, 17 de manche, forme effilée, poinçon dans le coin, pas de doute, il vient bien de chez nous. Mais de là à vous dire chez qui il a atterri ! Il a fait partie d'un lot de fournitures expédié entre octobre et décembre 1936 à deux maisons de demi-gros de Paris, soit au total 5 000 douzaines de couteaux ! Bon courage pour retrouver la boutique ! »

Au fur et à mesure que passaient les jours et les semaines, le commissaire Badin s'assombrissait. En désespoir de cause et bien qu'il pensât pis que pendre de leurs pratiques, il accepta l'aide de cartomanciennes et de graphologues qui se proposaient de l'aider à décrypter la personnalité de la victime et l'identité de son meurtrier. Cela ne donna rien. Il éplucha une montagne de lettres parvenues au quai des Orfèvres dans lesquelles des correspondants plus ou moins anonymes fournissaient des suggestions ou émettaient des hypothèses :

« *Létitia (Toureaux) tuée dans le métro à la Porte de Charenton l'été dernier*

a été assassinée par son propre frère jaloux, celui avec qui elle venait de danser.

Orientez votre enquête dans ce sens et vous apprendrez toute la vérité. »

Badin passait de plus en plus de temps à méditer debout devant un mur de son bureau sur lequel il avait affiché un schéma récapitulatif de toutes les hypothèses envisageables :

- Suicide ? Impossible techniquement.
- Crime d'un sadique ou d'un fou ? Écarté car en l'absence de sévices sur le corps…
- Crime crapuleux ? Pas de vol constaté.
- Crime par erreur ? Cela aurait pu être retenu si Lætitia avait eu une petite vie bien tranquille.
- Crime passionnel ? La vengeance d'un amant éconduit n'était pas à exclure.
- Vengeance féminine ? Peu probable, Lætitia n'avait aucune liaison sérieuse en cours qui eût de quoi rendre une épouse jalouse.

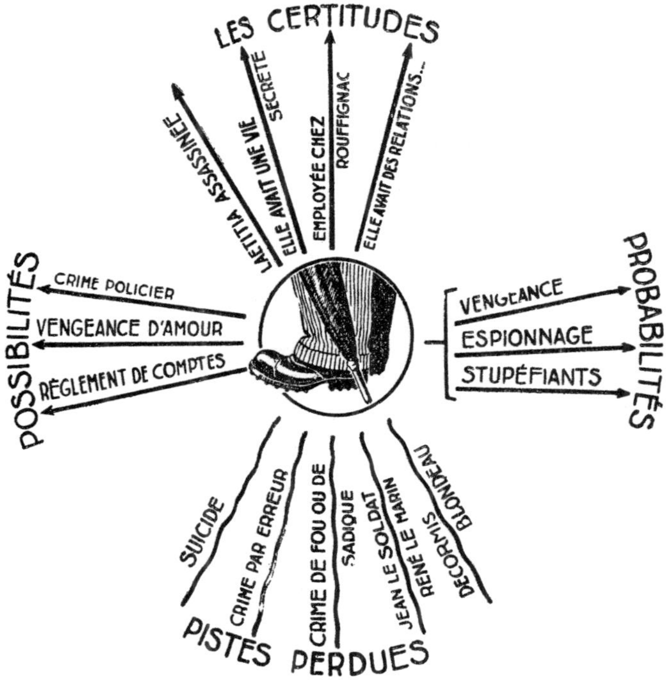

Schéma récapitulatif de toutes les hypothèses envisageables esquissé par le commissaire Badin.

• Crime lié à *l'As de Cœur* ? On ne se méfie pas d'une dame du vestiaire. Sous sa couverture innocente, Lætitia espionnait les conversations et les allées et venues au sein du dancing de la rue des Vertus pour le compte de truands du milieu. Il se peut qu'elle ait eu la langue trop bien pendue, qu'elle ait bavardé et qu'on se soit aperçu qu'elle commençait à devenir dangereuse. D'où suppression décidée en haut lieu et aussitôt exécutée. C'était l'hypothèse la plus logique. Ou bien il pouvait s'agir d'un simple avertissement donné à quelqu'un, par exemple au patron direct de Lætitia. Cela aurait pu tomber sur elle comme sur un autre.

• Crime lié au travail de détective de la jeune femme ? L'habile indicatrice de l'agence Rouffignac n'avait certainement pas filé que des maris en puissance de maîtresse. Elle a accompli des missions dangereuses à Montmartre, au quartier Latin, rue de Lappe et rue des Vertus. Il se peut qu'elle ait vu des choses qu'elle n'aurait jamais dû voir et qu'elle ait été exécutée en tant que témoin oculaire gênant. Ou bien qu'elle ait été assassinée pour éviter qu'elle ne se rende à un mystérieux rendez-vous. Un fait troublant étayait cette thèse : au bal de *L'Ermitage*, Lætitia prétendit à son frère vouloir se changer avant d'aller au banquet. Or elle portait ce jour-là le plus joli et le plus élégant ensemble qu'elle possédât, étrenné le jour même. Changer de robe n'était qu'un prétexte...

Les deux dernières hypothèses évoquaient un tueur professionnel, pourquoi pas italien ou catalan — deux nationalités qui avaient pour coutume d'abandonner le couteau dans la blessure de leur victime. Restait à éclaircir le procédé : soit le tueur est redescendu à la station Porte de Charenton, auquel cas il lui a fallu agir avec une incroyable vitesse ; soit il a changé de wagon en cours de route par la porte de communication, mais personne en seconde classe n'a remarqué cette manœuvre insolite.

Agacée par le silence et le manque de résultats de la police, la presse se déchaîna et accusa les hauts fonctionnaires de couvrir l'assassin. Un journal, s'appuyant sur l'exemple d'Edgar Poe qui avait fourni l'explication du mystérieux assassinat de Mary Rogers en se basant sur les seules indications de la presse, consulta plusieurs écrivains qui ne se firent pas prier pour prononcer des oracles terrifiants : « Crime de sadique », affirma Maurice Debroka. « Vengeance de vieille fille », rétorqua Pierre Véry.

On reparla de divers petits drames dont les voitures de métro furent le théâtre. On remit sur le tapis les « coupeurs de manteaux » qui prirent en 1929-1930 un malin plaisir à taillader les vêtements de plusieurs voyageurs sans avoir jamais été pris sur le fait. On se souvint de l'insaisissable femme en noir qui piquait d'une aiguille les fesses des passagers à la faveur des bousculades des sorties de bureaux. La sadique sévit durant toute l'année 1935 avant de s'évaporer.

Le commissaire Badin, ce fameux limier auquel aucune affaire — même la plus retorse — n'avait jamais résisté, le pauvre commissaire Badin n'était plus que l'ombre de lui-même. Il n'avait même plus le cœur de se mettre en colère. La moustache en berne, il tournait et retournait en rond dans son bureau, entre de longues stations devant le mur au schéma. 450 personnes questionnées en quinze jours, 56 témoins entendus par procès-verbal, 2 000 lettres reçues (dont une quinzaine signées), enregistrées, étudiées, vérifiées. Un juge d'instruction, un commissaire divisionnaire, un inspecteur principal, vingt inspecteurs commis presque exclusivement à l'affaire de la rame numéro 382. En dépit de quoi, l'enquête piétinait lamentablement.

À crime extraordinaire, victime extraordinaire. La presse se régalait notamment à décortiquer la personnalité multifacettes de la belle Lætitia Toureaux. Celle-ci fut tantôt présentée comme une veuve éplorée, comme une enfant sage au sein de sa famille, comme une bienfaitrice au grand cœur, comme une ouvrière modèle qui, le soir, histoire d'arrondir ses fins de mois, jouait les dames du vestiaire, comme une femme de mœurs faciles et enfin comme une pisteuse professionnelle. Seule certitude, la malheureuse était pour l'heure pensionnaire *ad vitam aeternam* du cimetière de Thiais.

Les années passèrent, mettant la guerre sur le devant de la scène. Badin prit sa retraite et le dossier Toureaux échoua au rayon des affaires non résolues. Une lettre anonyme tapée à la machine parvint au quai des Orfèvres en juin 1962. Un médecin s'y accusait du meurtre, avec force détails. La lecture de cette missive est extrêmement troublante :

« *Monsieur le Commissaire,*

Je ne sais si cette lettre vous parviendra. Peut-être sera-t-elle jetée au panier avant, comme l'œuvre d'un fou, et peut-être cela vaudra-t-il mieux.

Sans doute vous souvenez-vous de l'assassinat de Lœtitia Toureaux qui eut lieu porte de Charenton, dans le métro, le 16 mai 1937. Je suis l'assassin de Lœtitia Toureaux.

Cette lettre va sans doute vous étonner. Pourquoi l'assassin d'un crime réputé parfait vient-il raconter son forfait plus de vingt ans après ? Je ne saurais vous le dire exactement. Sans doute ai-je besoin de me libérer (ayant gardé le secret pendant de si longues années, je n'en éprouve plus de remords), peut-être aussi une sorte d'orgueil me pousse-t-il à apporter les éléments nécessaires à la résolution de cette affaire.

Je n'ai nullement l'intention de vous dévoiler mon nom et souhaite rester dans l'anonymat le plus complet, par égard pour ma famille.

Je suis originaire de Perpignan, né en 1915, monté à Paris pour faire des études de médecine en 1935. J'étais sans fausse modestie assez beau garçon mais affligé d'un horrible accent qui déclenchait des crises d'hilarité chez mes conquêtes d'un jour. Aussi me faisais-je passer plus généralement comme étant d'origine sud-américaine et mon accent devint alors, pour ces aimables personnes, mon plus précieux atout !!!

C'est dans un dancing que je fis la connaissance de Lœtitia, en novembre 1936. Elle était très jolie et possédait le charme, rare, pour moi jeune homme, d'être une femme ayant déjà vécu. Je tombai immédiatement amoureux et lui fis une cour respectueuse. Elle ne m'accordait aucune faveur et ne me permettait pas de la raccompagner à son domicile. Nous ne nous rencontrions que dans des cafés du quartier Latin ou dans ma voiture. Elle ne m'accordait, à mon goût, que de trop rares rendez-vous. En fait, elle me traitait en gamin et je pense, avec le recul du temps, qu'elle reportait sur moi son amour maternel vacant ; elle me conseillait, me gourmandait. Mais à mesure que le temps passait, je devins de plus en plus pressant. Elle traitait mon amour avec une douce ironie, ce qui me blessait et je commençai à m'impatienter, à faire des scènes ridicules. Bientôt, elle écourta nos rendez-vous sous des prétextes plus ou moins visibles. Prenant mon courage à deux mains, je lui demandai de devenir ma femme. Elle me rit gentiment au nez. Blessé dans mon orgueil, je décidai de l'oublier et me plongeai dans le travail en vue de mes examens. Elle ne donna plus signe de vie, mais je ne pus l'oublier. Aussi, après plus d'un mois de silence, le 2 mai, j'allai au dancing L'Ermitage, où je savais la retrouver. Je lui demandai humblement de me laisser la revoir.

Après quelques hésitations, elle accepta et nous prîmes rendez-vous pour le 16 mai. Nous devions nous retrouver à L'Ermitage, puis dîner ensemble le soir. Mais le 16 mai au matin, en fin de matinée, elle vint me retrouver dans un café du quartier Latin pour se décommander du dîner : elle devait assister à un dîner de Valdotains.

Furieux de cette déconvenue, je l'accusai d'aller retrouver un autre homme (cette version étant accréditée par le fait qu'elle s'était fait teindre en rousse et que je la voyais pour la première fois porter des vêtements de couleurs vives). Furieuse à son tour, elle me répondit qu'en effet elle avait rendez-vous avec un autre homme et comme je la défiai de me le prouver, elle sortit un télégramme signé d'un certain Jean lui fixant rendez-vous pour le soir même.

Sans attendre ma réaction, elle me déclara qu'elle ne me reverrait plus et sortit sans plus attendre. J'étais fou de rage et m'estimais trompé. Je rentrai dans ma chambre en proie à la plus meurtrière colère. J'y passai plusieurs heures. Je me calmai mais je fus alors possédé par une rage froide, bien plus inquiétante.

Après avoir longtemps hésité, je décidai d'aller la rejoindre à L'Ermitage, où je pensai qu'elle s'était rendue malgré tout. Mais avant de partir, je mis dans ma poche un couteau que j'avais acheté en compagnie de camarades, un jour où nous voulions épater les filles. Je pris ma voiture et me rendis au dancing. Mais lorsque je fus devant l'établissement, ma timidité (ou mon orgueil ?) reprit le dessus et j'attendis Lœtitia devant la porte.

Elle sortit vers 18 heures. Elle alla prendre l'autobus et je la suivis en voiture. J'en descendis rapidement à la porte de Charenton de sorte que j'entrai dans le métro juste derrière elle sans qu'elle devinât ma présence.

Elle s'installa en première, je montai juste derrière elle et ne sachant plus ce que je faisais, je l'appelai alors qu'elle venait juste de s'asseoir. Étonnée, elle se retourna, je sortis mon couteau et lui plongeai dans la gorge. Elle n'eut pas le temps de pousser un cri. Je recalai le corps qui avait basculé et descendis rapidement pour remonter en deuxième classe, dans la voiture suivante. La rame partit aussitôt. Je ne sais comment les gens ne remarquèrent pas mon trouble. J'avais l'impression que tout le monde me dévisageait. À Porte Dorée, un remue-ménage m'apprit que le corps était découvert. Comme tous les voyageurs, on me fit descendre de la rame. À cet instant, j'envisageai d'aller me renseigner pour savoir si Lætitia était morte, mais j'étais incapable du moindre geste ; j'avais peur d'apprendre que je l'avais tuée. Je vis passer la civière et faillis me trouver mal. On nous garda environ une demi-heure qui me parut un siècle. Je crois que si un des policiers m'avait demandé quoi que ce soit, je me serais effondré. Mais bientôt, on nous laissa aller.

Je rentrai à mon hôtel, je ne sais trop comment. Ce n'est que le lendemain, après une nuit horrible, que j'appris la mort de Lætitia. Lors de l'enquête rapportée dans les journaux, j'appris aussi que Lætitia s'était décommandée auprès de Jean et que ma jalousie n'était pas fondée. Je vous laisse à penser mon état d'esprit. Quelques jours plus tard, j'allai chercher ma voiture qui était restée porte de Charenton. Au fur à mesure que les jours passaient, je me calmai. La police ignorait totalement mon existence. Je suivais passionnément l'enquête par les journaux et appris ainsi que j'avais commis un crime parfait, en fait non imputable à mon intelligence mais à un extraordinaire concours de circonstances. Maintenant, bien des années ont passé. Je suis médecin, marié et même grand-père, mais ce secret a pesé lourdement, n'étant pas assez croyant pour le confier à un prêtre.

Je n'ai plus de remords et il me semble vous raconter l'histoire d'un autre ; aussi mon récit vous paraîtra-t-il froid et sec. Je ne pense pas être un criminel, du moins pas un criminel-type et j'aurais sans doute bénéficié de circonstances atténuantes.

En espérant qu'ainsi sera classée l'affaire Lætitia Toureaux, je vous adresse, Monsieur le Commissaire, mes salutations distinguées. »

La lettre étant anonyme, l'affaire en resta là....

Chapitre II

Le vampire du Montparnasse

En août 1848, on ne parlait plus que de ça dans Paris. Du marché aux volailles au quartier des tanneurs, du Palais de justice aux entrepôts de Bercy, la rumeur enflait, répandant avec elle une vague de frissons sur l'échine de la population. Un vampire se gorgeait de la chair des cadavres ensevelis dans les cimetières parisiens... Il aurait déjà sévi au Père-Lachaise, à Ivry et maintenant au cimetière du Montparnasse... Aucun quartier, aucun champ de repos n'était épargné. Le sujet revenait invariablement à chaque conversation, dans la rue, les salons, les cabarets borgnes, les cabinets de lecture ou les loges de l'Opéra. On ne manquait pas, en en parlant, de se signer d'une main. On tremblait pour ses proches, vivants ou défunts. Paris tout entier était bouleversé. Au dire des mieux informés, les profanations constatées offraient un spectacle insoutenable. Chaque matin, les gardiens trouvaient des cadavres de femmes fraîchement inhumés arrachés à leur sépulture, mutilés, éviscérés, puis abandonnés sur des dalles tumulaires, dans des allées peu fréquentées. La dernière victime en date était une jeune femme dont la dépouille enterrée depuis à peine huit jours avait

L'insaisissable vampire attendait la nuit venue pour vaquer à ses horribles besognes...

été trouvée hors de son cercueil dans un état d'atroce mutilation : l'abdomen ouvert, les intestins arrachés et éparpillés au loin, les membres séparés du corps et les doigts morcelés. Un homme ne pouvait être capable de telles horreurs, cela ne pouvait être que l'œuvre d'un vampire[1]...

Les gardiens du cimetière du Montparnasse tinrent conseil et décidèrent d'organiser des rondes. Chaque nuit, ils sillonnèrent les allées, fusil en main, l'oreille tendue et l'œil aux aguets. En vain. Le vampire semblait prendre un malin plaisir à les narguer, sévissant à un bout du cimetière quand les vigiles étaient postés à l'autre. Les violations de sépultures semblaient même se multiplier.

Piqués au vif dans leur orgueil, les gardiens imaginèrent alors de dresser un piège à l'insaisissable vampire. Ils avaient remarqué à un certain endroit du mur d'enceinte, haut de près de neuf pieds, des traces d'escalade. Sans doute le vampire avait-il coutume de passer par là quand il estimait la voie libre. Sur le socle d'une tombe placée juste en face du mur, les gardiens dissimulèrent sous des gerbes de fleurs un petit canon de fusil farci de mitraille jusqu'à la gueule. L'embouchure du canon fut dirigée vers le mur et, à la première tentative d'escalade, un fil de fer relié à la détente devait faire partir la batterie. Une fois le dispositif en place, les sentinelles tendirent plus que jamais l'oreille à l'affût d'une détonation... Ils attendirent durant tout l'été. L'automne arriva, toujours rien. L'hiver passa, pas de détonation, mais encore des profanations. Enfin, dans la nuit du 15 mars 1849 vers minuit, le quartier du Montparnasse résonna d'une formidable explosion. Les gardiens accoururent ventre à terre pour voir un homme à cheval sur le faîte du mur, le bras dégoulinant de sang, qui, à leur vue, sauta avec une incroyable agilité de l'autre côté du mur d'enceinte, échappant ainsi au tir de leurs fusils. Inutile de chercher à le rattraper en contournant le mur, son avance était trop grande et les ténèbres trop profondes. Ranimant leurs falots, les gardiens entreprirent d'examiner les alentours. Sur les pierres de la paroi, ils relevèrent des taches de sang. Une aspérité avait retenu un lambeau de vareuse militaire. Et des empreintes de pas imprimées

1. Le mot « nécrophile » n'existait d'ailleurs pas avant 1861.

dans le sable trahissaient la pointure de l'intrus. Forts de ces maigres indices, les gardiens rédigèrent un rapport qui fut adressé au préfet de police. Sans un coup de pouce du destin, leurs recherches auraient pu s'éterniser.

Quatre jours plus tard, un fossoyeur de Montparnasse était occupé à creuser une tombe le long du mur d'enceinte quand il surprit par hasard une conversation côté rue entre deux sapeurs du 74e. L'un d'eux racontait qu'un sergent de leur régiment, sérieusement blessé, avait rejoint la veille la bande de troupiers éclopés à l'hôpital du Val-de-Grâce : « Il semble sacrément amoché, l'gars ! Paraît qu'il a reçu un coup de mitraille ; il a le fondement farci de plomb et l'aile en vrille. P't'êt' même qu'il a aussi reçu un coup sur l'ciboulot car y'a pas moyen de lui faire dire c'qui s'est exactement passé. » À ces propos, le fossoyeur posa sa pelle et se gratta la tête. Et si c'était le vampire, celui sur lequel les collègues avaient tiré il y a quelques jours ? Il laissa sa tombe en plan et partit *fissa* faire son rapport au poste de garde.

Au Val-de-Grâce, la maréchaussée retrouva le sergent en question. Il gisait sur le ventre, le derrière criblé de cinq blessures. À le voir, il ressemblait davantage à un enfant de chœur qu'à un vampire. Le matricule numéro 3 715 s'appelait François Bertrand. Âgé de vingt-cinq ans, il avait un beau visage ovale au front découvert et au menton pointu, des yeux gris un peu rêveurs et de fins cheveux châtains. Pour l'heure, il semblait dormir paisiblement sur son lit d'hôpital. On le réveilla sans ménagement pour le questionner. Le sergent Bertrand déclina volontiers son pedigree : né le 20 octobre 1823 à Voisey, dans la Haute-Marne, il s'était engagé volontairement après avoir passé une licence de philosophie et était arrivé au corps le 6 février 1844. Au sein de la 3e compagnie du 2e bataillon du 74e régiment d'infanterie de ligne, il avait d'abord été nommé caporal le 16 septembre 1844, puis caporal des grenadiers le 16 octobre 1844 et enfin promu sergent le 11 novembre 1847. Mais une amnésie subite le frappa au moment d'évoquer les événements des nuits précédentes.

Les policiers n'insistèrent pas et allèrent plutôt interroger ses supérieurs. Ceux-ci déclarèrent estimer le sergent Bertrand, un homme au-dessus de tout reproche : discipliné, très soigné de sa personne, enjoué, franc, bon camarade, c'était une recrue exemplaire qui remplissait à la perfection ses fonctions de secrétaire de l'officier trésorier du régiment.

Le docteur Marchal de Calvi, chirurgien-major au Val-de-Grâce, se montra plus psychologue que les policiers. Prenant le sergent par la douceur et les sentiments, il obtint sa confiance et recueillit par conséquent ses confidences. Abasourdi et horrifié par son récit et empêché par le secret médical de s'en faire l'écho, il réussit à convaincre le jeune homme de tout répéter dans le détail aux magistrats instructeurs.

François Bertrand, perfectionniste par nature, offrit donc à la police des aveux complets. Il jugea nécessaire pour expliquer son geste de revenir à son enfance. Il se décrivit comme un gamin un peu spécial, rêveur, triste, solitaire et perturbé dès l'âge de sept ou huit ans par des pensées sexuelles morbides. Il se souvenait très bien de sa première crise. C'était le 25 février 1847. Avec un copain, il se baladait dans le village de Bléré, près de Tours. Alors qu'ils passaient devant le cimetière, son camarade proposa d'entrer, comme ça, pour voir. Il venait juste de pleuvoir. À droite de l'entrée, ils virent une tombe à moitié creusée au fond de laquelle on pouvait apercevoir un morceau de cercueil. Le fossoyeur, surpris par l'ondée, avait laissé son travail et ses outils en plan pour aller s'abriter. À cette vision, François sentit une chaleur envahir tout son corps, ses mains le démanger, un violent mal de crâne le saisit et une idée fixe l'obséda, chassant toute autre pensée. Il se sentait possédé, hors de lui. Il invoqua une douloureuse migraine (la vérité vraie) pour regagner la caserne et s'isoler. Quelques heures plus tard, l'emprise qui le tenaillait n'avait toujours pas relâché son étreinte. N'y tenant plus, il revint au cimetière à la tombée de la nuit et se mit à excaver frénétiquement la fosse. Il déblaya le cercueil, ôta son couvercle, embrassa le corps à pleines mains pour l'extraire de la bière et le frappa violemment avec la pelle jusqu'à ce qu'un employé du cimetière le fasse détaler. Une fois hors du champ de repos, son excitation se calma et il retrouva en un rien de temps son état normal.

La seconde crise eut lieu quatre mois plus tard, en juin 1847. Il avait rejoint la caserne de Reuilly depuis peu et, comme tout bon provincial qui se respecte, il s'efforçait de découvrir peu à peu la capitale. À l'occasion d'un après-midi de liberté, il suivit des camarades désireux de visiter le Père-Lachaise. La balade tourna pour lui au cauchemar. À la vue de tombes fraîchement refermées, un démon intérieur s'empara de nouveau de son esprit. La nuit même, il s'échappa de sa caserne et vint errer le long du mur d'enceinte du cimetière, en quête d'une brèche ou d'aspérités favorables à l'escalade. Le sergent, de taille moyenne (1,73 mètre), possédait l'agilité d'un singe alliée à la souplesse d'un chat. Une fois de l'autre côté du mur, il marcha longuement dans les allées en quête d'une fosse fraîchement creusée. Cette nuit-là, curieusement, il ne se livra à aucune profanation. Il se contenta de s'allonger dans le creux d'une fosse fraîchement creusée et de regarder les étoiles. Ce fut un gardien du cimetière qui le trouva au petit matin, blotti en chien de fusil sur la terre meuble, endormi comme un nouveau-né. Interrogé sur sa présence incongrue en ces lieux, il improvisa : « J'avais rendez-vous avec une femme... Je l'ai attendue, mais elle n'est jamais venue. Le sommeil m'a surpris dans cette tombe où je m'étais caché. » Les gardiens s'accommodèrent de cette explication et le sergent regagna la caserne de Reuilly, où il écopa d'un vigoureux savon pour sa fugue nocturne.

Peu de temps après, il revint au Père-Lachaise. Désireux cette fois de passer à l'acte, il choisit avec soin sa victime en déambulant pendant une demi-heure entre stèles et mausolées. Il jeta son dévolu sur la sépulture d'une jeune femme qu'il déterra à mains nues en grattant la terre de ses ongles, avant de mettre sa dépouille en charpie.

La 3e compagnie du 2e bataillon du 74e régiment d'infanterie de ligne fut envoyée en déplacement. Les manœuvres durèrent plusieurs mois. À son retour, le régiment fut cantonné au camp d'Ivry. Le sergent Bertrand était dans l'état d'un ivrogne privé de boisson. Pris d'une frénésie nécrophile, il trompa la vigilance des plantons et fit le mur chaque nuit pour s'en aller assouvir ses pulsions au cimetière le plus proche, celui d'Ivry. Là, on venait d'inhumer une fillette de sept ans emportée par une maladie subite. L'enfant avait été allongée dans une bière, revêtue de sa plus belle robe et entourée de ses joujoux favoris. Bertrand l'abandonna en lambeaux, éviscérée et le cœur arraché. Puis il essaya le cimetière du Montparnasse. Une fois encore, il s'attaqua à la dépouille d'une jeune fille dont il éparpilla les membres au clair de lune. Le surlendemain, il récidiva sur le cadavre d'une vieille femme et d'un enfant. Dédaignant les hommes, il se concentrait sur les femmes : « Je prenais un immense plaisir à les découper en morceaux. Je les embrassais sur tout le corps, les serrais contre moi à les couper en deux, je leur prodiguais toutes les caresses d'un amant passionné. » Après quoi, comme pris de colère, il se mettait à mutiler les corps avec son sabre-poignard, à les éviscérer et à disperser leurs entrailles. « Je ne puis rendre compte des sensations que j'éprouvais en éparpillant les lambeaux de ces cadavres, tenta-t-il d'expliquer. Quand je m'introduis dans le cimetière, c'est une rage, une folie qui me pousse. Il m'est arrivé de déterrer dans la même nuit dix à quinze cadavres avant de rentrer bien sagement à la caserne. »

Bertrand fut traduit le 10 juillet 1849 devant le 2e Conseil de guerre de la 1re division militaire pour violation de sépulture et mutilation de près de 500 cadavres. Son procès se déroula dans la prison du Cherche-Midi devant un parterre choisi de notables et d'élégantes en mal de sensations fortes. Présenté par le docteur Marchal, expert psychiatre, comme « un exemple de monomanie destructive, compliquée de monomanie érotique ayant débuté par une monomanie triste, ce qui est très commun, car la plupart des monomaniaques destructeurs commencent par être lypémaniaques[1] ». Fort de cet éclairage limpide, le Conseil de guerre condamna Bertrand à un an de prison aux frais de la procédure, qu'il accomplit au bagne de Belle-Île. À sa sortie de prison, le sergent fut « mis au vert », c'est-à-dire muté le plus loin possible de Paris. Le registre de contrôle de la troupe du 2e bataillon d'infanterie légère d'Afrique fait état de son nom à la date du 11 juillet 1850 : Bertrand, numéro 118, chasseur sortant du 74e de ligne après détention (Paris). Il aurait ensuite pris sa retraite dans l'est de la France sans jamais plus défrayer la chronique.

---

1. *La lypémanie (ou lycanthropie) est une maladie mentale dans laquelle la personne s'imagine se transformer en loup et se comporte ensuite tel quel.*

Chapitre III

Le Japonais cannibale

QUAND, pour les besoins de ce livre, je fus amenée à réfléchir à des affaires criminelles marquantes — de préférence un peu mystérieuses — qui eurent lieu à Paris, j'ai aussitôt pensé à cette sombre affaire qui fit frémir d'horreur le monde entier au printemps 1981. Celle, vous vous en souvenez sans doute, du Japonais cannibale qui dévora une jeune étudiante au 10 de la rue Erlanger, dans le 16e arrondissement. Cherchant de quelle manière je pourrais me documenter au mieux sur ce fait divers, j'ai demandé conseil à un ami absolument incollable sur tout ce qui touche au Japon et aux relations franco-japonaises. Comme je lui exposais ma recherche lors d'un déjeuner, il prit un air stupéfait et lâcha : « C'est incroyable que tu me demandes ça ! Je ne t'ai donc jamais raconté que j'ai personnellement rencontré ce type, que j'ai passé trois jours en tête à tête avec lui pour recueillir sa confession et que j'ai même écrit un bouquin sur son histoire[1] ? » Je ne pouvais

1. *Patrick Duval,* Le Japonais cannibale, *Stock, 2001.*

rêver mieux : des informations de première main, sur un plateau ! Et ce n'était pas tout ! En écoutant parler Patrick, je me rendis vite compte que son travail d'enquête fut aussi incroyable et riche en rebondissements que le crime lui-même. Voilà comment les choses se sont passées, telles qu'il me les a confiées.

Je me souviens très bien de la date : c'était le 11 juin 1981, un mois après les présidentielles. Au lendemain de l'élection de François Mitterrand, je m'étais envolé pour la première fois pour le Japon. Jeune journaliste, j'emportais dans ma besace tout un lot de commandes de magazines sur divers aspects de la culture japonaise, encore méconnue à l'époque. Cela faisait donc un mois que je courais l'archipel en tous sens pour mes reportages quand, un beau matin, la jeune femme japonaise qui me servait de guide me salua d'une façon inhabituelle, avec ces mots : « *Sumimasen*... Excusez-nous... pour le cannibale. » Le visage décomposé, elle semblait extrêmement gênée et ne cessait de répéter : « J'ai honte... Je vous demande pardon... pour le cannibale... » Elle n'arrivait pas à m'exposer clairement ce qui la bouleversait ainsi. Enfin, après maints détours, elle finit par m'apprendre l'affaire qui mettait tout le pays en émoi : un Japonais exilé à Paris avait mangé, oui ! man-gé une Hollandaise ! Et le Japon tout entier en avait honte. Dans les mois qui suivirent, chaque Japonais qui avait connaissance de ma nationalité tenait à s'excuser auprès de moi — *sumimasen* —, au nom de tous ses compatriotes, pour celui qui leur avait fait perdre la face, celui qu'ils appelaient, dans une évidente volonté de distanciation, « l'étudiant parisien ». Voilà les faits qui m'ont intimement lié à l'affaire Sagawa et qui m'ont donné envie, plus tard, de m'y intéresser de près.

Que s'était-il donc exactement passé à Paris ? L'affaire éclata le samedi 13 juin 1981, à la tombée de la nuit. Un couple qui se promenait sur les rives du lac du bois de Boulogne remarqua un Asiatique qui trimballait deux énormes valises en carton bouilli sur un petit chariot à roulettes. Il déposait son fardeau près d'un buisson, s'éloignait, revenait... Intrigué par son manège, le couple l'observa alors que l'Asiatique tentait de faire rouler les valises dans le lac. Dès qu'il eut conscience de leur présence, il prit la fuite. Le couple se pencha sur les valises et, décelant dessus des traces de sang, prévint aussitôt la police.

À l'ouverture des valises, les policiers pénétrèrent en plein cauchemar, en forme de carnage... Dans l'une, un buste de femme à la poitrine tranchée, enveloppé d'un drap et tassé de force entre les parois de carton bouilli. Dans l'autre, pêle-mêle, les membres et la tête, amputée des lèvres et du nez. Aucune parcelle de corps n'était intacte, il manquait çà et là, notamment sur les fesses, des morceaux de chair. Cette boucherie fit la une des journaux. Nul ne savait qui était la « dépecée du bois de Boulogne ». Selon le médecin légiste, il s'agissait d'une « femme blanche, plutôt brune, aux cheveux mi-longs, mesurant 1,62 mètre, âgée de vingt-cinq à trente ans et tuée d'une balle de 22 long rifle dans la tête ».

Le signalement donné par le couple — « un Asiatique de petite taille, au visage grêlé qui est monté dans un taxi rouge » — permit de lancer un appel à témoin dans toutes les compagnies de taxis. Le lundi 15 juin, la déposition d'un chauffeur débloqua l'enquête : il se souvint avoir été appelé au 10, rue Erlanger, dans le 16e, pour transporter au bois de Boulogne un Asiatique chargé de deux valises. À cette adresse, la police se fit confirmer par la gardienne qu'un Asiatique vivait ici, un certain « m'sieur Sagawa, gentil garçon, discret, poli, très bien de sa personne, sans histoires, pas encore rentré mais ça ne saurait tarder, c'est son heure ». Les policiers n'eurent pas à attendre longtemps. Ils cueillirent énergiquement Sagawa alors qu'il franchissait le seuil de l'immeuble, le ceinturant par-derrière et lui passant les menottes. Des menottes qui se révélèrent absolument inutiles, car les mains de Sagawa, pas plus grandes que celles d'un enfant de sept ou huit ans, glissaient à travers. Sans montrer ni résistance ni émotion, Sagawa demanda simplement aux policiers comment ils avaient retrouvé sa trace, un peu surpris qu'ils soient remontés aussi vite jusqu'à lui. Il n'avait pas pensé au taxi.

Sans se faire prier, il déclina son identité et celle de la victime, qu'il appelait affectueusement « mon amie Renée ». Elle était comme lui étudiante en littérature comparée à la fac de Censier. C'était une Hollandaise âgée de vingt-cinq ans, Renée Hartevelt, qui habitait une chambre de bonne au 59, rue Bonaparte. Une jeune fille sérieuse, enjouée, saine, au contact facile.

Au cours de leur perquisition au domicile de Sagawa, les policiers découvrirent dans un petit réfrigérateur situé sous l'évier une dizaine d'assiettes en carton recouvertes de sacs plastique, remplies de portions de viande crue ou cuite, parfois assaisonnée de moutarde, six kilos en tout. Au fond de l'évier, une poêle où étaient accrochés quelques lambeaux de chair. Les enquêteurs firent avec horreur le rapprochement avec le corps mutilé de la victime… Ils saisirent également quelques pièces à conviction : une shampouineuse louée par le meurtrier pour nettoyer la moquette ensanglantée, une carabine (l'arme du crime), un magnétophone, des magazines porno et un appareil photo à la pellicule pleine. Quand les techniciens du labo de police la développèrent, le crime leur apparut dans toute sa monstruosité, car Sagawa avait pris soin d'immortaliser chaque étape du dépeçage et de la « dégustation » qui lui avait succédé. Au total, trente-neuf « photos souvenirs », montrant par exemple un sein artistiquement posé au centre d'une poêle puis d'une assiette placée sur une table joliment dressée, et enfin relevé d'une pointe de moutarde et partiellement entamé. Les enquêteurs écoutèrent la cassette contenue dans le magnétophone ; un poème en allemand que lisait la victime au moment de son assassinat. Une soudaine détonation, parfaitement audible, la coupait net dans sa déclamation. Un bruit mat, celui de la chute de son corps, s'ensuivait…

Selon les dires des policiers, Sagawa passa aux aveux avec un plaisir jubilatoire, ravi de se remémorer certaines scènes particulièrement jouissives. Il raconta d'abord qu'il était amoureux de Renée. C'était une chouette fille ; il la connaissait depuis un mois à peine, mais elle ne se moquait pas de lui et de sa taille, comme les autres filles. Elle s'intéressait gentiment à lui, à sa culture et avait même accepté de venir dîner dans son appartement, en camarade.

Issei Sagawa faisait en effet un sérieux complexe d'infériorité en raison de sa taille anormalement petite (1,50 mètre). Des complications lors de la grossesse de sa mère avaient provoqué un retard de croissance qu'il ne parviendra jamais à combler, en dépit d'un gavage parental intensif durant son enfance. Un détail apparemment anodin mais qui pèsera lourd d'un point de vue psychologique...

Sagawa expliqua aux policiers qu'il avait fait des avances à Renée, qu'elle les avait repoussées en riant, que cela l'avait rendu furieux et que, vexé comme un pou, il avait sorti sa carabine et lui avait tiré dessus. Puis il décrivit froidement la suite des opérations :

« J'ai déshabillé le cadavre, j'ai ôté le tampon périodique qu'elle portait, je l'ai pénétré et j'ai éjaculé dans son vagin. Mais ça n'a pas duré longtemps. J'ai vite arrêté, car c'était désagréable et j'étais choqué de voir le sang qui coulait de sa tête. L'idée m'est venue de la manger quand je me suis demandé comment me débarrasser du cadavre. Tandis que je la découpais avec un couteau de cuisine, j'ai soudain réalisé que j'avais envie de la manger. Lorsque je l'ai dépecée, j'ai découpé des petits morceaux que j'ai mis dans le réfrigérateur pour pouvoir les manger plus tard, et le lendemain, le vendredi, j'en ai consommé quelques-uns. »

Sagawa précisa que cette « pulsion cannibale » ne s'est pas imposée à lui comme ça, subitement, mais qu'elle l'habitait depuis qu'il est enfant. « Quand j'avais sept ans, je voulais manger des petits garçons du même âge que moi. Plus tard, quand j'ai connu le désir sexuel, l'objet de mon désir s'est déplacé vers les jeunes filles. Chez moi, le désir sexuel et l'appétit, c'est la même chose. » Il reconnut que si Renée avait accepté de faire l'amour, il ne l'aurait pas mangée, et que s'il avait pu la manger sans la tuer, il aurait nettement préféré.

Sagawa cohabita quatre jours durant avec le cadavre de Renée. Quatre jours durant lesquels il continua tout bonnement de vivre sa vie, par intermittence. Entre ses achats de scie électrique, hache, couteaux, valises et sacs-poubelle au Monoprix du coin, il écrivit un chapitre de sa thèse sur le romancier Kawabata, il rencontra comme prévu une amie et alla même au cinéma. Entre deux séances de morcellement-dégustation, il dormit comme un ange, loua une shampouineuse à moquette et fit le ménage. Jusqu'à ce samedi après-midi, où il décida de se débarrasser du cadavre dans le lac du bois de Boulogne.

Il semble que Sagawa, lors de sa déposition (et au cours des nombreux interrogatoires, interviews ou confessions auxquels il s'abandonnera par la suite), ne demandait pas mieux que de s'épancher en long et en large sur sa scène préférée : celle où il mangeait Renée. Il ne se lassait pas de raconter comment il avait d'abord mordu sa fesse — la partie du corps qui l'attirait le plus —, la fesse droite, car il pensait que cela saignerait moins le cœur étant à gauche (curieuse logique !). Comment, étonné par la résistance de la chair et ne parvenant pas à détacher un morceau, il prit un couteau de cuisine. Combien il fut surpris en ne trouvant d'abord qu'une épaisse et répugnante couche de graisse jaune. Combien grand fut son régal quand il atteignit enfin la chair et qu'il la dégusta toute crue. Après les fesses, c'étaient les cuisses qui le faisaient le plus saliver. Il découpa donc un morceau qu'il trouva très tendre, un goût proche de celui du bœuf, en plus délicat. En revanche, les seins lui causèrent la même déception que les fesses : rien que du gras, immangeables tels quels, même revenus à la poêle. Il revint aux fesses, tentant de faire griller quelques morceaux sans la peau, assaisonnés de sel, de poivre et de moutarde.

« Manger Renée, expliqua-t-il, c'était une expression d'amour. Je voulais sentir en moi son existence, goûter le goût de sa vie. J'avais raison, c'était vraiment bon, mais il y avait trop à manger et j'ai ressenti une sorte d'écœurement. Je ne pouvais pas manger tout le même jour. » Il entassa quelques morceaux dans des assiettes qu'il réserva au frais dans l'idée de les consommer plus tard. « Il n'y a que le samedi que je n'en ai pas mangé. Sinon, j'ai mangé Renée le jeudi (jour où je l'ai tuée), le vendredi, le dimanche et le lundi. Ces jours-là, je n'ai rien mangé d'autre. Le samedi, j'ai mangé une salade niçoise dans un restaurant des Champs-Élysées. Comme j'avais raté le coup des valises, je savais que j'allais être arrêté et je voulais me payer une dernière soirée agréable. Mais j'étais tellement fatigué que je n'arrivais pas à manger. Le dimanche après-midi, j'ai jeté son pantalon et son tee-shirt dans une poubelle des Champs-Élysées. Le soir, j'ai jeté dans la Seine depuis le Pont-Neuf les couteaux qui ont coulé tout de suite. J'ai jeté la hache au pont Saint-Michel. J'ai également jeté la trousse de maquillage que j'ai regardée flotter longtemps. Il y avait un magnifique coucher de soleil et j'avais l'impression que l'esprit de Renée flottait sur la Seine. C'était poétique. Très beau. En revanche, je n'ai pas voulu jeter sa montre qui semblait assez précieuse. Je me suis dit que cela pourrait peut-être rendre quelqu'un heureux... Alors, je l'ai laissée sur le rebord du pont Saint-Michel. Il ne me restait plus que sa chaîne que j'ai jetée au milieu de la place de la Concorde. »

Assassin, anthropophage, nécrophile ET poète ? La personnalité de Sagawa laisse perplexe. Ce ne sont pas les trois psychiatres nommés par le juge Bruguière — chargé de l'instruction —, pour examiner Sagawa qui diront le contraire. Incarcéré à la prison de la Santé, Issei subit durant quinze mois une batterie d'examens psychiatriques. Son père, le magnat Akira Sagawa, sur les conseils des meilleurs avocats, comprit que la seule chance d'éviter la prison à son fils était de plaider la folie. Pour convaincre les psychiatres, il employa tous les moyens et déballa les antécédents médicaux de son fiston : les séquelles d'une grossesse difficile, les conséquences au niveau cérébral d'une encéphalite japonaise probablement contractée durant sa petite enfance, ses terribles colères d'adolescent, son suivi psychiatrique après une tentative d'agression sur une jeune Allemande, en 1972... Issei, toujours dépourvu du moindre remords, se prêtait volontiers aux examens, persuadé que son père, si influent et si puissant, le tirerait vite de là. Les psychiatres lui trouvèrent quelques troubles considérés en Europe comme névrotiques et obsessionnels (manie de l'ordre, minutie, tendance aux vérifications...), mais jugés parfaitement normaux au Japon[1].

Les trois experts furent formels : cet individu est fou. Un verdict qui entraîna automatiquement l'application de l'article 64 du Code pénal selon lequel « il n'y a ni crime ni délit lorsque le prévenu est en état de démence au moment de l'action ou lorsqu'il y a été contraint par une force à laquelle il n'a pu résister ». Déclaré

1. Patrick Duval précise que cette différence d'appréciation culturelle pourrait expliquer, en partie, pourquoi les psychiatres japonais n'aboutiront pas aux mêmes conclusions que leurs collègues français quant à la démence de Sagawa.

irresponsable, Sagawa quitta la prison de la Santé pour l'hôpital psychiatrique Henri-Collin de Villejuif, dans la section « malades dangereux ». Le 30 mars 1983, le juge Bruguière ne put que prononcer une ordonnance de non-lieu, au grand dam de la famille de la victime et de l'opinion publique.

La loi ne permettant pas que l'on retienne enfermés pendant plus d'un an les malades mentaux étrangers, Sagawa fut extradé quatorze mois plus tard vers le Japon. Le 21 mai 1984, il atterrit à l'aéroport de Tokyo sous les flashes des paparazzi avant d'être transféré dans une clinique privée tenue secrète — établissement qu'il pourra quitter quand il le voudra, car il s'agit alors d'un internement volontaire et non d'une décision judiciaire. Sagawa n'eut aucune difficulté à persuader les psychiatres japonais de sa bonne santé mentale. Ces derniers réalisèrent qu'Issei avait tout bonnement abusé leurs confrères français et que son cas relevait assurément plus de la justice que de la psychiatrie. Une situation ubuesque : ce garçon déclaré fou en France (donc hors d'atteinte de la justice) fut reconnu sain d'esprit au Japon (où aucune plainte n'était officiellement lancée contre lui). Le 13 août 1985, soit cinq ans après son crime, Sagawa recouvrit la liberté. Sa seule contrainte : une interdiction de voyager à l'étranger. Dès lors, il se consacra à la rédaction d'ouvrages et de scénarios (tournant toujours autour du thème du cannibalisme). Surfant sur sa célébrité, il donna des conférences sur l'art et la littérature, se prêta à des interviews, s'essaya à la critique de cinéma (en commentant en premier lieu *le Silence des agneaux*), tourna des films porno et barbouilla quelques toiles qu'il signait d'un couteau et d'une fourchette entrecroisés. Ayant apaisé son fantasme majeur et assouvi ses pulsions, il n'a jusqu'à présent pas récidivé.

L'affaire en était là : alors que le Japonais cannibale était rentré au pays, j'étais moi-même revenu en France après ma série de reportages au Japon. À croire que nos vies étaient destinées à se croiser… Toujours intrigué par le cas Sagawa, j'eus l'occasion de rencontrer une femme qui savait où il se trouvait et qui pouvait me mettre en relation avec lui. (Peu rassuré sur sa sécurité, craignant des représailles, Issei s'était mis au vert dans une discrète clinique privée.) Je n'hésitai pas longtemps ; son histoire me poursuivait et l'occasion était trop belle de comprendre enfin comment un étudiant brillant, spécialiste de Shakespeare et de Kawabata, avait pu abattre froidement une jeune fille, dépecer méthodiquement son cadavre et le manger.

Le 25 juillet 1985, je pris donc ma plume pour écrire au Japonais cannibale, que je savais être interné à l'hôpital Matsuzawa de Tokyo. Je me présentai comme un étudiant en japonais à l'université de Paris-VII qui préparait une thèse sur le cannibalisme et étudiait par ailleurs la psychologie. Je lui disais avoir lu tous les articles concernant son affaire. Je sollicitai la permission de lui poser quelques questions : ce qu'il faisait de ses journées à l'hôpital, s'il avait le sentiment d'être débarrassé d'une obsession depuis qu'il avait mangé Renée, s'il se considérait lui-même comme fou... Pour conclure, je lui fis part de mon souhait de le rencontrer lors de mon prochain voyage au Japon. Aujourd'hui, quinze ans après les faits, je reconnais avoir fait preuve d'une certaine complaisance vis-à-vis de Sagawa, mais motivé par une quête journalistique, je voulais mettre de mon côté toutes les chances d'obtenir une interview.

J'ai posté ma lettre un peu comme on jette une bouteille à la mer, sans grand espoir de réponse. Le courrier pouvait être censuré par l'hôpital, Sagawa pouvait s'en désintéresser ou s'en méfier. D'un autre côté, je misais sur le fait que Sagawa n'avait plus aucun ami en France et qu'il pourrait trouver quelque plaisir à converser en français et à correspondre avec un interlocuteur « neutre ».

Le 2 août, soit une semaine à peine après mon envoi, je fus très surpris de trouver dans ma boîte aux lettres une enveloppe postée de Tokyo. Sagawa répondait à toutes mes questions — jugeant notamment ne pas être fou — et semblait ravi à la perspective d'établir avec moi une correspondance. Ce fut alors le début d'une longue relation épistolaire. Il me demanda avec insistance de lui envoyer des cassettes de films sur le cannibalisme afin qu'il se « documente » pour l'essai qu'il était en train d'écrire sur le sujet. Il insista également pour que je lui envoie le magazine *Photo* qui publia, en décembre 1983, dans un cahier fermé, les photos du corps de Renée. Des clichés pris lors de la perquisition chez Sagawa puis à l'institut médico-légal pendant l'autopsie : quatorze plans insoutenables où l'on voit des morceaux de chair posés sur des assiettes en carton et sur deux doubles pages, le cadavre atrocement mutilé de Renée. Le magazine a été immédiatement interdit et retiré de la vente, car les photos avaient été dérobées à la police. Trouvant mille excuses, je n'ai pas répondu à sa requête, ne voulant pas cautionner sa jubilation.

Peu après, Sagawa quitta librement l'hôpital, passa quelques semaines chez ses parents, puis emménagea dans un appartement loué par son père à Mito, à deux heures de route de Tokyo. J'étais le seul, en dehors de sa famille, à en connaître l'adresse. Toujours par crainte à la fois de la presse et des représailles, Sagawa en profita pour changer d'identité : il opta pour le patronyme d'Hajime (prénom qui signifie « début » ou « commencement ») Morimoto. Je devais en septembre me rendre au Japon et, comme promis, nous convînmes ensemble d'un rendez-vous. Il m'attendrait à la gare de Mito tel jour à telle heure. Pas vraiment tranquille, je réalisai que j'allais rencontrer seul à seul un authentique assassin un peu fou. J'avais pris la précaution avant de partir de confier à une amie l'adresse de Sagawa. Nous avions fixé ensemble une heure au-delà de laquelle, si je ne l'avais pas appelée, elle avertirait la police.

Le matin du rendez-vous, fixé en début d'après-midi, je téléphonai à Sagawa pour lui préciser l'heure d'arrivée de mon train, 12 h 30. Très contrarié, il me répondit que des types munis d'appareils photo rôdaient sous sa fenêtre depuis ce matin, et me soupçonna ouvertement d'avoir vendu la mèche. « C'est quand même étrange, je suis installé ici depuis un mois en tout anonymat et, le jour de votre arrivée, les journalistes trouvent mon adresse ! » Ce n'était vraiment pas le moment, alors que je touchais au but, qu'il découvre qui j'étais réellement. Je lui jurai n'y être pour rien (la vérité), qu'il s'agissait sûrement d'une coïncidence. Mais il n'était plus question pour lui de venir me chercher à la gare. À moi de le rejoindre par mes propres moyens. Selon les consignes de Sagawa-Morimoto, je pris un taxi qui me mena à l'hôtel Gurando, situé juste à côté de chez lui. Je déposai mes bagages et ressortis aussitôt. À gauche de l'hôtel, je devais m'enfiler dans une rampe automobile conduisant au sous-sol de l'immeuble de Sagawa. Cela afin d'éviter le hall qui, selon les dires de mon hôte, grouillait de journalistes. Au sous-sol, depuis le parking, j'étais censé appeler l'ascenseur qui me conduirait au cinquième étage. Or, après avoir descendu la rampe dans l'obscurité, j'eus beau chercher à tâtons, pas d'interrupteur, pas de bouton d'appel d'ascenseur et même pas d'ascenseur du tout ! Panique ! Serait-ce un piège ? Mon imagination, dans le noir, se mit à galoper. Je remontai à l'air libre, respirai un grand coup et décidai de téléphoner à Sagawa d'une cabine. Son immeuble était en fait de l'autre côté de l'hôtel : à gauche quand on en sort et non pas quand on le regarde !

Je m'engageai cette fois dans la bonne rampe, appelai l'ascenseur et grimpai au cinquième étage. Une porte s'entrouvrit, Sagawa apparut furtivement et m'invita à entrer, vite. Mon appréhension s'envola aussitôt à sa vue : c'était un homme d'apparence inoffensive, haut d'à peine 1,50 mètre, aux gestes précieux, aux habits raffinés, portant des lunettes fumées et une coiffure efféminée. Il me reçut très cordialement, mais, perturbé par ces soi-disant journalistes à ses trousses, il m'informa qu'il avait pris ses dispositions pour quitter Mito le plus rapidement possible. Un ami de son père allait passer le lendemain pour l'emmener en lieu sûr, dans la montagne, dans un ryokan (auberge à l'ancienne). Il m'invita à l'accompagner, et je n'avais guère d'autre choix que d'accepter si je voulais recueillir sa confession.

Nous passâmes donc trois jours ensemble. Un huis clos d'une grande intimité au cours duquel il me parla à cœur ouvert de sa vie, de son enfance, de son fantasme et de sa concrétisation, selon lui « le plus bel acte d'amour qu'un homme puisse commettre ». Jamais il ne se départira de ce ton froid, détaché, précis, presque littéraire. Il ne m'épargna aucun détail, m'expliquant le pourquoi, le comment, ce qu'il avait ressenti, le plaisir qu'il en avait tiré... Et des pans de l'affaire, demeurés jusque-là obscurs, s'éclairèrent soudain à la lumière d'éléments biographiques.

J'appris notamment que la mère d'Issei eut une grossesse à problème qui entraîna chez le petit garçon de graves troubles de croissance. Il pesait à peine 1,5 kilogramme à sa naissance, le 26 avril 1949. Les pédiatres ne lui donnaient que quelques années à vivre. Ses parents, de condition aisée, refusèrent ce diagnostic et gavèrent affectueusement l'enfant pour lui faire retrouver une taille et un poids normaux. Difficile de ne pas faire le lien entre ce gavage oral parental et l'expression d'un amour cannibale.

Autre « incident » révélateur : celui de l'agression ratée contre une jeune Allemande en 1972. À vingt-trois ans, Sagawa était obsédé par le désir de croquer les fesses d'une femme, d'une Occidentale — les Japonaises ne l'intéressant guère. Il était par ailleurs persuadé qu'il devait absolument passer à l'acte avant d'atteindre trente ans, craignant qu'après cet âge son envie diminue et que les « nerfs de son palais deviennent moins sensibles ». Il jeta son dévolu sur une jeune voisine allemande, pénétra chez elle par la fenêtre, armé d'un couteau et d'un masque de carnaval, voulant « simplement découper ses fesses sans la tuer ». Les hurlements de la fille paniquèrent Sagawa qui prit la poudre d'escampette. Accusé de tentative de viol, il passa une semaine au commissariat. Son père étouffa l'affaire à grands renforts de yens mais envoya son fils sur le divan d'un psychiatre. Ce dernier mit en évidence chez Issei un manque de contrôle de soi, une intolérance à la frustration ainsi qu'un sentiment d'infériorité lié à son physique malingre, et le jugea « extrêmement dangereux ». Mais comme la plainte de l'Allemande avait été retirée (par la magie persuasive de quelques liasses de billets), rien ne fut retenu contre Sagawa, qui recouvrit la liberté.

Et les événements s'enchaînèrent, dans une logique implacable. En avril 1977, il s'envola pour Paris, où il entendait poursuivre ses études. Les autres étudiants s'en souviennent comme de quelqu'un de brillant et d'odieux, de complexé avec les femmes et de colérique. En septembre 1978, il fit emplette d'un fusil muni d'un silencieux. Toujours mû par cette envie cannibale, il comptait s'en servir pour tuer l'une des nombreuses prostituées qu'il fréquentait. Les années passèrent sans qu'il trouvât jamais le « courage » de passer à l'acte. En mai 1981, son cœur se mit à battre pour une jolie Néerlandaise, étudiante comme lui à Censier en littérature orientale. Un soir, Renée accepta de venir dîner chez Issei, curieuse d'apprivoiser en lui une nouvelle culture. L'amoureux transi mijota pour elle un suki-yaki. La soirée se passa comme dans un rêve — pour Issei du moins, qui se voyait déjà en train de l'épouser et de lui faire un enfant. Mais, soudain, l'idée lui vint qu'elle pourrait le repousser, comme les autres filles. S'il pouvait la manger, ce serait différent... Son obsession était plus présente que jamais, y résister se résumait à une lutte de chaque instant.

Issei, incapable d'improviser, pria Renée de revenir bientôt — le jour de son choix — pour enregistrer des textes en allemand, sous prétexte que son professeur de japonais avait demandé d'apporter des enregistrements en allemand, en français et en italien. Renée proposa de revenir le vendredi 5 juin en fin d'après-midi. Elle s'assit devant une table, face au mur, et commença à lire. Ce jour-là, Sagawa ne trouva pas le courage de sortir son fusil. Il demanda à Renée de revenir le mardi suivant. Elle s'installa à l'identique, tournant en toute confiance le dos à Sagawa, qui se saisit sans un bruit de sa carabine, visa la nuque de Renée et pressa la détente... Rien. Pas de déclic. Quelque chose bloquait. Il n'insista pas et alla reposer l'arme. Mais il ne s'avoua pas vaincu : il dégaina une bombe de gaz paralysant et projeta un pschit vers Renée, qui éternua simplement sans être plus affectée que ça. Concentrée sur son poème allemand, elle lisait comme si de rien n'était. Sagawa fit une dernière tentative en diluant un pschit de gaz dans un verre d'eau, qu'il tendit à la jeune fille. Celle-ci prit une gorgée, reposa le verre en faisant la grimace, décréta la fin de la séance et quitta les lieux.

Sagawa alla inspecter la carabine défaillante et réalisa qu'elle était tout bonnement mal armée. Il s'assit à son bureau pour écrire une lettre à Renée, la suppliant de revenir jeudi, « ce sera, lui promit-il, la dernière fois ». Renée, bonne camarade, accepta et reprit sa place, en ce jeudi 11 juin. Elle enclencha le magnétophone et commença à déclamer dans le plus pur allemand un poème sur le thème de la mort, cyniquement choisi par son hôte. Sagawa s'empara de sa carabine, la pointa sur la nuque de Renée et tira. Le coup partit, et l'on connaît la suite.

Sagawa me confia que, contrairement à la version qu'il donna aux policiers, il a tué Renée pour la manger et uniquement pour ça. Et non pas parce qu'il était furieux d'avoir été éconduit, comme l'ont répété les journaux. « C'est, en effet, ce que j'ai dit aux policiers lors de mon arrestation ; qu'elle s'était moquée de moi, que je m'étais mis en colère, que je ne m'étais plus maîtrisé et que j'avais tiré. Ne sachant comment expliquer ce qui s'était passé, c'est la première chose qui m'est venue à l'esprit. Plus tard, j'ai essayé de dire que je l'avais tuée pour la manger mais on ne me croyait plus. »

Après ces quelques jours d'intimité avec Sagawa, et alors que je m'apprêtais à repartir en France, il me fit une ultime confidence. Il m'annonça, très fier, qu'il avait une « nouvelle petite amie », une Américaine prénommée Joyce, âgée de vingt-cinq ans (« du même âge que Renée »), et qu'il souhaitait me la présenter. J'étais apparemment la première personne de son entourage à en être informé. Il organisa le soir même une rencontre à Tokyo avec la fille et une de ses amies, « pour que je ne m'ennuie pas ». Joyce et sa copine Melinda étaient charmantes mais à l'évidence complètement ignorantes du pedigree d'Issei. Ma position était d'un inconfort total : que faire ? Mon silence pourrait coûter la vie de Joyce… Au cours de la soirée dans un bar tokyoïte, n'y tenant plus, je me penchai discrètement sur Sagawa pour lui demander s'il n'avait pas envie de la manger, elle aussi. « Non, répondit-il, sûr de lui. Je sais que je ne veux plus jamais tuer quelqu'un. Les quatre jours que j'ai passés entre le moment où j'ai tiré et le moment où j'ai été arrêté ont été quatre jours d'enfer. […] Et je suis parvenu, depuis, à avoir une relation sexuelle normale avec Joyce sans éprouver le désir de la manger. » Comme je lui conseillais de dire à la jeune femme la vérité sur son passé, il éluda en me disant que « oui, peut-être, un jour je le ferai mais pas tout de suite car je suis sûr qu'elle s'enfuira, comme les autres… ».

Le lendemain, je m'envolai pour Paris, à demi rassuré. Je n'avais pas trouvé l'occasion d'être seul avec Joyce pour lui parler. Et quand bien même je l'aurais fait, qui aurait prévenu la conquête suivante ? Ma conscience ne fut totalement apaisée que lorsque j'appris que Joyce avait rompu, sans doute avertie par la police. Sagawa, persuadé que c'était moi qui l'avais trahi, adressa à Melinda une lettre dont le contenu troublant témoignait de la dangerosité intacte du personnage. Sagawa y niait en bloc les faits dont on l'accusait, affirmant qu'il n'était pour rien dans cette affaire française, inventant une abracadabrante histoire impliquant un pseudo-cannibale africain…

Malgré son cannibalisme avéré, Issei Sagawa vit désormais en toute liberté au Japon.

Partie VI

Singulières destinées

Chapitre I

Le pari galant de la place des Vosges[1]

DES TOURISTES attablés sous ses arcades, des bambins qui chahutent dans les bacs à sable, des mamies au tailleur couture qui siestent à l'ombre de ses tilleuls... La place des Vosges semble aujourd'hui bien sage. Trop ? Peut-être, si l'on songe à ce qu'elle était durant le très libertin Siècle des lumières. Surnommée place de la Cajolerie ou de la Coquetterie, c'était un lieu de flânerie, de parade et de racolage où l'on venait pêcher quelque aventure amoureuse ou, à défaut, quelque ragot croustillant. Et d'où l'on repartait rarement bredouille !

La place s'appelait à l'époque place Royale[2] et présentait déjà le visage qu'on lui connaît aujourd'hui : un alignement de trente-six pavillons assis sur des galeries à arcades surbaissées.

---

1. *Cette légende est librement interprétée à partir du peu que nous en connaissons : la nature et l'issue du pari, l'année et le lieu où il se déroula, le nom de l'héroïne et son adresse.*
2. *Elle s'appela place Royale de 1612 à 1792, puis place des Fédérés, place du Parc-d'Artillerie, place de la Fabrication-des-Armes, place de l'Indivisibilité en 1793, place des Vosges de 1800 à 1814, place Royale de 1814 à 1830, place de la République en 1830 et enfin place des Vosges depuis 1831.*

Ainsi l'avait voulue Henri IV. Lors de l'un de ses déplacements à la bastide d'Armagnac, le roi logeait chez un ami dont les fenêtres donnaient sur une place à l'architecture à arcades. Fasciné par l'harmonie de cet endroit, le roi s'en inspira plus tard pour sa place parisienne. Ses consignes étaient claires : chaque pavillon devait avoir une façade de briques à chaînage de pierre, des gouttières et des cheminées de même gabarit, des lucarnes sans tabatières, un balcon et des toits d'ardoises en rang droit. Seuls les pavillons de la Reine (qui enjambe au sud la rue de Béarn) et du Roi (en face, au-dessus de la rue de Birague) eurent droit à des toitures surélevées.

Dès son inauguration en 1612, la place Royale devint la coqueluche du gratin parisien. Ses trente-six pavillons se vendirent comme des petits pains. Les malchanceux qui ne purent en décrocher un se rabattirent sur les hôtels des environs. Il fallait absolument, pour être dans le coup, avoir un pied-à-terre dans le quartier. Car chaque jour, de midi à minuit, la place de la Cajolerie faisait son show...

Le matin, les coquettes — actrices vedettes de ce théâtre libertin — fourbissaient leurs armes. Un badigeon de lait virginal, une copieuse couche de blanc de céruse sur le visage, le cou et la gorge, une touche de rouge d'Espagne sur les pommettes jusqu'au ras des paupières inférieures et toujours le même dilemme : « Quelle mouche vais-je adopter aujourd'hui ? Une Passionnée sous le sourcil, une Baiseuse au coin des lèvres, une Effrontée sur le bout du nez ? » Une fois fixées les mouches assassines, il fallait encore échafauder une savante coiffure crêpée puis se vêtir, mais pas trop — à peine trois jupes superposées : la modeste, la friponne et la secrète — en prenant soin de garder la gorge généreusement offerte. La touche finale : un mouchoir de soie pudiquement posé sur la poitrine qu'un courant d'air complice ferait voltiger au moment opportun. Ainsi parées, nos Précieuses s'accoudaient à leur balcon, sortaient se promener dans les jardins ou sous les arcades, à moins qu'elles ne préférassent rester au chaud dans leurs salons. Il leur suffisait de consulter leur calendrier des « ruelles » — véritable bible de la courtisane — qui indiquait les jours de réception de telle ou telle de leurs amies. Ces dames de la haute recevaient en effet une fois par semaine, dans l'après-midi ou en soirée, à tour de rôle.

L'on ne s'ennuyait pas une seconde dans ces ruelles ! Dans les plus sages, on jouait au tric-trac, on récitait des vers doucereux, on causait philosophie, pédagogie, science ou frivolités. Les jeunes demoiselles fraîchement sorties du couvent venaient y prendre leur première leçon d'élégance et de minauderies au goût du jour. Dans les salons plus libertins, on jouait à un colin-maillard polisson, on marivaudait, on complotait, on rivalisait de beau langage et de saillies d'esprit, de préférence médisantes. On y croisait des femmes mal mariées en quête de réconfort, des épouses délaissées ou dotées de maris libéraux, des veuves joyeuses et tout ce que Paris comptait de beautés faciles et jamais revêches.

Le jeudi était le jour de réception de Rose-Madeleine Portail, veuve fort spirituelle dont les salons étaient parmi les plus courus de la place. Les causeries y étaient, paraît-il, mille fois plus impertinentes qu'ailleurs et l'on était sûr d'y rencontrer la fine fleur de la noblesse et de la finance. Rose-Madeleine était elle-même issue de la plus haute noblesse du royaume, petite-fille du célèbre marquis de Coye, sœur de Louis Rose et filleule du roi Louis XIV. Elle avait épousé le 28 avril 1699 Antoine Portail, seigneur de Vaudreuil, premier président du Parlement de Paris et membre de l'Académie française. Cet homme éminent — il avait été chargé de la liquidation de la banque Law — d'une politesse infinie, gracieux et brillant causeur fut le mentor de la jeune femme. Grâce à lui, elle était capable de soutenir avec brio n'importe quelle conversation, aborder avec charme et intelligence des sujets aussi variés que l'astronomie, la variation des cours du charbon ou l'art de dorer une crème brûlée.

Le couple vécut longtemps à Chatou, fief de la lignée des Portail, avant de troquer en février 1714 leur résidence bourgeoise de campagne contre un logement parisien. Ils s'établirent dans l'hôtel de Saint-Hérem, au numéro 3 de la place Royale, dans un appartement qu'ils louèrent au commandeur de Sémonville. À cette époque déjà, les infortunes conjugales d'Antoine Portail firent quelque bruit. Ce pauvre homme, furieux des galanteries de sa femme, s'en plaignit à son beau-père, qui lui répondit : « Vous avez raison ; c'est une femme qui se conduit mal, et je vous promets de la déshériter. » Sur quoi l'académicien n'insista point et se retira sans mot dire.

À la mort accidentelle d'Antoine, le 3 mai 1716, Rose-Madeleine fut d'abord très abattue ; il n'y avait pas meilleur mari au monde : brillant, aimant, respectueux, tolérant, au besoin aveugle et sourd, bref, irremplaçable. Mais qui parlait de le remplacer ? Il n'était pas question de se remarier ! Antoine demeurerait son seul et unique époux. Rose-Madeleine entra dans une longue période de deuil, deux interminables et tristes années à l'issue desquelles elle releva son voile noir, révisa sa garde-robe à la mode du jour et fit sa réapparition dans les salons. Le veuvage avait affiné les traits de la ravissante jeune femme qui montra à nouveau un grand appétit pour la vie et ses plaisirs. Après avoir fait le tour des salons du moment, Rose-Madeleine ouvrit sa propre ruelle, la plus brillante, la plus vive et la plus inspirée qui soit. Cela tenait à la personnalité de la maîtresse de maison, à la fois cultivée et insolente, curieuse de tout et friande de nouveautés. Des jeux inédits et des paris incongrus y étaient souvent lancés. Tel marquis dut ainsi se déguiser en statue grecque, plâtré de blanc de céruse, et poser avec une seule feuille de vigne sur un socle, dans les jardins de Versailles.

Ce jeudi du mois de mai 1718, Rose-Madeleine était entourée de quelques amies intimes à la cuisse légère. Une soirée entre filles en somme… pas moins arrosée que les autres. Il y avait là, entre autres, Mlle Lénaïs de Moranges, la jeune Fonelle d'Entressis et la comtesse Donathilde de Boieldieu. Libérées par le vin de Champagne, ces dames ne cessaient d'asticoter leur hôtesse par de gentilles moqueries.

« Est-elle sage, notre Rosy ! Un modèle de vertu : pas un amant en vue, une fidélité sans faille à son défunt mari. Et pourtant, ce ne sont pas les appâts qui te manquent, ma chérie. Ah ! Si j'avais seulement le quart de ta poitrine et le double de ta taille, je ferais triple ravage ! Et toi, qu'en fais-tu ? Tu t'endors seule dessus… Au Diable la chasteté ! C'est bon pour les nonnes et les nonagénaires. Mais peut-être n'aimes-tu pas les hommes, tout simplement… Préférerais-tu les f…

— Assez ! cria Rose-Madeleine en riant. Par pitié, quand me laisserez-vous tranquille avec ça ? Les hommes m'ennuient, ils se ressemblent tous. Fats, maniérés, hypocrites. Et bla-bla-bla, marquise vos beaux yeux... Je connais la chanson par cœur, paroles et refrain. Et cela ne me donne pas envie d'aller tâter de leur lit. Et vantards avec ça ! Ne les entendez-vous pas fanfaronner après chaque conquête ? Ils paradent comme des coqs en commentant la carcasse de leur poulette. Et vous n'échappez pas à la règle, figurez-vous. Pas plus tard qu'hier, vous avez vu comme moi le marquis de Cascarez, tout ambassadeur du Portugal qu'il soit, faire le tour de la place avec le bas de soie d'une amante noué autour de son feutre. Quelle injure ! Oh ! Ils mériteraient bien, ces juponniers de salon, qu'on leur en fasse autant.

— Chiche ! cria en applaudissant Lénaïs de Moranges, belle brune espiègle, célèbre pour ses spirituelles reparties, petite souris qui grignotait en riant les millions et les cœurs. C'est donc toi qui vas t'y coller, Rosy !

— Comment ça ?

— Tu veux donner une leçon aux vantards de la place ? Eh bien, donnons-leur carrément un cours magistral ! Montrons-leur de quoi une femme est capable en matière de séduction. Rosy, nous te chargeons, au nom de toutes les Parisiennes, de défendre notre honneur bafoué. Offre-nous, je t'en prie, une vengeance éclatante.

— Oh ! oui, surenchérit Fonelle. Mais il va falloir y mettre de la classe, du style, du brio pour rehausser l'effet. Une touche de féminité, en somme...

— J'ai peut-être une idée... Que dirais-tu, Rosy, de séduire tous les hommes de la place dans l'ordre des pavillons, sans en omettre un seul ? suggéra Donathilde.

— Holà ! comme vous y allez... Je n'ai pas dit oui ! L'idée est complètement folle, mais je reconnais qu'elle est plaisante. Pourquoi pas... ? Je suis assez tentée de relever le défi. »

Les trois amies battirent des mains, ravies de l'aventure qui commençait.

« Nous allons faire cela dans les règles de l'art. Je connais un huissier qui pourra se charger de dresser discrètement un constat après chaque assaut. Nous ne dirons rien à personne jusqu'à ce que tu aies bouclé le tour de la place. Et après, une fois le pari gagné, nous publierons une liste détaillée des pigeons, qui sera validée par l'huissier ! Une belle brochette de bourgeois, de riches financiers et de parvenus. Dieu, que nous allons nous amuser... ! » s'anima Lénaïs.

La place des Vosges fut le champ d'action d'un pari aussi audacieux que libertin.

Le lendemain matin, les trois amies mirent au point les modalités de l'opération et convoquèrent l'huissier pour l'après-midi même. À 16 heures précises, M[e] d'Aurifort fut introduit dans le salon où l'attendaient ces dames. Rosy prit la parole :

« Cher maître, nous attendons de vous un office bien particulier et la nécessaire discrétion qui l'accompagne. C'est un travail qui exige une grande disponibilité ; vous devrez accourir sur-le-champ dès que l'on vous fera prévenir, à n'importe quelle heure du jour ou de la nuit. Puis constater et remplir vos tablettes avec la rigueur qu'on vous connaît. Moyennant quoi, votre fortune est faite. À chacune de vos sorties, l'une ou l'autre de mes amies ici présentes vous accompagnera. Les conditions de constatation seront parfois acrobatiques ; il vous faudra demeurer invisible et, pour cela, vous devrez être posté dans un fiacre ou derrière une tenture poussiéreuse (vous n'êtes pas allergique, j'espère ?), voire escalader une façade pour atteindre un balcon mais, sur ce dernier point, je suis entièrement rassurée par votre carrure athlétique — rare chez un homme d'étude, je vous en félicite.

— Madame, après mon métier, le duel au fleuret est ma seconde passion.

— Parfait ! Mais j'y pense : vous n'habitez pas la place Royale au moins ?

— Non, Madame, mon étude comme mon appartement se trouvent sur la Cité, près du Palais de justice, par commodités.

— Ouf ! C'est donc une affaire entendue. Tenez-vous prêt, les hostilités peuvent commencer sans tarder. Et... une dernière chose avant que vous ne preniez congé... Vous allez me voir dans le plus simple appareil et dans des humeurs, hum, comment dirais-je, euh, légères. Je compte évidemment sur votre conscience et votre élégance pour gommer tout cela de votre mémoire sitôt votre mission accomplie.

— Naturellement, Madame », répondit M^e^ d'Aurifort en s'inclinant.

Les quatre femmes décidèrent en toute logique d'entamer leur tour de la place par le numéro 1 *bis* — le numéro 1 étant une boutique de fleuriste. L'hôtel de Coulanges était occupé par René Choppin, seigneur d'Arnouville, avocat et président du Grand Conseil, et par Claire-Célénie Morel, son épouse. Cette première « affaire » se présentait plutôt bien, car le seigneur d'Arnouville n'avait pas caché son penchant pour les charmes plantureux de Mme Portail. Il s'en cachait d'autant moins que Claire-Célénie militait pour le butinage extraconjugal. Jusque-là, sa belle veuve de voisine était demeurée insensible aux avances de l'avocat. Quand elle vira de bord, ce soir de mai, il eut d'abord du mal à croire à sa bonne fortune ; sa déesse ne le snobait plus, au contraire ! Elle lui témoignait mille chatteries, l'écoutait en souriant, jouait de l'éventail avec équivoque et son regard... Oh ! C'était une caresse brûlante... L'issue dépassa en félicité les rêves les plus audacieux du seigneur d'Arnouville : l'objet de son désir, qui le convoqua chez elle le lendemain soir, s'offrit à lui sans plus de résistance. Il repartit gonflé d'orgueil, fier de cette conquête qu'il attribua à son charme assurément irrésistible.

Dès que d'Arnouville eût tourné les talons, Rose-Madeleine libéra Me d'Aurifort et Fonelle, enfermés dans le boudoir contigu à la chambre, dans la paroi de laquelle deux œilletons discrets avaient été percés. L'huissier lui remit le premier constat libellé tandis que Fonelle la félicita avec malice pour ses prouesses gymniques.

La prochaine victime de notre amazone fut son voisin, Claude Fontaine, procureur général de la chambre du Parlement pour la marée, qui habitait au deuxième étage de l'hôtel de Saint-Hérem, au 3 de la place Royale. Les choses furent assez simples pour lui aussi ; le vieux garçon douta d'abord de sa chance avant de la saisir au bond, en homme avisé ne laissant jamais passer une opportunité.

L'hôtel de Castelnau, au numéro 5, étant occupé par la vieille Mme de Monthiers, veuve d'un vicomte, l'on sauta directement au numéro 7. Dans l'hôtel de Sully vivait un philosophe épicurien fort paresseux qui haïssait toute contrainte et ne se refusait rien. Seule la promesse d'un bon repas pouvait le faire sortir de sa torpeur méditative. Les femmes ? Bah ! Beaucoup d'agitation pour pas grand-chose… Trop de fatigue, trop d'énergie dépensée à les séduire, les écouter, les satisfaire. Pour un bénéfice si fugace. Et tant d'embêtements ensuite !

Connaissant le personnage, Rosy décida de jouer finement et choisit ses armes avec soin. Elle compulsa divers ouvrages gastronomiques et dressa un menu exclusivement composé de plats aphrodisiaques. En guise d'apéritif, elle s'inspira de Mme de Pompadour pour élaborer un élixir « accroche-cœur » à base de rhubarbe, de cannelle, de vanille, de ginseng, de chablis et de miel. Elle apprit que Diane de Poitiers servait à Henri II du brouet d'anguille pour peaufiner ses émois et que Gabrielle d'Estrée mitonnait du filet de loup aux écrevisses pour soutenir la vigueur d'Henri IV. Elle compléta ce menu d'une douzaine d'huîtres, d'un potage au cresson et d'un gratin de céleri saupoudré de sarriette. Pour le dessert, elle se plongea dans le *Traité des confitures* de Nostradamus et releva plusieurs recettes destinées « à affermir les ardeurs amoureuses » : celle de la confiture de gingembre au miel et celle de la confiture de laitues, de tiges d'artichaut et d'angélique. Elle disposa dans son boudoir des corbeilles garnies de poires fondantes — fruit diabolisé par l'Église qui l'interdisait alors à « tout bon chrétien en raison des débordements du corps et de l'âme et de la débauche qu'il engendre ». Enfin, elle fit préparer plusieurs litres de chocolat, breuvage réservé aux adultes et proscrit dans les couvents au vu de ses propriétés agaçantes. Comme prévu, la libido du gourmet s'enflamma à la suite de l'ingestion de ces mets sulfureux. Son hôtesse avait pris garde de lui servir de petites portions et de ne point trop le faire boire pour ne pas précipiter la sieste. Le plan se déroula à merveille et le gourmand fut ensorcelé, puis couché en belles anglaises sur le registre de l'huissier.

Au numéro 9 vivait Jean de Nicolaï Aymard, un grand amateur d'art. Son hôtel était rempli de tableaux Renaissance signés le Tintoret, Le Nain, Titien... S'extasier devant ces chefs-d'œuvre ne fut pas un rôle de composition pour Rose-Madeleine, qui séduisit ainsi l'heureux propriétaire.

Au numéro 11 demeurait en l'hôtel de Villacerf Michel-Jacques Turgot d'Ussy, fils du prévôt des marchands. Ce jeune homme âgé de vingt-trois ans refusait de régler ses pas sur les pas de son père, au grand désespoir de ce dernier. Si le commerce et ses traîtres arcanes laissaient Michel-Jacques indifférent, il se passionnait en revanche pour la science, et en particulier pour les découvertes du savant Charles-Marie de La Condamine. Dans tous les salons où il traînait, il ne cessait de s'enthousiasmer pour ce naturaliste intrépide, membre de l'Académie des sciences, qui venait alors de s'embarquer pour le Pérou, après avoir fait le tour du Bassin méditerranéen. À chaque oreille attentive qu'il rencontrait, il déversait un flux de propos dithyrambiques et l'on ressortait d'une conversation avec lui incollable sur la façon de mesurer la longueur d'un arc de méridien ou celle de descendre le fleuve Amazone.

Mme Portail ne vit qu'une solution pour mettre ce godelureau passionné dans son lit : se faire passer pour la sœur de lait de M. de La Condamine. Certes, lui expliqua-t-elle, leurs rapports étaient moins intimes qu'auparavant, en raison de l'éloignement et du parcours de chacun, mais la profondeur de l'affection qu'ils se portaient était intacte. Michel-Jacques vit immédiatement le profit qu'il pourrait tirer d'une telle relation : au lieu de puiser ses informations dans les gazettes, il les tiendrait de la main du Maître ou presque. Peut-être même pourrait-il lui être présenté au retour de son expédition péruvienne ! Bercé par ses rêves, il conversa tendrement avec Rosy qui parvint à ses fins entre un laïus sur les vertus du quinquina et un exposé sur les propriétés du caoutchouc.

Sautant de case en case comme dans un jeu de l'oie à taille humaine, Rosy avança sans obstacle majeur sur l'échiquier de la place. Au numéro 13, elle s'offrit le lieutenant général Guy-Auguste de Rohan : expéditif. Au numéro 15, le médecin anatomiste François-Joseph Hunault : fétichiste. Au numéro 17, le comte Charles de Chabannes, colonel dans les grenadiers de France : contemplatif. Au numéro 19, l'abbé Desconvents : goutteux et catatonique.

Le numéro 21 lui donna du fil à retordre : l'hôtel de Richelieu était loué au comte Castro-Piagno qui, tout ambassadeur de Naples qu'il soit, avait des penchants sexuels inspirés de la Rome antique. Concrètement, il ne consommait que des tendrons mâles de première fraîcheur. Désorientée par cet écueil inédit, Rosy prit conseil auprès de ses amies. À elles quatre, elles ne furent pas longues à trouver une parade : le comte Castro-Piagno aimait les garçons ? On allait lui en donner, parbleu ! Et un spécimen très spécial encore ! Rosy emprunta une perruque et la livrée d'un de ses pages et, ainsi travestie, elle s'introduisit entre chien et loup dans les communs de l'hôtel de Richelieu. Au premier coup de sonnette en provenance des appartements du comte, elle se précipita. Le maître des lieux fut agréablement surpris de voir arriver une nouvelle recrue. Celle-ci était ma foi bien tournée, avec un visage efféminé fort attirant. Il ne fit qu'une bouchée du mignon petit page, considérant comme un détail la platitude de son bas-ventre. Pendant ce temps, Donathilde et Me d'Aurifort étaient postés, lunettes astronomiques vissées à l'œil, à une fenêtre d'un pavillon voisin qui formait avec l'hôtel de Richelieu un angle avantageux.

En l'hôtel de Bassompierre, au numéro 23, Rosy eut affaire à un impuissant, bègue de surcroît. Au numéro 25, elle entreprit le dévergondage d'un honnête père de famille, Gaspard-César-Charles Lescalopier. Ce conseiller d'État formait avec ses deux fils, ses deux filles et son adorable épouse un tableau idéal : la personnification du bonheur conjugal. Ce qui ne faisait évidemment pas l'affaire de Rosy, qui piétinait dans son entreprise de détournement. Enfin, un soir, elle trouva le talon d'Achille du mari modèle : celui-ci avait une âme chevaleresque et fondait devant le regard implorant d'une pauvre chose en détresse. Rosy échafauda un plan machiavélique qu'elle livra à ses complices. Le conseiller d'État, réglé comme un métronome, rentrait chaque soir à la même heure, en empruntant le même trajet. Il suffisait à Rosy de se poster sur son chemin, en faisant mine par exemple de se promener sous les arcades de la place. Dès que le conseiller d'État serait en vue, un voyou commissionné foncerait sur elle et la bousculerait violemment en la laissant inanimée sur le sol. Le plan se déroula sans accroc : le chenapan fit son office, la belle chuta en douceur et le secouriste zélé se précipita. Il s'agenouilla auprès de l'évanouie et tira de son gousset une fiole de vinaigre des quatre voleurs. Quelques allers-retours sous le nez provoquèrent un élégant gémissement, deux-trois battements de cils et le réveil de la pâmée. Soutenue par son sauveur, Rosy se releva, mais ses jambes trahirent une telle faiblesse que le conseilleur dut la porter jusque chez elle. Comme prévu, l'héroïque gentleman fondit sous le regard reconnaissant de la « victime » qui tint absolument à lui prouver sa reconnaissance, en toute intimité.

La moitié de la place Royale était consommée. Il restait à franchir le pavillon de la Reine et à attaquer le côté pair. Au numéro 2 habitait un phénomène. Marquis de condition et trésorier de profession, notre homme se distinguait par son extrême coquetterie. Il consacrait à ses frais de toilette des sommes astronomiques. Le gandin avait ainsi aménagé un cabinet particulier spécialement destiné à sa coiffure où, chaque matin, un coiffeur perruquier venait dresser sur sa tête un savant échafaudage de frisettes. Quand la pièce montée était terminée, le coiffeur, armé d'une grosse houppe de soie et rempli d'un noble enthousiasme, lançait de toutes ses forces de la poudre en l'air, aussi haut que possible. L'élégant marquis se plaçait de manière à recevoir sur sa tête cette pluie de poudre lorsqu'elle retombait du plafond. On appelait cela « être poudré en frimas ». L'habile artisan recommençait avec vigueur le jet de la poudre jusqu'à ce que la tête du dandy soit uniformément couverte d'une neige blanche. Le pommadin bourrait ensuite sa queue-de-rat dans un crapaud (bourse de taffetas noir) avant de sortir triomphant de son cabinet, sûr de l'effet produit dans les salons par un chef si bien poudré.

Ce fut un jeu d'enfant pour Rosy de mettre le mirliflore dans sa poche. Elle lui offrit une pelisse de castorine et lui parla madapolam, guipure, cotonnade et crépon semi-plissé. Ils s'entendirent tous deux comme charrons en foire, échangeant potins de boudoirs et échos de mode. Ce fut finalement la politique qui précipita leurs ébats. Le gouvernement venait d'annoncer son intention d'instaurer un nouvel impôt, portant cette fois sur le rouge d'Espagne, un fard dont les coquettes et les précieux usaient et abusaient. Au vu de la consommation qui en était faite, l'État était assuré d'en tirer un immense profit. En tant que trésorier, le marquis ne pouvait qu'acquiescer, mais en sa qualité de coquet, le projet risquait de provoquer sa ruine ! Partagé en deux, il noya son égarement dans les bras de son amie. Celle-ci, qui jamais encore n'avait approché de si près le dandy, en fut quitte pour une belle nausée, car elle s'aperçut que l'intéressé puait terriblement du bec. Une haleine fétide qui tenait de la hyène et du munster. Si les extraits de musc et de civette dont s'enduisait l'élégant faisaient illusion à distance, l'intimité ne pardonnait plus rien !

Rose-Madeleine Portail, toujours secrètement escortée de son acolyte assermenté, poursuivit son périple libertin. Il serait fastidieux de décrire par le menu toutes ses étapes. Il y eut encore le capitaine des carabiniers Étienne Esprit de Saint-André au numéro 16, radin et poilu comme un singe. Il y eut surtout au numéro 20 M. de Firmason pour lequel Rosy faillit bel et bien renoncer pour de bon à sa condition de veuve. Aucun homme ne lui fit un tel effet : cultivé, galant en société, il se révéla en privé une fine gâchette. Et, comble du bonheur, ses mollets étaient admirablement galbés ! Comme d'autres regardent les mains ou l'arrière-train, Mme Portail attachait beaucoup d'importance à cette partie de l'anatomie masculine. Des mollets musclés joliment moulés dans des bas de soie blancs pouvaient la mettre en transe tandis que de frêles pattes de coq grillaient irrémédiablement leur propriétaire. M. de Firmason — le plus joli coup qui fût — resta donc dans les annales de la place, et Rosy se promit de revenir y goûter plus longuement sitôt sa mission terminée.

Celle-ci touchait justement à sa fin. L'enjôleuse croqua encore les numéros 22 à 28 en se réservant le coup du fiacre pour la fine bouche. Ce fut un magistrat qui en bénéficia. Rosy le pria de l'accompagner à une promenade bucolique, histoire « d'aller prendre l'air du Bois ». Il accepta sans se douter que le cocher de Madame avait pour consigne de feindre une panne dans un bosquet isolé de Boulogne. Comme convenu, au beau milieu du Bois, les chevaux refusèrent (obligeamment) d'avancer. Le cocher — en réalité l'huissier déguisé en cocher — fit mine d'aller chercher du secours. Il ne fit que le tour du fiacre, derrière lequel il se dissimula pour remplir son constat. Le coup de la panne consommé, les chevaux, comme par miracle, voulurent bien redémarrer...

Le magistrat était le dernier de la liste ; pari gagné ! Me d'Aurifort apporta le lendemain à Mme Portail la liste soigneusement calligraphiée de ses amants successifs. Tout était en règle, les noms, l'ordre, les sceaux, le cachet, les paraphes... La véracité du document était irréfutable. Serrant précieusement son trophée dans une cassette, la veuve joyeuse donna à l'huissier la bourse promise.

Le jeudi suivant, une surprise colossale attendait les habitués de la ruelle de Mme Portail : dans le boudoir était accroché le fameux document, dans un cadre de bois doré. Après un moment de stupeur, les commentaires se bousculèrent. Il y eut des rires, des applaudissements, des exclamations offusquées, des évanouissements de femmes trompées, des rougeurs de maris débusqués, des pâleurs d'amants ridiculisés… Le bouche-à-oreille se chargea de diffuser la nouvelle tout autour de la place et même au-delà, provoquant une cascade de réactions diverses.

Aussitôt qu'il apprit l'existence et l'issue de cet extraordinaire pari, le duc de Richelieu se précipita pour féliciter sa voisine. Nul n'était en effet mieux placé que lui pour estimer l'exploit à sa juste valeur. Arrière-petit-neveu du cardinal et filleul de Louis XIV, Louis-François-Armand du Plessis de Richelieu était l'amant le plus cynique de son temps. On raconte qu'il fit peindre un jour toutes ses maîtresses en costume de religieuse — la moitié en récollettes, l'autre en capucines. Fréquemment embastillé pour cause d'extrême libertinage, il recommençait de plus belle à sa sortie de prison. Il était surnommé l'« ennemi intime » du Régent, car il se faisait un jeu de lui enlever ses poules. Enfin, il se vantait de connaître toutes les femmes de la place, sans cependant pouvoir le prouver comme le faisait Mme Portail ! Le pari des amazones força donc son admiration. Beau joueur, il reconnut n'avoir vu que du feu quand le tour de son hôtel (le numéro 23) étant venu, il avait succombé.

« Vous avez l'art, Madame, de faire accroire aux hommes que l'initiative vient d'eux, et que vous leur cédez presque à regret. Grâce à Dieu, rares sont les femmes capables comme vous de percer si finement la psychologie masculine. Sans quoi, nous serions perdus ! Entre vos mains si douces, Madame, nous sommes dupés mais si élégamment que l'on n'y peut rien redire… »

Le duc mena longtemps encore une vie dissolue, palliant les faiblesses de l'âge par le concours d'aphrodisiaques. L'on se moquait alors :

« *Un gigot tout à l'ail, un seigneur tout à l'ambre*
À souper vous sont destinés.
Il faut quand Richelieu entre dans une chambre
Bien défendre son cœur et bien boucher son nez. »

Singulières destinées

N'en déplaise au duc qui goûta aux joies de la paternité à quatre-vingts ans !

À la visite de l'homme le plus libertin de son temps succéda celle de la femme la plus prude ! À sa grande surprise, Rosy vit débarquer dans son salon la très respectable Mme Pilou, l'ange moral de la place, une véritable antiquité que l'on avait toujours vue hanter les bénitiers. Éternellement vêtue d'un même sac taupe boutonné jusqu'au col, elle courait les sacristies et les ventes de charité, prodiguant ici de pieux sermons, distribuant par là de dévotes paroles. Elle papillonnait dans les salons précieux pour évangéliser les libertins et lisser leur morale à vau-l'eau. Mme Pilou fit du cas Portail une affaire personnelle ; guidée par une voix venue d'En Haut, elle se jura d'obtenir la rédemption de cette pauvre pécheresse. La bigote fit tous les matins le siège du salon de Rosy, la harcelant de sa bonté, priant pour le salut de son âme et lui rappelant ses devoirs religieux. Les assiduités de Mme Pilou furent telles que Rosy dut carrément déménager pour s'en débarrasser. Elle partit loin, bien loin de la place Royale, en Allemagne, où elle finit ses jours en se félicitant d'avoir si intensément vécu.

Le colonel Morland, mort en héros à la bataille d'Austerlitz,
et rapatrié d'une bien curieuse façon.

Chapitre II

Le rhum du colonel Morland

QUAND ILS PASSENT par le boulevard Morland en galante compagnie, les séducteurs érudits ne manquent pas de conter à leur belle la légende du colonel Morland. À peu de chose près, leurs historiettes se ressemblent : « À propos, très chère, savez-vous qui était le colonel Morland ? C'était un officier de l'armée napoléonienne qui fut tué à Austerlitz et dont le corps fut rapatrié à Paris dans un tonneau de rhum ! Et figurez-vous que lorsqu'on a ouvert le tonneau, on s'est aperçu que ses moustaches avaient poussé jusqu'au nombril ! Effrayant, n'est-ce pas ? »

Un récit macabre à l'issue duquel la demoiselle, effrayée par l'histoire et charmée par l'érudition du monsieur, vient tout naturellement se blottir au creux de son épaule virile. Mais qu'adviendra-t-il le jour où une dame plus éclairée que les autres rira avec impertinence au nez de son compagnon en disant : « Mais, mon pauvre ami, vous croyez donc à ce ramassis de sornettes ? Dieu ! que vous êtes crédule… Je vais vous la raconter moi, la véritable histoire du colonel Morland. »

François Louis de Morland commandait le régiment de chasseurs à cheval de la Garde impériale. Le 2 décembre 1805, au cœur de la bataille d'Austerlitz, alors qu'il montait courageusement à l'offensive sur le plateau de Pratzen à la tête de sa troupe, le colonel Morland fut fauché en pleine charge par la mitraille. Atteint à la tête et à la poitrine, il s'effondra et chuta lourdement de son cheval. Grièvement blessé mais encore vivant, il fut transporté par ses soldats à Brünn (aujourd'hui Brno, en Moravie), le village voisin du champ de bataille. En dépit des soins que lui prodiguèrent les médecins militaires, le héros succomba à ses blessures, au numéro 163 de la rue Frölich, le 5 décembre.

Un coup dur pour Napoléon. La victoire était certes au rendez-vous mais à quel prix ! Il avait perdu un de ses fidèles compagnons, l'un des meilleurs officiers qui soient. Très affecté, l'Empereur décida d'honorer la mémoire du héros d'Austerlitz en lui faisant ériger un mausolée au centre de l'esplanade des Invalides. Son corps y serait inhumé à l'issue de funérailles grandioses. Mais pour mener à bien ce projet, il fallait avant tout rapatrier le corps du colonel à Paris, et donc l'embaumer pour assurer sa conservation. Cette décision n'avait à l'époque rien d'extraordinaire. Il arrivait fréquemment que l'on fasse appel à la thanatopraxie pour préserver le corps des haut gradés lors de leur long transfert.

Pour cette opération délicate, Napoléon fit appel au Gascon Dominique Larrey, ancien chirurgien en chef de l'armée d'Égypte qui avait acquis ses galons d'embaumeur dans la ville du Caire, une référence en la matière. Quand Larrey eut connaissance de sa mission, il se frotta les mains de contentement. Voilà qui tombait à pic ! Il mourait justement d'envie d'expérimenter une nouvelle méthode d'embaumement de son cru, inspirée du procédé des Égyptiens mais bien plus performante. C'était une occasion inespérée d'effacer les désastreuses tentatives d'embaumement précédentes. Comble du bonheur, l'Empereur lui offrait sur un plateau un client de premier choix — frais et point trop amoché — et des crédits illimités !

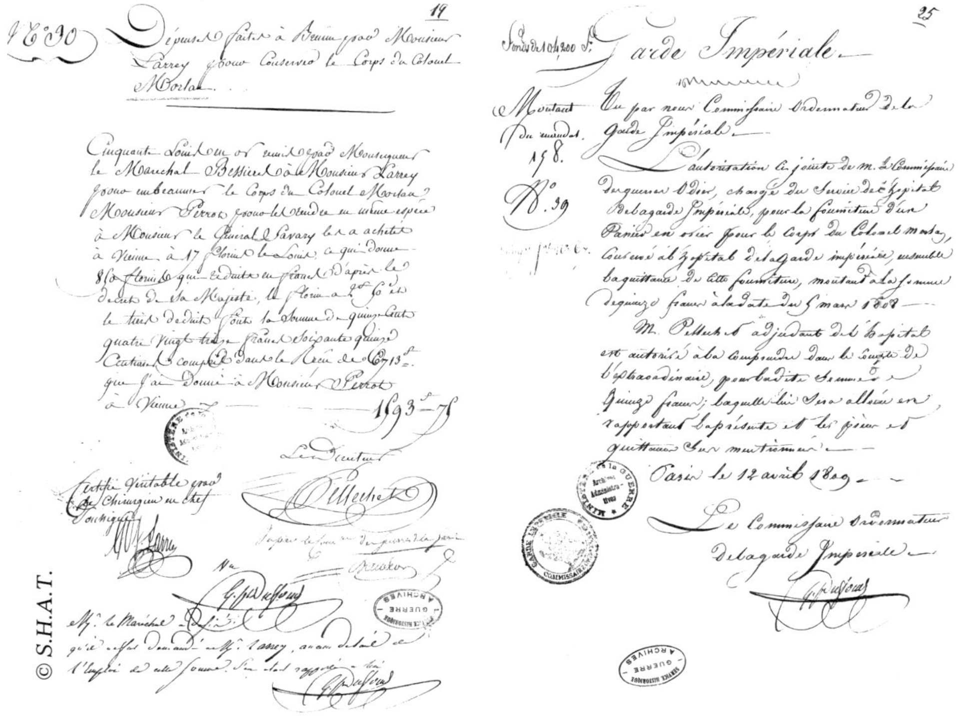

Demandes officielles de fournitures pour l'embaumement du corps du colonel Morland signées du chirurgien-chef Larrey.

Larrey passa d'abord sous la tente du trésorier impérial, qui ajouta dans son cahier de comptes la ligne suivante :

« *Dépense faite par M. Larrey à Brünn pour conserver le corps du colonel : 50 louis en or remis par monsieur le maréchal Bessières à monsieur Larrey pour embaumer le corps du colonel Morland. Monsieur le maréchal a désiré que l'on ne demandât à M. Larrey aucun détail de l'emploi de la somme susdite, s'en remettant à son sérieux et à sa délicatesse.*[1] »

1. *Document conservé dans le dossier de Morland au Service historique de la Défense de Vincennes.*

Ses cinquante louis en poche, Larrey acheta les fournitures nécessaires et prit possession de la morgue de l'hôpital militaire de Brünn. Aidé de Ribes, son assistant, il prépara la dépouille mortelle selon un procédé chimique qu'il retranscrivit minutieusement dans ses mémoires[1], à la façon d'une recette de cuisine :

« *Laver tout le corps à l'eau pure, faire passer dans les gros intestins des lavements du même liquide, absorber à la seringue vide les matières délayées qui n'auraient pas pu sortir par leur propre poids et la pression exercée sur le bas-ventre. Absorber les matières contenues dans l'estomac par le même moyen. Adapter une sonde œsophagienne au siphon de la seringue qu'on introduit dans le viscère par la bouche, remplir les intestins d'une matière bitumineuse en fusion, boucher les ouvertures et procéder à l'injection du système vasculaire (remplir à l'aide d'un siphon à robinet les vaisseaux capillaires d'une injection fine colorée et rouge). Puis procéder à une seconde injection pour remplir les artères et à une troisième pour les veines. Laisser refroidir le cadavre et figer la matière des injections. Vider le crâne après trépanation en prenant soin de conserver les cheveux et recoudre. Détacher les intestins, estomac, foie, rate, reins, poumons, cœur, éponger les cavités et tamponner de muriate pulvérisé suroxygéné de mercure, remplir ces cavités de crin lavé et sec, rétablir les formes du bas-ventre et recoudre. Plonger le corps dans un bain de muriate pulvérisé suroxygéné de mercure et laisser tremper dans cette liqueur 90 à 100 jours.*

Puis placer le corps sur une claie dans un lieu sec et aéré près d'une source de chaleur. Au fur et à mesure que les parties se dessèchent, rétablir les formes naturelles des traits de la face et la conformation des membres. Placer deux yeux d'émail entre le globe rétracté de l'œil et les paupières, donner aux cheveux une teinte relative à leur couleur et passer sur le corps un vernis légèrement coloré qui anime les teintes de la peau et lui conserve l'aspect de la fraîcheur. Voilà votre héros ou votre grand homme d'État éternellement conservé ! »

---

1. Mémoires et campagne 1786-1811, *Baron Larrey, Tallandier (Bibliothèque napoléonienne), 2004.*

À Brünn, Larrey n'exécuta que la première phase de l'embaumement, jusqu'au bain de muriate suroxygéné de mercure. Il avait prévu de laisser le corps faire trempette dans cette solution le temps du voyage, puis de finaliser l'embaumement à Paris.

On enterra en grande pompe les viscères de Morland le 7 décembre à 10 h 30, dans le cimetière de Brünn, en présence du frère du colonel, cavalier à son régiment.

Restait à rapatrier le corps à demi embaumé baignant dans son bouillon. Comment le transporter ? Larrey et les officiers de la Garde impériale eurent beau se creuser la tête, ils ne virent que deux solutions : soit caler le corps dans une énorme baignoire en zinc qui risquait de déborder dans les virages, soit le caser dans une grosse futaille de chêne, seul récipient vraiment étanche. Ce qu'ils firent, en ployant tant bien que mal les jambes du colonel.

Le corps de Morland, escorté par ses fidèles chasseurs, traversa l'Europe sur un char funèbre décoré de drapeaux. Le voyage se déroula sans incident notable. L'Empire français victorieux en imposait ; les routes étaient ouvertes, les barrages absents, les ennemis matés. Les brigands ? Nos soldats aguerris n'en firent qu'une bouchée... La seule véritable difficulté était le froid, piquant en ce début d'année 1806.

Après trois longs mois de voyage, l'équipage arriva à Paris au tout début du printemps. Les soldats avaient pour consigne de livrer le colonel à l'hôpital militaire du Gros-Caillou (à deux pas des Invalides), où l'attendait Larrey, son chirurgien en chef, impatient de voir comment le macchabée s'était comporté pendant le trajet. Le spécialiste pouvait se féliciter de son travail : le résultat était impeccable, les chairs imbibées de sublimé ne s'étaient absolument pas dégradées. La phase numéro deux pouvait donc commencer.

Le colonel fut égoutté dans un filet puis séché près d'un four à bois. On lui vissa dans les globes oculaires une belle paire d'yeux en émail, on l'entoura de bandelettes comme une momie et on le vêtit d'un uniforme de parade. Larrey n'était pas peu fier de sa créature ! Il convia au Gros-Caillou la famille et les proches de feu le colonel. Sa vieille maman, presque aveugle, échappa de ce fait à la crise cardiaque. Mais une cousine qui l'accompagnait, croyant à la résurrection de son cousin, se précipita pour l'embrasser... Au contact de la chair glacée, elle se trouva mal et tomba en syncope. On lui fit inhaler du vinaigre des quatre voleurs, en vain. On versa sur sa langue de l'eau de mélisse des carmes, aucun effet. On l'aspergea d'eau de mille fleurs (à base d'urine de vache), toujours rien. Seule une robuste paire de claques administrée par Larrey fit recouvrer à la dame ses esprits.

Une fois que toute la parentèle de Morland et bon nombre de Parisiens curieux eurent défilé devant sa momie, Larrey réfléchit à la meilleure façon possible de stocker le corps en attendant la construction promise de son mausolée. Il passa commande auprès d'un vannier en décembre 1807 d'une malle en osier de grandes dimensions[1]. L'osier, pensa-t-il, est une matière moins noble que le bois plein, mais il présente l'avantage de laisser circuler l'air. La momie continua de s'assécher paisiblement à l'abri de la poussière.

Mais le scénario se grippa en raison de l'actualité ; Napoléon repartit en campagne : il mena la bataille d'Eylau en 1807, guerroya en Espagne de 1808 à 1814, conduisit une campagne contre la Russie en 1812, puis contre l'Allemagne en 1814... Et Larrey dut suivre l'empereur aux quatre coins de l'Europe, bon gré mal gré. En son absence, le colonel se morfondait dans sa malle. Privé des soins attentifs de Larrey, il se voûta, se recroquevilla, se fissura, se desquama, bref, il perdit peu à peu de sa bonne tenue, allant même jusqu'à se faire sentir ! Imaginez le désarroi des assistants de Larrey : « Flûte ! Y'a l'vieux de la malle qui commence à cocotter, et même à fouetter sérieusement. Qu'est-ce qu'on va faire ? Si on le laisse pourrir, j'vous raconte pas la tannée qu'on va s'prendre au retour du patron ! Faut faire quelque chose, les gars ! »

Dans l'urgence, les carabins eurent la présence d'esprit de remettre le colonel dans un tonneau de rhum qui traînait dans la

1. Preuve en est la facture de quinze francs établie par le sieur Mouton Boisselier et agréée par le commissaire de guerre de l'hôpital militaire de la Garde impériale et royale, conservée au Service historique de la Défense de Vincennes.

cave de l'hôpital : « L'alcool, ça conserve, y'a qu'à le plonger dedans ! » Les carabins, à l'étroit dans leurs bureaux, cherchèrent à se débarrasser du tonneau en attendant le retour de Larrey. Ils pensèrent aux vastes locaux de la faculté de médecine, partiellement inoccupés, chargèrent l'encombrant tonneau sur une charrette puis, basta ! se désintéressèrent aussitôt du sort de la momie. L'époque avait d'autres priorités...

Le livreur de tonneau se présenta à l'entrée de la faculté de médecine. Le gardien en faction n'est pas au courant :

« Ouais ! Qu'est-ce que c'est ?

— Une livraison.

— Z'avez qu'à m'fout' ça dans un coin. »

Un quidam zélé voyant un tonneau abandonné se dépêche de le rouler jusque dans la cave et voilà le colonel aux oubliettes !

À son retour, Larrey réclama après son colonel. Ses carabins foncèrent à la fac de médecine où, évidemment, personne ne se souvenait de ce curieux pensionnaire. Penauds, ils revinrent faire leur rapport à Larrey : « Vous allez rire, patron, mais on a paumé le colonel, dites donc. C'est ballot hein ? » Fureur de Larrey ! Distribution de calottes ! Qui ne firent pas réapparaître le héros d'Austerlitz...

Il fallut attendre 1815 pour voir resurgir le colonel, enfin débusqué dans sa cachette par quelque médecin assoiffé. Larrey le récupéra avec soulagement, ravi de constater que le rhum avait prolongé l'effet de son savant embaumement et que, de surcroît, il avait fait pousser les moustaches du colonel, qui lui tombaient à présent sur le nombril ! Après analyse, Larrey s'aperçut qu'il s'agissait en réalité de mycélium (filaments formant la partie végétative d'un champignon) qui avait pris racine sur les poils, d'où cette impression de pilosité accrue. La momie devenue un objet de curiosité rejoignit le cabinet anatomique de l'École de médecine, où elle fut exposée à tous les regards.

Le scandale n'éclata que sous la Restauration, en 1818. Un petit journal du temps, *les Catilinettes des annales de la mère Michel*, follicule aujourd'hui oublié, redécouvrit le cadavre dans le cabinet d'anatomie et leva le lièvre. Ce scoop sensationnel fut relayé par toute la presse nationale. Les gazetiers louaient le talent de l'embaumeur Larrey (« sa dessiccation au sublimé est un chef-d'œuvre de l'art ») en déplorant l'irrespect dû à la personne du colonel. Un contemporain, le général Marbot, résuma ainsi la situation : « Aimez donc la gloire et allez vous faire tuer pour qu'un olibrius de naturaliste vous place ensuite dans sa bibliothèque, entre une corne de rhinocéros et un crocodile empaillé ! » Cette exhibition ne fut pas du tout du goût de la famille Morland qui, enfin informée du destin posthume de son parent qu'elle recherchait en vain depuis les premiers mois de 1806, en réclama le corps au gouvernement. Larrey fut contraint de restituer son protégé le 4 novembre 1818. Louis XVIII, qui ne devait évidemment rien à un soldat de l'Empire, eut la courtoisie de faire rendre les honneurs en compagnie de la Garde nationale à pied et à cheval, se substituant en cela à l'exilé de Sainte-Hélène. Le 30 avril 1818, deux ou trois décharges d'artillerie résonnèrent aux abords de l'église de Souilly (Meuse), le village natal du brave militaire, avant que le commandant de la Garde nationale ne prononce un discours dont la presse de l'époque affirme « qu'il tira les larmes aux yeux des assistants ».

Mais comment donc naquit la légende du colonel voyageant dans un tonneau de rhum ? Le fût réquisitionné à Brünn avait-il au préalable contenu du rhum ? Sans doute les soldats de l'escorte crurent-ils, à cause de la forte odeur dégagée par les produits chimiques, que leur chef macérait dans de la gnôle, comme des cerises dans de l'eau-de-vie... « Par ce froid de canard, j'boirais bien un p'tit coup de tafia... Quand j'pense que l'autre veinard baigne dedans... » Le mystère demeure...

Une histoire assez proche court sur l'amiral de Joinville. Le quatrième fils de Louis-Philippe, le prince de Joinville, se destinait à être officier de marine. Il réussit son examen d'entrée à Navale, fit de brillantes études et s'embarqua sur un navire, une fois devenu amiral, pour accomplir son voyage de formation. Le bateau en question devait mettre le cap sur la Jamaïque avant de faire escale dans divers ports des Caraïbes. L'amiral de Joinville partit avec la bénédiction de son père et une mission expresse : lui ramener un tonneau du meilleur rhum. Quand leur première destination fut atteinte, il s'acquitta de sa commission, faisant rouler dans la cale du navire une barrique dodue remplie du meilleur cru local. Le fût vint échouer dans les soutes aux côtés d'autres tonneaux du même acabit. De retour en France, on transporta les tonneaux jusqu'aux caves du château de Saint-Cloud.

Les années passèrent et le rhum vieillit tranquillement jusqu'au jour où Louis-Philippe songea enfin à goûter cette fameuse liqueur antillaise. À la fin du dîner, le roi en fit monter une carafe, que tous les convives furent invités à apprécier. À peine les lèvres trempées dedans, ils furent secoués de puissants haut-le-cœur ; le rhum n'était pas mauvais, il était tout bonnement infect ! On descendit examiner le tonneau et l'on vit flotter à l'intérieur des trucs clairs et d'aspect spongieux... Des... « mais non, c'est impossible ! Mais si, ce sont bien des cerveaux, humains semble-t-il ! »

On mena une enquête et l'horrible vérité éclata : il y avait sur le bateau où servait Joinville un médecin spécialiste des maladies neurologiques qui, pour se faire la main, récupérait les cerveaux des condamnés à mort dans tous les ports où le navire faisait escale. Cerveaux de diverses nationalités qu'il conservait dans un baril d'alcool. Mais les savants sont si distraits ! L'homme avait plongé par mégarde une demi-douzaine de cerveaux dans la barrique destinée au roi. Il les avait ensuite cherchés partout, en se gardant bien d'avouer sa bévue au reste de l'équipage. S'est-il douté d'avoir légué au roi un rhum de cerveau... ?

Chapitre III

La croisade parmentière

Quand vous entendez « Parmentier », un réflexe de Pavlov vous met aussitôt l'eau aux babines. Vous pensez « hachis » et, par association d'idées, « gratin », « purée », « frites » voire « tartiflette » si l'on est en hiver. D'autres feront le parallèle avec la station de métro. Quelques érudits associeront peut-être ce mot à Antoine Augustin Parmentier, qu'ils présenteront comme « l'inventeur de la pomme de terre ». Un raccourci grossier qui mérite d'être éclairé à la lumière de l'épopée parisienne de la pomme de terre.

Le tubercule chéri des Français n'a pas attendu la naissance du petit Parmentier pour pointer son nez en Europe. Découvert vers 1550 au Pérou par les conquistadors, il sauta vers 1586 de l'Espagne à l'Italie, où il fit le régal des seuls cochons. La pomme de terre se répandit ensuite dans les pays alentour, sans forcément être accompagnée de son mode d'emploi ! Elle reçut ainsi un accueil mitigé en Angleterre et pour cause ! le cuisinier de la reine Élisabeth Ire lui servit les fanes au lieu des tubercules ! Poussés par la disette de 1633, les paysans irlandais voulurent bien ne point trouver ce légume trop détestable. Ils roulèrent des patates sous la cendre et les assaisonnèrent de lard fumé. Les Anglais, les Allemands et les Flamands les imitèrent mais pas les Français, qui faisaient encore la fine bouche.

Car dans le royaume de Louis XIV, la pomme de terre était plutôt considérée comme une plante d'agrément, une espèce de rareté exotique que l'on cultivait par curiosité. Elle eut les honneurs du Jardin royal vers 1660, mais en aucun cas il ne fut question de la manger ! Les moins hostiles tenaient pour négligeable sa valeur alimentaire tandis que ses plus fervents détracteurs l'accusaient de provoquer la lèpre, de causer des écrouelles, d'être venteuse, malsaine et indigeste. Juste bonne à jeter aux cochons ! Comme toutes les nouveautés, la pomme de terre faisait peur. Personne n'eut l'idée de la peler or, quand on la fait cuire avec la peau, elle sent la terre. Seuls les gens du Dauphiné osèrent imiter leurs voisins transalpins et intégrer dans leur menu ce qu'ils appelaient en patois la cartoufle, la truffe rouge ou la tartifle.

C'est à cet emplacement précis, sous les fenêtres de son laboratoire des Invalides, que Parmentier expérimenta d'abord, à petite échelle, la culture de la pomme de terre.

C'est là que Parmentier mit son grain de sel… Contrairement à ce que l'on croit, il n'introduisit pas la pomme de terre en France ; il eut, en revanche, le mérite d'en vulgariser la culture. Cet homme né dans une famille pauvre fut très tôt sensibilisé aux problèmes de famine. Devenu adulte, il entra en apprentissage chez un apothicaire. Mais la guerre de Sept Ans éclata en 1756, obligeant Parmentier à rejoindre les rangs de l'armée française. Sa capture par l'ennemi prussien, en 1757, scella son destin. C'est à cette occasion qu'il rencontra la pomme de terre, nourriture de base des cochons et… des prisonniers ! Un comestible qui n'était, ma foi, pas si mauvais que ça, surtout quand on le faisait glisser dans le gosier à coups de rasades d'eau-de-vie de genièvre. Parmentier songea dès lors à le diffuser en France pour pallier les famines qui se succédaient. À sa libération, à la fin de la guerre, il décrocha une place de pharmacien à la maison royale des Invalides et grimpa les échelons jusqu'à devenir apothicaire major. La terrible disette qui sévit dans les années 1769-1770 lui rappela l'idée qui avait germé durant sa captivité. Désireux de lutter contre ce fléau, il compulsa des dizaines de manuels d'agronomie avant de planter quelques tubercules dans le petit jardin situé sous les fenêtres de son laboratoire, aux Invalides.

En 1771, l'académie de Besançon lança un concours dont le thème était le suivant : « Indiquer les végétaux qui pourraient suppléer en temps de disette à ceux que l'on emploie communément à la nourriture des hommes et quelle devrait en être la préparation. » Les meilleurs savants du royaume planchèrent sur le sujet. Parmi les sept mémoires soumis au verdict du jury, celui du pharmacien militaire Parmentier décrocha le premier prix. Il mettait évidemment en vedette la pomme de terre, arguant avoir expérimenté lui-même ses vertus nutritives durant la guerre de Sept Ans. « Et regardez-moi ! Aujourd'hui, je me porte comme un charme ! »

Fort de ce premier succès, Antoine Augustin poursuivit pendant dix ans ses expérimentations agronomiques. Il tenta notamment de transformer ses pommes de terre en farine et en pain, mais ces essais se révélèrent peu concluants. Il écrivit de nombreux traités à la gloire de son cher tubercule. L'un d'eux, *Examen chimique de la pomme de terre*, atterrit entre les mains du roi

Louis XVI, homme sensible aux plaisirs de la table. Le 24 août 1785, veille de la Saint-Louis, Parmentier cueillit un énorme bouquet de plants en fleurs, le plaça dans un panier rempli de tubercules et se fit conduire à Versailles pour offrir le tout au roi. Lors de l'entretien, il ne tarit pas d'éloges sur son « bébé », abrutissant le monarque de détails sur la manière de le planter, de le cultiver, de le récolter et de le consommer. Emporté par sa fougue, il conclut son exposé en affirmant que « désormais, la famine est impossible ; la pomme de terre pouvant tenir lieu de toutes les céréales ». Le roi lui répondit : « Monsieur Parmentier, les hommes tels que vous ne se récompensent pas avec de l'argent. Il y a une monnaie plus digne de leur cœur : donnez-moi une poignée de main et embrassez la reine. » Gageons que le pharmacien militaire n'aurait pas craché non plus sur une petite bourse dodue... Quoi qu'il en soit, il ne laissa rien paraître et fit mine d'être très honoré d'un contact aussi intime avec le couple royal.

Les arguments de Parmentier en faveur de la pomme de terre furent d'autant mieux accueillis que les Anglais débattaient au même moment de son interdiction. Doublant l'ennemi héréditaire, le gouvernement français prit le parti d'en prôner la culture et la consommation. Il encouragea la publication de livres de recettes entièrement consacrés à la patate. Louis XVI glissa des fleurs mauves de pommes de terre à sa boutonnière et Marie-Antoinette prit l'habitude d'en orner sa chevelure pour que nul ne doute plus de la noblesse et de l'élégance du tubercule. Et l'on servait désormais à la table royale divers plats à base de pommes de terre, qui furent unanimement jugés excellents.

Si Parmentier avait bel et bien réussi à mettre le roi dans sa poche, la bataille de la pomme de terre n'était pas gagnée pour autant. Le roi avait beau louer les bienfaits et la valeur nutritive de la plante, son sponsoring ne suffit pas à en lancer la mode dans les assiettes. La Cour, ironique et chipoteuse, rechignait à en manger. Quant au peuple, c'était encore pire ! Il se méfiait carrément, croyant à une tentative d'empoisonnement. Les préjugés avaient encore la part belle. La croisade de Parmentier pour la dignité de la pomme de terre prit un tournant décisif avec l'affaire des Sablons.

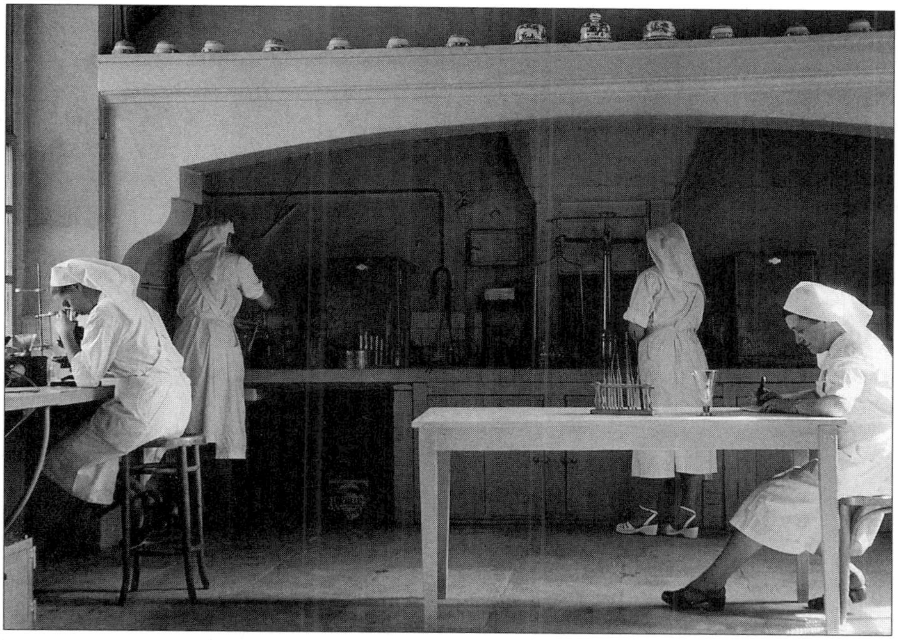

Les expériences hasardeuses de Parmentier n'étaient pas du tout du goût des sœurs grises qui s'occupaient des malades des Invalides.

L'agronome maîtrisait désormais parfaitement la culture à petite échelle de son tubercule. Son petit carré de jardin sur la pelouse des Invalides était un modèle du genre. Il était temps de passer à une échelle supérieure. Il tenta d'agrandir son potager expérimental dans l'enceinte des Invalides, mais les religieuses rechignaient à le voir envahir leurs plates-bandes. Parmentier suggéra de cultiver ses tubercules au sud-ouest de l'église royale, près de l'ancien cimetière, mais les sœurs hurlèrent au sacrilège : « Nos morts serviraient-ils d'engrais ? » Parmentier courut alors Paris et ses environs en quête du terrain idéal. Il le voulait aussi sec et aussi ingrat que possible pour démontrer aux plus sceptiques que sa plante était capable de pousser partout et dans les pires conditions qui soient. Il finit par dénicher ce « terrain de rêve » du côté de Neuilly, dans la plaine des Sablons — 54 arpents (soit 20 à 30 hectares) reconnus comme étant stériles, pierreux et sablonneux. Il dirigea en mai 1786 les labours et les semis de tubercules devant une foule de badauds moqueurs. Dédaignant les lazzis, le pharmacien agronome faisait chaque matin et par tous les temps l'aller-retour Invalides-Les Sablons pour suivre l'évolution des plantations. « C'était presque attendre miracle de cette arène jaune, poudreuse, sèche. Le miracle eut lieu pourtant, un soupçon de verdure parut. Parmentier se découvrit et baisa la terre. Le lendemain, tout le sol était vert. Le Sahara avait germé ![1] » Pendant l'été, le champ se couvrit de fleurs, que les Parisiens vinrent admirer en nombre, le dimanche. Mais les réflexions qui fusaient à la lisière du champ étaient toujours aussi goguenardes et circonspectes.

« Mouais, d'accord, ce machin-là, ça pousse partout, même sur les cailloux. Mais c'est pas demain la veille qu'on m'en fera manger.

— T'as raison, surtout que le roi, y veut nous filer ça à l'œil. C'est bizarre. Si ça se trouve, c'est encore un coup de l'Autrichienne. Elle veut nous empoisonner. En tout cas, moi, j'y toucherai pas. »

Parmentier, qui aimait surprendre incognito ces conversations populaires, réalisa que les sujets de Sa Majesté risquaient bien de bouder éternellement leur cadeau. Il eut alors une idée fabuleuse, un de ces éclairs de génie que tout publicitaire rêve de connaître au moins une fois dans sa vie. À l'approche de la récolte, vers la mi-septembre, il fit dresser tout autour du champ de hautes palissades en bois. Puis il recruta un régiment de sentinelles armées jusqu'aux dents auxquelles il donna l'ordre de garder la plantation en en défendant expressément l'entrée, mais le jour seulement. Les Parisiens, voyant qu'on leur interdisait soudain l'accès aux plantations, modifièrent leurs positions, piqués par la curiosité : « S'ils font garder la plante par la maréchaussée, c'est-y tout de même qu'elle est précieuse... Faudrait p't'êt'e voir c'que ça vaut finalement... »

Les p'tits malins attendirent donc le départ des vigiles, à la tombée de la nuit, pour s'introduire dans le champ et dérober quelques spécimens du « fruit défendu ». Le lendemain, les senti-

1. Parmentier ou la dignité de la pomme de terre, *Ernest Kahane, A. Blanchard, 1978.*

nelles découvrirent le larcin alors qu'elles reprenaient leur guet. Leur chef s'en ouvrit à Parmentier, qui s'en frotta les mains, au grand étonnement de son interlocuteur. Le pharmacien interdit même toute poursuite d'éventuels maraudeurs et laissa entendre qu'une grève du zèle dans l'équipe des sentinelles serait la bienvenue. Le chef se retira, ahuri, et répercuta les ordres. Les rapines se répétèrent la nuit d'après et celles qui suivirent. Quelques mois plus tard, Parmentier élargit son terrain d'action et doubla l'opération dans la plaine de Grenelle, en répétant là-bas son astuce machiavélique.

Son stratagème réussit au-delà de ses espérances ; de nombreux Parisiens avaient dorénavant des plants de pommes de terre repiqués dans leur potager et ils s'étaient habitués à en manger en savourant la niche qu'ils croyaient avoir jouée au roi. La vulgarisation de la pomme de terre étant acquise parmi le peuple, il ne restait plus à Parmentier qu'à séduire l'élite intellectuelle de

© Institution nationale des Invalides

Le laboratoire où Parmentier poursuivit pendant dix ans ses expérimentations agronomiques n'a guère changé aujourd'hui.

son temps. Il convia des savants et des philosophes en vogue tels que Lavoisier, Franklin, Vilmorin et Arthur Young (un Anglais venu étudier l'agriculture française) à des repas de cérémonie où la pomme de terre revêtait mille apprêts : potage, purée, croquettes, et même liqueur ! Croquettes de pommes de terre, potage et purée en entrée ; soufflé, hachis, pâtés et beignets en plats principaux ; gâteau de Savoie à l'amidon de pomme de terre pour le dessert, le tout accompagné d'un pain mollet à la pulpe de pommes de terre. Et pour faire passer ce festin, un petit alcool de pommes de terre ! Ces grands hommes, à leur tour convaincus, le philanthrope Parmentier put enfin considérer sa mission comme accomplie. On ne peut aujourd'hui que regretter que le nom de « parmentières » appliqué aux pommes de terre ait disparu de notre vocabulaire à la fin du XIXe siècle !

PARTIE VII

Mystérieuse faune parisienne

Abritées par les cheminées, veillées par des statues de pierre et bercées de musique classique, les abeilles de l'Opéra travaillent dans un cadre privilégié, avec vue panoramique sur la capitale.

Chapitre I

L'empire Maya

VOUS VENEZ de faire un brin de shopping aux Galeries Lafayette ; vous ressortez du magasin les bras chargés d'emplettes quand soudain, là, juste devant votre nez, déboule une abeille... Pas une de ces abeilles abouliques à l'air hagard qui vole mollement en zigzag en se demandant ce qu'elle fait là, mais une abeille sûre d'elle qui vrombit avec détermination, les gambettes aussi chargées de pollen que vos mains de paquets. Vous la suivez du regard : elle se dirige droit vers l'Opéra, amorce une belle courbe ascensionnelle qui la mène sur les toits du monument et disparaît dans un élégant vol plané en slalom entre les cheminées. Si vos yeux étaient plus perçants, ils verraient que l'abeille en question en a rejoint cent mille autres. Une demi-douzaine de ruches cohabitent en effet sur un des toits de l'Opéra Garnier. Elles ont atterri là par hasard, à la faveur d'une histoire peu banale...

Dans les années quatre-vingt, l'Opéra de Paris comptait parmi son personnel un accessoiriste du nom de Jean Paucton. Cet homme s'en alla un jour pour les vacances respirer l'air de la région de Valensole, célèbre pour ses champs de lavande. Là, entre deux siestes provençales, il s'initia à l'apiculture. La discipline le passionna et, dès son retour à Paris, il décida d'approfondir ses connaissances au rucher-école du jardin du Luxembourg. Sur un coup de tête, il acheta dans la foulée son premier essaim, pour mettre en application son nouveau savoir. Mais une fois son essaim dans les bras, il se vit bien ennuyé : qu'en faire en attendant de descendre dans la Creuse, où il prévoyait de l'installer dans le jardin de sa maison de campagne ?

Il installa d'abord sa ruche dans le couloir de son appartement de la rue de Richelieu, misant sur les arbres des jardins du Palais-Royal pour nourrir ses abeilles. La fenêtre était à cette fin ouverte jour et nuit. Mais la gardienne de l'immeuble s'aperçut de

© D. Lesbros

On peut apercevoir les ruches depuis la terrasse des Galeries Lafayette, à droite, sur le plat de la toiture, derrière les cheminées.

cet élevage peu orthodoxe. Elle le menaça assez sévèrement de son balai, lui faisant comprendre qu'il avait intérêt à trouver fissa un autre asile pour ses protégées. Jean pensa alors à loger ses abeilles sur le toit de l'Opéra, où il passait finalement le plus clair de son temps.

Il demanda à Daniel Bazin, un pompier de l'Opéra : « Toi qui connais bien la baraque, tu pourrais pas m'indiquer un coin tranquille où je pourrais caser ma ruche ? » Bazin lui suggéra le toit de l'administration, au niveau du troisième service de la cage de scène, à trente-cinq mètres du sol, à l'abri des vents dominants et face aux Galeries Lafayette[1]. Ensemble, ils aménagèrent un socle sur lequel ils installèrent la ruchette, lestée d'un gros poids pour éviter qu'elle ne s'envole. Puis Jean introduisit l'essaim dans ce logis quatre étoiles — centre de Paris, vue panoramique imprenable, proximité commerces. Le directeur de l'Opéra n'était pas au courant, mais cet arrangement ne devait être que provisoire ; deux à trois semaines à peine, le temps de préparer le terrain et de déménager l'essaim dans la Creuse. Depuis les coulisses où il travaillait, l'apiculteur accessoiriste nourrissait cependant quelques inquiétudes au sujet de ses protégées : les ouvrières trouvaient-elles dans Paris de quoi nourrir la colonie ? Les larves n'avaient-elles pas froid, perchées tout là-haut ? Les faux bourdons honoraient-ils convenablement la reine ?

Quand il monta sur les toits pour sa première visite, huit jours plus tard, il s'attendait à trouver une ruche morose et apathique. Il eut en ce mois de mai 1982 la plus grande surprise de sa vie : « La ruche dégoulinait de miel ! Il s'écoulait doucement, doré, luisant et parfumé, dans les gouttières. » Et les pensionnaires témoignaient d'une intense activité ; chacun jouant son rôle : qui ventilant, qui pondant, qui fécondant…

Car, aussi incroyable que cela puisse paraître, Paris est pour les abeilles un véritable jardin d'éden ! Frileuses, elles jouissent dans la capitale d'un microclimat idéal. Il y a peu de vent et la température moyenne y est de 12 °C, ce qui est plus chaud qu'ailleurs.

---

1. *On peut apercevoir le site depuis le toit-terrasse des Galeries Lafayette, dans la partie arrière droite de l'Opéra.*

Deux ou trois petits degrés qui changent tout : la floraison est plus précoce et les ouvrières acceptent volontiers de travailler plus tôt le matin et de finir plus tard le soir. En outre, les butineuses parisiennes échappent aux méfaits ravageurs des insecticides, notamment du fameux gaucho, responsable de la mort de près d'un tiers des abeilles des grandes régions agricoles. Elles y rencontrent moins de prédateurs de type piverts ou mésanges. En revanche, elles n'échappent pas aux hirondelles qui tournoient en nombre, l'été, au-dessus de l'Opéra qui leur sert de garde-manger. Enfin, les mayas des villes bénéficient par rapport aux mayas des champs d'un rayon d'action extrêmement varié. Elles ne savent où donner de la trompe entre les jardinières de balcon, les parcs, les vignes, les cimetières... Elles prospectent en rase-mottes dans un rayon de trois kilomètres et chargent pêle-mêle leur jabot de pollens variés, picorés sur toutes sortes de plantes mellifères. En résulte un savoureux nectar mille fleurs doré, liquide à souhait, très sucré, légèrement épicé avec une note dominante de tilleul. Le miel parisien est d'une telle qualité qu'il a remporté plusieurs concours internationaux avec dégustation à l'aveugle. Mais ce succulent miel de macadam n'est-il pas forcément pollué ? Non, car l'abeille joue un rôle de filtre biologique : quand elle subit une pollution (par exemple au plomb), l'ouvrière contaminée meurt et ne rentre pas à la ruche. Les ouvrières citadines ont la vie si belle qu'elles produisent trois fois plus que leurs cousines des champs.

Face à cette manne inespérée, Jean Paucton révisa ses plans. Si ses abeilles se plaisaient à Paris, il n'allait surtout pas les contrarier. Il alla conter son aventure au directeur de l'Opéra qui, amusé, l'autorisa à poursuivre l'expérience et lui proposa même de vendre le miel récolté à la boutique de souvenirs de l'Opéra[1]. Une autre ruche rejoignit la première. Très discrètes, elles ne posent problème qu'au printemps, à la période des essaimages. Malgré la vigilance de l'apiculteur, il y a toujours un jeune essaim

1. *Le miel de l'Opéra est également vendu en exclusivité chez Fauchon, qui en écoule près de cent pots par mois (11,50 euros les 125 grammes). Le stock de la boutique de l'Opéra est paraît-il souvent dévalisé par des Walkyries à la gorge chatouilleuse.*

avide d'indépendance qui trouve moyen de s'échapper. Un s'est enfui dans la courette de l'entrée de la rue Scribe, un autre dans les bureaux de l'office de tourisme suisse et un troisième est un jour parti s'établir dans une cheminée désaffectée de la Société Générale donnant directement dans la salle de réunion d'un austère conseil d'administration ! Les fugueuses, vite rattrapées, s'en tirent généralement avec un bon sermon. Jean Paucton connut aussi quelques soucis avec des abeilles paresseuses qui, au lieu d'aller butiner la verdure, trouvèrent plus commode de puiser dans une cuve à sirop de l'arrière-boutique du magasin Fauchon. Le miel qu'elles produisaient alors avait une étrange coloration rouge Haribo !

Bien qu'il soit aujourd'hui à la retraite, Jean Paucton procède encore à la levée des hausses à la fin de chaque été. Son cheptel s'est étendu : il possède désormais deux autres ruches sur le toit de l'Opéra Bastille (sur la face est) et une dans le potager pédagogique du parc de la Villette. Jean a bien essayé aussi d'installer une ruche sur le toit du centre Pompidou mais c'est à croire que les abeilles n'aiment pas l'art moderne : il a dû l'enlever ! La relève est assurée en la personne de François, un jeune machiniste qui travaille aux cintres. Le cintrier apiculteur est aux petits soins pour les abeilles. Celles-ci viennent faire provision d'eau dans un abreuvoir insolite : un robinet fuyant goutte à goutte, situé dans une courette à gauche de l'Opéra, formant une rigole moussue à souhait dans laquelle les abeilles viennent remplir leur jabot d'eau qu'elles ramènent au rucher.

Ces passionnés ont fait des émules : l'opéra de Nantes et celui de Lyon se sont, eux aussi, dotés de ruches sur leur toit, faisant de l'association des abeilles et des petits rats une tradition... Un crieur de Drouot féru d'apiculture les imita en demandant à sa hiérarchie l'autorisation d'installer une ruche sur le toit de l'hôtel des ventes. Son essaim lui causa bien des soucis, car ses abeilles, de nature paresseuse, plutôt que d'aller au loin butiner les fleurs des Tuileries et du cimetière de Montmartre, préféraient butiner les friandises d'une épicerie fine située rue de la Grange-Batelière.

Plus de deux cent cinquante ruches sont actuellement dispersées dans la capitale, chez des particuliers, dans des couvents ou des jardins publics (Luxembourg, Georges-Brassens, Kellerman, Montsouris, Parc floral...). Un apiculteur produit à Saint-Denis[1] un miel très savoureux qui bénéficie de l'apport de pollens de plantes équatoriales cultivées dans les jardins ouvriers de Saint-Denis. Ces abeilles banlieusardes ont également leurs habitudes sur le marché dionysien où de nombreux vendeurs de pâtisseries orientales dégoulinantes de miel et de sirop les tolèrent volontiers.

Les Parisiennes produisent dans l'ensemble sept tonnes par an de miel mille fleurs. Elles raffolent en particulier des cimetières. Celui de Picpus peuplé de buis, de seringas, de chèvrefeuilles, de troènes, de cèdres bleus et de genêts fournit un nectar de choix. Quand elles découvrent un nouveau paradis botanique, les butineuses se refilent l'info par une petite danse du ventre qui signifie en substance : « J'ai trouvé un super plan, venez vite ! » L'informatrice indique même précisément la distance et l'orientation par rapport à la ruche en exécutant diverses figures : si la nourriture se trouve à moins de cent mètres, elle réalise une danse circulaire ; au-delà de cent mètres, elle dessine de vastes huit en faisant frétiller son abdomen. La distance entre la nourriture et la ruche se trouve exprimée par le nombre de huit exécutés en un temps précis : quatre figures complètes en quinze secondes équivalent à une distance de mille cinq cents mètres. Et c'est parti !

---

1. Le miel siglé 9.3. d'Olivier Darné, baptisé « Béton des banlieues », est vendu à l'office du tourisme de Saint-Denis.

Chapitre II

Des barbeaux chez les p'tits rats

Y A-T-IL, OUI OU NON, un lac sous l'Opéra Garnier ? Que ceux qui veulent croire à la légende du lac stoppent ici leur lecture et passent directement au chapitre suivant. Aux autres l'on doit la vérité : il n'y a pas de lac sous l'Opéra mais une immense cuve, ou plutôt deux cuves, une grande et une petite.

Lors de la construction du monument en 1862, l'architecte Charles Garnier se heurta à un gros problème : le sous-sol sur lequel devait s'élever l'Opéra était une véritable éponge gorgée d'eau marécageuse. Cette nappe souterraine était alimentée par un petit ruisseau descendant des hauteurs de Ménilmontant, régulièrement alimenté par les eaux de pluie. Comment asseoir les fondations de l'édifice sur un tel matelas de boue ? Pour assainir le terrain et conjurer les infiltrations, l'architecte eut l'idée de construire des fondations à double coque — l'intervalle ménagé entre les deux étant constitué par une cuve bétonnée haute de près de deux mètres, établie sous la scène et les couloirs qui en forment la ceinture. Cette cuve visait à recueillir les eaux qui auraient réussi à se faufiler à travers la première enveloppe. Au fil des ans et des constructions sur son parcours, le ruisseau a fini par se tarir. Il n'y a désormais plus aucune infiltration et pourtant la cuve de 1 170 mètres carrés est toujours pleine ! L'eau provient de la vidange des énormes canalisations d'incendie que les pompiers effectuent chaque mois afin de s'assurer de leur bon fonctionnement. Des pompiers justement, il y en a en permanence sur le site. L'un d'eux, un homme sec, nerveux et bourru nommé Daniel Bazin, forgea malgré lui une nouvelle légende de l'Opéra.

Une nuit de 1969, alors qu'il était de permanence, notre pompier se pencha, pensif, au-dessus du regard qui donnait sur la petite cuve. Voyant l'eau calme et limpide, il se dit : « Pourquoi ne pas mettre des poissons dedans ? Je sais m'y prendre avec les bestioles ; j'en élève de toutes sortes depuis que je suis mouflet. Et puis ça m'occupera les soirs de perm... »

Sans rien dire à qui que ce soit, il alla avec un copain rue de la Grande-Truanderie acheter chez un demi-grossiste un lot de truites arc-en-ciel qu'il plongea dans la cuve au petit matin. Nourries à la viande hachée sans graisse, ses quatre truites de huit cents grammes profitèrent jusqu'à peser quatre belles livres deux mois plus tard. De quoi attirer la convoitise de certains ! Quelques pièces de choix disparurent mystérieusement. En dépit des recommandations de M. Bazin, qui leur défendait de parler à des inconnus, ces demoiselles à nageoires n'étaient pas farouches et frétillaient devant qui les nourrissait. L'éleveur rencontra un autre problème au moment de la reproduction : les truites gonflaient, gonflaient sans jamais libérer leurs œufs. Renonçant à l'espèce arc-en-ciel, il troqua alors ses truites contre des barbeaux.

Ceux-ci prospérèrent au-delà des espérances de sieur Bazin. Ces bestioles, dont la durée de vie, en principe, n'excède pas une quinzaine d'années, connaissent ici une longévité extraordinaire. Certaines vont sur leurs vingt-trois ans, fraîches comme du menu fretin. À croire qu'elles nagent dans une eau de jouvence ! La place est bonne, sous tous points de vue : la température de l'eau est constante (16 °C en hiver et 18 °C l'été), l'éclairage artificiel amplement suffisant et le régime équilibré : boîtes pour chats et avec, en guise d'extra, diverses chutes alimentaires tombées de la gamelle des pompiers de perm (nouilles, cassoulet, patates, fromage...).

Bien que le picotin ne tombe que trois minutes tous les cinq jours, elles engraissent copieusement. Il faut voir ces dodus bestiaux à moustaches blanches promener fièrement dans le bassin leurs soixante centimètres de corps fuselé à peau bleutée. Bazin, toujours aux p'tits soins, a offert à ses cinq barbeaux la compagnie d'une anguille (qui s'est fait la belle dans les tuyaux) et de deux tanches noires dont la présence aurait, paraît-il, une incidence sur la santé des autres poissons[1]. Et, qui sait, peut-être les barbeaux apprécient-ils l'écho des ballets de l'Opéra... ?

---

1. *Surnommée « le docteur du bassin », la tanche est un poisson-médecin. Son corps est recouvert de mucus aux vertus cicatrisantes. Les poissons blessés ou malades viennent se frotter contre elle pour cicatriser leurs plaies.*

Chapitre III

Sainte Rita, priez pour eux !

DANS UNE ÉGLISE, il n'est pas rare d'entendre des mouches voler. Il arrive même parfois que l'on croise entre les travées une araignée voire, avec un peu de chance, une petite souris. Mais un tigre, un boa, un chihuahua ou un perroquet ! C'est hautement improbable sauf si...

Sauf si l'on surveille le calendrier et que l'on décide de se pointer, le premier dimanche de mai ou de novembre, dans l'église Sainte-Rita[1]. Sainte Rita, patronne des causes désespérées, aurait-elle le pouvoir de faire réapparaître chez elle l'arche de Noé ? C'est tout comme. Deux fois par an, les paroissiens peuvent venir dans cette église discrète située dans une rue anonyme, pour y faire bénir leurs animaux familiers. Ce « service » unique au monde existe depuis 1994. L'impulsion initiale fut donnée par Mgr Philippe, un archevêque désolé de voir les paroissiens laisser

1. 27, rue Francois-Bonvin (Paris 15e). Tél. : 01 47 34 21 56.

leurs chiens attachés aux grilles le temps d'une messe ou d'une prière. « Quelle injustice ! pensa le saint homme. Ces créatures de Dieu ont aussi une âme, un paradis et un enfer. Pourquoi n'auraient-elles pas elles aussi droit à une bénédiction ? »

L'idée mûrit et donna finalement lieu à une messe des animaux, devenue désormais une tradition. Cela commence vers 15 heures par une invocation à saint François d'Assise — l'ami des bêtes — suivie d'une messe pontificale. À l'homélie succède la bénédiction des animaux, puis un lâcher de pigeons voyageurs. Dans la nef archicomble et les travées noires de monde, chaque fidèle ou presque a dans ses bras ou à ses pieds un animal. Le cheptel est incroyablement hétéroclite ; beaucoup de chiens et de chats évidemment, mais aussi des lapins nains, des hamsters, des souris blanches, des perroquets, des poissons rouges, des hérissons, des furets... Ces animaux plus ou moins domestiques croisent aussi quelques pensionnaires de fermes franciliennes (ânes, chevaux, poneys, porcs et chèvres naines). En 1997, on a même vu deux lamas, un zèbre, un dromadaire, un tigre, un singe et un boa venus d'une ferme faisant de la location d'animaux pour des tournages de films ! Le pedigree des propriétaires est donc aussi varié que celui des bestioles présentes, et les mémères à leur petit chienchien ne sont pas majoritaires, loin de là.

L'on s'attendrait durant la messe à une cacophonie de feulements, miaulements, aboiements et autres hennissements... Pas du tout ! Tout au long de l'office qui ne dure pourtant pas moins de deux heures trente, les animaux, comme par miracle, sont sages comme des images. Lovés dans les bras de leur maître, ils se regardent silencieusement en chiens de faïence. Est-ce l'éclectisme de la ménagerie qui les déconcerte ? Ou bien sont-ils intrigués par la messe prononcée en latin ? Une chose est sûre : ils semblent bel et bien apaisés par le lieu. L'effet sainte Rita sans doute...

Plus curieux encore, on a observé à l'issue de la messe des guérisons spontanées auxquelles Monseigneur, un peu rebouteux sur les bords, n'est pas étranger. Une imposition des mains sur les poils, les plumes ou les écailles et hop ! les chiens eczémateux retrouvent un pelage brillant, les canaris un joli filet de voix et les tortues la carapace lustrée de leurs vingt ans. Les paroissiens qui furent témoins de ces miracles en parlent la larme à l'œil : « Popeye, mon dogue allemand, ne mangeait plus rien. Maintenant, il dévore ! » ; « Mon teckel Rex était perclus d'arthrite. Faut l'voir galoper aujourd'hui ! » Madame Renée, elle, est ravie de revoir enfin la tête de ses tortues picta-picta qui boudaient, neurasthéniques, dans leur carapace. D'autres encore de vous conter les malheurs de Bouboul, le chat aux yeux chassieux, ou de Fifi, le caniche jauni, soulagés de leurs maux par la grâce de Monseigneur. Vous souriez ? Ce Lourdes animalier rencontre pourtant un succès croissant !

Monseigneur laisse causer les sceptiques. Il fait le bien dans son coin, point. Sa hiérarchie du diocèse de Paris, réticente face à ces pratiques, applique la politique de l'autruche. Monseigneur réplique du tac au tac aux attaques : « On me traite parfois de loufoque mais bénir des animaux n'est pas plus loufoque que le pape Pie XII qui bénissait des canons ou que ces prêtres qui bénissent les yachts de riches aux Antilles ! » Vu sous cet angle, évidemment, pourquoi pas... ?

En dehors de la messe des animaux, l'église Sainte-Rita vaut aussi le coup d'œil. À l'extérieur, sur les grilles, Monseigneur affiche la couleur : aux côtés des informations paroissiales, des photos dudit en compagnie de people de seconde zone (animatrice télé, humoriste, patron de cabaret...). À l'intérieur, la croisade médiatique continue avec, dans une vitrine du bureau d'accueil, l'intégrale de Monseigneur : cendriers peints à la main, photos couleur dédicacées, C.D. de la chorale, D.V.D. de la messe des animaux...

Mais le primat doit partager la vedette avec sainte Rita — gisante de cire reposant dans une châsse de verre — et saint Bonaventure. À la première, l'on récite une neuvaine et l'on confie ses doléances. Au second, l'on voue un culte assez inattendu. À droite de la statue de plâtre, un panonceau s'adresse aux « jeunes filles qui cherchent un mari : en piquant une épingle dans le coussin aux pieds de la statue, saint Bonaventure vous aidera à trouver un mari ». Le coussin, invisible sous un monceau de bouts de papier accrochés par des épingles de nourrice, témoigne d'une ferveur hors du commun. Post-it, tracts, feuilles arrachées d'un calepin, ticket de caisse... Les catherinettes ont pris ce qui leur tombait sous la main pour écrire leur supplique à saint Bonaventure : « *Cher saint Bonaventure, donnez-moi S.V.P. un joueur de football comme mari* » ou « *Que le Seigneur me mette sur le chemin d'un homme qui me conviendra. Amen* » ou encore « *Saint Bonne Aventure, aide Gilles à trouver une bonne femme qui sache le protégé et l'aimé. Merci d'avance*[1] ».

L'église catholique gallicane Sainte-Rita a une dernière particularité, et pas des moindres : les sacrements et la liturgie s'y déroulent selon le rite tridentin dit aussi de saint Pie V. Concrètement, cela signifie que la messe y est dite dans le plus pur latin et que le déroulement de la liturgie est identique à celui d'avant la Révolution : huissier en grande tenue indiquant aux fidèles les moments où ils doivent s'asseoir, se lever ou s'agenouiller ; messe basse donnée pour le repos des « âmes du purgatoire » et rituel du « chapelet médité », le tout noyé dans des vapeurs d'encens et des chants grégoriens. Les prêtres de rite gallican demeurent rattachés au Vatican tout en maintenant divers autres rites anciens tels que la bénédiction des maisons et l'exorcisme. À vos Pater !

---

1. *Orthographe d'origine.*

PARTIE VIII

Savoureux canulars

Chapitre I

Le dîner de dupes

On croit le principe du « dîner de cons » tout droit sorti de l'imagination incisive de Francis Veber. Erreur ! Cette cruelle plaisanterie avait cours bien avant 1998. La pauvre dupe ne s'appelait pas encore François Pignon ni son bourreau Pierre Brochant mais chacun tenait déjà son rôle…

En 1814, un petit groupe d'amis avaient coutume de se réunir chaque mercredi autour d'un dîner dans l'un ou l'autre des restaurants des galeries du Palais-Royal. Ils y parlaient femmes, théâtre, politique et se divertissaient surtout aux dépens d'un invité du jour, jamais le même, convié au titre d'expert ou d'ami d'ami. Le pigeon pouvait être levé dans n'importe quel milieu — les meilleurs étant, de loin, les provinciaux. Le but était de faire parler le zozo, de le pousser dans ses retranchements en se moquant secrètement de ses travers, de ses tics ou d'une de ses naïves passions. On pouvait aussi pour changer lui faire gober un subtil bobard.

En ce mercredi de septembre 1814, le sujet expérimental du jour était un certain Pierre de La Mésangère, rédacteur du *Journal des Dames et des Modes*, déniché par le jeune critique de variétés Ernest de Bréjansac, qui l'invita en qualité de confrère.

La Mésangère était un monomane piqué de mode. Rien d'autre ne comptait pour lui que la coupe d'un frac, les reflets d'un satin, le bouffant d'un jabot ou la hauteur d'un bottillon. Il jugeait les hommes selon leur mise et voyait le monde entier au travers du prisme du bon goût. L'élégance était selon lui une qualité majeure sans laquelle on n'était rien. À cinquante-six ans bien sonnés, il s'habillait encore comme un jeune homme, avec la recherche savante d'un lanceur de tendances. Comme d'autres ont le nez sur les cours de la Bourse, La Mésangère prenait quotidiennement le pouls de la mode parisienne avec le sérieux et la minutie d'un disciple d'Hippocrate. Peu lui importaient les révolutions d'État, il croyait fermement qu'un bon tailleur, une bonne couturière et une bonne modiste étaient plus nécessaires au bonheur du peuple qu'un bon roi, un bon ministre et un bon général d'armée. L'anecdote du 30 mars 1814 est, sur ce point, révélatrice : ce jour-là, alors que la bataille de Paris faisait rage, La Mésangère était absorbé par la facture d'un nouveau bonnet du matin, qu'il avait baptisé « bonnet à l'Impératrice » et qu'il se promettait de publier dans le prochain numéro de son journal. Un de ses amis, soudain, fit irruption dans son bureau, le sourcil sombre :

« On signe la capitulation de Paris, et demain les Russes s'y baladeront comme chez eux !

— Eh bien ! répondit avec flegme La Mésangère, mon bonnet s'appellera "bonnet à la cosaque". »

Notre homme avait tout sacrifié à sa passion. Il avait englouti des sommes folles dans son *Journal des Dames et des Modes* dont les maigres bénéfices alimentaient sa collection de costumes miniatures de tous pays et de toutes époques. La rente que lui versait sa famille servait à soutenir divers magasins de mode et de nouveautés en difficulté. Chaque mois, de nouvelles échéances s'ajoutaient aux précédentes, sans espoir de solvabilité. À la fin de l'été, la situation devint si critique que La Mésangère dut se résoudre à mettre son journal en vente, ou du moins à chercher un associé qui contribuât aux frais de la publication. Telle était sa principale préoccupation au moment du fameux dîner du Palais-Royal. L'un des convives l'aborda tout naturellement sur la question :

« J'ai appris, cher Monsieur, que vous aviez le projet de vendre le *Journal des Dames et des Modes* ?

— Ma foi, oui, répondit La Mésangère dans un lourd soupir, j'y suis obligé. J'espère une offre honnête et j'y mets une condition : pouvoir publier encore une vingtaine de modèles de chapeaux, de bonnets et de coiffures — des petites choses exquises sur croquis que les Parisiennes s'arracheront au printemps prochain, j'en suis persuadé.

— Allons bon, mais c'est extraordinaire ! N'est-ce pas exactement le genre d'affaires que vous recherchez, monsieur le baron ? s'écria un convive en s'adressant à un autre, installé en bout de table.

— Effectivement ! acquiesça le soi-disant baron. J'ai justement l'intention d'acquérir ou de fonder à Paris une revue de modes.

— Alors, monsieur le baron, il se peut que nous soyons faits pour nous entendre, constata La Mésangère, stupéfait de ce hasard. Mais je me dois de vous prévenir : diriger un journal n'est pas une sinécure ; cela vous mine, vous use, vous ronge. C'est une entreprise souvent décourageante et jalonnée de sacrifices que seule la passion du métier aide à supporter. J'y ai personnellement consacré plus de cinquante mille francs, l'intégralité de mon patrimoine. Aimez-vous réellement la mode à ce point ?

— J'aime par-dessus tout ma fille et ma fille est follement éprise de mode. C'est pour elle, la pauvrette, que je veux acheter un journal de style », répondit le baron en essuyant une larme dans sa moustache.

Bon comédien, le pseudo-baron avait plongé le nez dans son potage et s'était remis à manger en silence, en reniflant de temps à autre. La Mésangère regarda le baron avec curiosité. En veine d'éclaircissements, il se pencha vers Ernest de Bréjansac, son voisin de droite, d'un air interrogateur. Celui-ci lui chuchota à l'oreille :

« Enfin, vous ne l'avez pas reconnu ? Il s'agit du fameux baron de Vanhove, celui dont tout le monde parle depuis six mois, celui qui vient de s'installer à Paris avec sa fille !

— Non, vraiment, je ne vois pas. Jamais entendu son nom, ni dans l'atelier ni dans les boutiques...

— Vous plaisantez ! Il y avait un article sur lui pas plus tard qu'hier dans *la Gazette de France*. C'est un grand seigneur flamand qui possède un revenu de plus d'un million, et qui sillonne l'Europe avec sa fille unique qu'il chérit tendrement...

— La belle enfant s'intéresse donc à la mode française ?

— Intéressée, le mot est faible. Disons plutôt qu'elle est complètement piquée de fanfreluches, de guipures, de voilettes et de falbalas. Elle voyage avec vingt-deux malles, trois couturières, une modiste et un coiffeur. Elle se change trois fois par jour et exige le dernier cri pour ses accessoires. On raconte qu'elle dépense tous les ans de deux à trois cent mille francs rien que pour sa toilette.

— Deux à trois cent mille francs ! répéta La Mésangère, estomaqué. L'impératrice elle-même ne dépense pas autant.

— Peut-être, mais la demoiselle en question n'a guère d'autre distraction, contrairement à l'impératrice... Elle souffre d'une cruelle infirmité qui la coupe totalement du monde.

— Est-elle paralysée, aveugle, cul-de-jatte, bègue, débile, épileptique, manchote ?

— Rien de tout cela ! Pire encore...

— Vous m'intriguez. Qu'a-t-elle donc de si terrible ?

— Bon, je peux bien vous le dire. Ce n'est pas un secret, tout le monde est au courant. Et s'il prenait au baron la fantaisie de vous présenter sa fille, mieux vaut que vous soyez prévenu. La pauvre porte en permanence un masque sur le visage, car elle est affublée d'une tête de mort. C'est une difformité de naissance ; elle a grandi avec, en se cachant des autres enfants. C'est pour combler cette solitude que le baron lui fait visiter l'Europe. Mais chut ! je crois qu'il nous écoute. N'aggravons pas le chagrin de cet homme accablé. Je vous ferai parvenir demain l'article de *la Gazette de France* qui vous en dira davantage. »

La conversation roula ensuite sur d'autres sujets. À la fin du repas, La Mésangère prit congé après avoir proposé au baron un rendez-vous le lendemain pour évoquer l'éventuel rachat du *Journal des Dames et des Modes*. Ils se retrouvèrent comme convenu à 11 heures, sous les arcades du Palais-Royal.

« Venons-en au fait, attaqua directement le baron. Vous réclamez, je crois, cinquante mille francs pour votre journal ?

— Je ne le céderai pas à moins et j'aimerais, dans l'idéal, conserver quelque influence sur la ligne éditoriale.

— Que diriez-vous de conserver la direction de la publication, en plus d'un million de francs versés dès la signature du rachat de propriété ?

— Un million et je garde ma place ? Je crains de ne pas comprendre. Vous vous moquez de moi...

— Pas du tout, c'est une affaire entendue. Je vous donne donc un million et vous épousez ma fille.

— Votre fille ! sursauta La Mésangère. Celle qui... Mais...

— Comment ! Vous avez l'air surpris ! On m'a pourtant fait comprendre hier que vous étiez partant pour une alliance tant commerciale que matrimoniale. Et j'en étais ravi ; vos goûts sont si proches de ceux de ma fille.

— C'est que, monsieur le baron, fonder un foyer est pour l'instant le cadet de mes soucis. D'ailleurs, avec quoi entretiendrais-je ma femme ? Je n'ai plus un sou en poche, c'est bien pour ça que je suis forcé de vendre.

— Justement, avec un million, vous aurez de quoi ! Sans compter la dot de ma fille et la rente que je verserai pour l'entretien du ménage et les frais de toilette d'Olympe. Vous verrez, elle est assez gourmande en robes et en chapeaux. Enfin ! Elle est tellement adorable qu'on lui pardonne tout...

— Adorable ! On m'a pourtant parlé d'une sorte d'infirmité... d'un handicap assez disgracieux...

— Oui mais... Bah ! Vous vous y habituerez vite ! Son problème est au niveau du visage, qu'elle cache derrière un masque. Le reste de son corps est absolument ravissant. Il suffit de garder les yeux fixés sur son décolleté. La nuit, quand elle aura enlevé son masque, eh bien... vous n'aurez qu'à souffler la chandelle !

— Tout de même... Cela demande réflexion. Avant de s'engager, il faut d'abord que nous nous rencontrions, Mlle Olympe et moi. Peut-être ne serai-je pas à son goût.

— Oh ! je ne me fais aucun souci à ce sujet. Elle lit intégralement chaque numéro du *Journal des Dames et des Modes* et s'avoue charmée par votre tournure d'esprit et votre élégance. Combien de fois ne m'a-t-elle pas dit être en parfait accord avec vos idées ! Vous allez avoir des tas de choses à vous raconter, des potins de mode à échanger... Sûr que je me sentirai de trop ! Allons, ne vous faites pas prier comme une rosière ; nous vous attendons pour déjeuner demain, à midi, au 360 de la rue de Grenelle. »

Les deux hommes se quittèrent après une solide poignée de main. La Mésangère resta encore un moment à arpenter les jardins du Palais-Royal. Que faire ? Accepter l'offre « de gros » du baron ? Négocier dans le détail ? Renoncer à vendre ? Vivre dans la misère ou épouser une femme à tête de mort ? Incapable de mettre de l'ordre dans ses pensées, il rentra chez lui où l'attendait un pli déposé par un commissionnaire. Il s'agissait de l'article de *la Gazette*, recopié par Ernest de Bréjansac.

« On ne parle dans tout Paris que de la fille à tête de mort. C'est la fille unique d'un seigneur étranger riche de plusieurs millions. Le père est venu à Paris exprès pour la marier avec un Français qui lui paraîtra digne de faire le bonheur de cette jeune et intéressante infortunée.

Olympe, c'est le nom de la demoiselle : elle a vingt ans, elle est faite au tour, elle a de quoi charmer quiconque ne la regardera pas au visage. Son port est si majestueux, sa démarche si gracieuse, ses formes si élégantes qu'on ne peut s'empêcher de la suivre des yeux et de la pensée, lorsqu'elle passe voilée et masquée. Depuis qu'elle est à Paris, elle évite de sortir dans la rue en plein jour, de peur que son masque ne la fasse remarquer.

Ce masque, il faut bien le dire, cache la plus épouvantable figure, une véritable tête de mort ; les yeux sont caves et semblables à des trous sans orbites ; le nez manque absolument ; la bouche est sans lèvres, toujours ouverte et grimaçante ; la peau, collée sur les os, accuse le galbe du squelette ; elle a les dents noires et dénuées de gencives, les cheveux rares et grisonnants, les sourcils chauves et les oreilles absentes.

Rien ne peut rendre l'impression produite par cette tête de mort sur un corps vivant et admirable. Aussi la triste Olympe ne détache-t-elle jamais son masque. On dit même que ce masque est fermé à l'aide d'une serrure d'or et que la clé de cette serrure est toujours dans les mains du père. Il est certain qu'Olympe est née avec cette tête de mort. Voici ce qu'on raconte de sa naissance :

Sa mère eut la faiblesse de trahir la foi conjugale ; elle ne voulut point que le complice de sa faute fût le témoin de sa honte et de son repentir : elle le pria de s'exiler volontairement. Mais le mari, jaloux et furieux, les surprit dans leurs derniers adieux ; il tua l'amant, sous les yeux de l'épouse infidèle, et ensuite il fit embaumer la tête du mort qu'il plaça derrière une glace dans la chambre de la coupable. Celle-ci, à force de contempler cette horrible tête, en donna l'empreinte à l'enfant qu'elle portait dans son sein. Elle mourut en le mettant au monde et le père, qui ne se pardonne pas sa cruauté, a juré de marier sa fille avec le premier homme qui en deviendrait amoureux.

Cette jeune personne serait, en effet, charmante si l'on pouvait oublier sa figure ; elle est mise avec un goût exquis et elle exécute toujours la première, pour son usage, les coquettes inventions du Journal des Dames et des Modes. »

Ernest de Bréjansac avait misé sur la vanité de La Mésangère en insérant dans cet article purement fictif la mention flatteuse de son journal. Et il fit bien. Le directeur de la revue se gonfla d'orgueil et sentit grandir en lui une singulière amitié pour cette demoiselle Olympe au goût si sûr. Elle était laide ? Tant pis ! Les délices de sa conversation et l'élégance de la toilette feraient oublier sa physionomie. Et le million promis par beau-papa aiderait à faire passer la pilule. Il se voyait déjà marié, homme heureux à la tête d'un journal prospère. L'esprit chaviré, La Mésangère se remit au travail ; il devait boucler le soir même le numéro d'octobre du *Journal des Dames et des Modes*. Par distraction, il envoya à l'imprimerie, au milieu des croquis et des légendes, le texte manuscrit de l'article de *la Gazette de France*. Cette étourderie va être, on va le voir, lourde de conséquences… L'imprimeur ne se posa guère de questions et inséra la note sous un titre de sa composition, qui lui semblait parfaitement adapté : « Avis sérieux aux célibataires. » Et il tira comme d'habitude la revue à trois mille exemplaires.

Pendant ce temps, La Mésangère songeait à sa tenue du lendemain. Ce jour-là plus qu'aucun autre, son élégance devait être à son zénith. Il arrêta son choix sur une culotte de nankin collante, des bas chinés, des souliers vernis à boucles carrées, un gilet de piqué blanc à revers, un habit bleu barbeau en poult-de-soie, un jabot et une cravate en dentelle d'Alençon. Peu avant l'heure dite, le vert-galant s'en alla vers l'extrémité de la rue de Grenelle. Côté pair, il marchait le nez en l'air, à l'affût du numéro 360. 216, 218, 220… et rien au-delà ! Il rebroussa chemin, crut à une erreur de plaques, interrogea pour finir une fleuriste qui lui assura que le dernier numéro de la rue était bien le 220. Fâché de ce contretemps et du retard qu'il prenait, La Mésangère s'enquit de la demeure du baron de Vanhove. La fleuriste mit sa bouche en cul de poule avant de lâcher qu'elle ne connaissait point ce baron-là. Aucun des riverains sollicités ne put l'éclairer davantage. L'heure tournait. Déjà midi et demi. La Mésangère entreprit d'interroger les concierges, certainement plus au fait des nouveaux arrivants. Loge après loge, il remonta la rue de Grenelle en demandant si parmi leurs locataires, ils n'avaient pas par hasard une fille à tête de mort.

Malheureusement pour le pauvre prétendant, il avait été précédé dans son enquête par la bande bien organisée des mystificateurs. Les farceurs avaient poussé très loin leur plaisanterie en adressant la même question à tous les portiers et boutiquiers du quartier. De sorte que La Mésangère arrivait à chaque fois comme un cheveu sur la soupe, avec sa question saugrenue déjà entendue. Les concierges réalisèrent que l'on se moquait d'eux. Certains se vengèrent en baladant habilement l'élégant d'un bout à l'autre de la rue ; les mauvais coucheurs l'envoyèrent carrément sur les roses !

« La fille à tête de mort ! Oui, bien sûr que je la connais ; elle habite au numéro 6.

— Ce n'est point ici qu'elle loge, répliquait le concierge du numéro 6 ; elle a quitté la maison depuis belle lurette ; on vous donnera sa nouvelle adresse au numéro 150.

— La fille à tête de mort est partie hier pour la Russie, lui dit le portier du numéro 150 ; faudrait voir au numéro 3.

— Elle a été enterrée hier, lui dit-on au numéro 3.

— Allez-vous-en à tous les Diables, avec votre fille à tête de mort ! s'écriait un vieux bougre qui n'entendait pas la plaisanterie.

— Si vous revenez encore m'ennuyer avec cette bêtise-là, explosait un monsieur Pipelet, vous allez tâter de mon balai ! »

La Mésangère renonça en milieu d'après-midi. Vanné, il eut néanmoins le courage de monter dans un fiacre pour se faire conduire au Palais-Royal, où il espérait rencontrer l'un des amis du baron de Vanhove pour se faire préciser l'adresse de ce dernier.

Mais la rumeur colportée par les logeuses, les commis et les commères, enfla, enfla, enfla jusqu'à déborder de la rue de Grenelle. Grâce à une espèce de télégraphe labial, elle gagna les quais de la Seine et bientôt tout Paris fut au courant de l'affaire : il y avait rue de Grenelle une fille à tête de mort après laquelle couraient une vingtaine de prétendants. Les jours suivants, on commença à voir apparaître des placards, collés sur les façades ou distribués de la main à la main, qui avaient pour titre :

« Étonnante aventure d'une fille à tête de mort, qui demande un mari et promet un million de dot à son futur époux. »

Suivaient les détails de l'affaire : qui était cette jeune fille, quelle était sa disgrâce, comment et à quel prix son père envisageait de la marier... En guise de conclusion, on pouvait lire :

« Les jeunes gens de bonne famille, ayant de bons répondants et possédant quelques avantages personnels du côté de la figure, de l'esprit et des talents, sont invités à faire connaître par écrit leurs intentions, avant de se présenter chez l'aimable et infortunée Olympe de Vanhove, qui les recevra masquée et n'ôtera son masque que le lendemain du mariage. »

Seul hic : l'adresse de l'intéressée, qui variait selon les placards du numéro 1 au numéro 220 de la rue de Grenelle ! Le texte était illustré par un portrait grossier de la demoiselle telle que les imprimeurs se l'imaginaient. Ces placards s'arrachèrent à cinquante mille exemplaires. On se figure sans peine la rue de Grenelle assaillie par une armée de prétendants soudoyant les portiers, guettant les allées et venues de fiacres ou escaladant les gouttières afin de jeter un œil dans l'intimité des appartements. Les chansonniers s'en amusèrent, qui traduirent l'anecdote en vers :

> *« Ô vous que l'hymen provoque ;*
> *Venez, messieurs les galants !*
> *Accourez, petits et grands,*
> *De tous les bouts de l'Europe,*
> *Pour épouser sans remords*
> *La Fille à tête de mort. »*

Bien que personne n'eût jamais vu l'ombre du masque de la fille à tête de mort, sa légende persista pendant dix bonnes années, entretenue par des portraits vendus chez les marchands d'estampes ou sur les champs de foire. Ernest de Bréjansac et ses amis, stupéfaits de voir l'ampleur gigantesque qu'avait prise leur innocente plaisanterie, se gardèrent bien de révéler la supercherie. Quant à La Mésangère, il se rabattit sur une vieille fille au physique rustique mais dont l'avoir solide lui permit de renflouer son cher journal.

© D. Lesbros

À quel numéro de la rue de Grenelle habitait donc la fille à tête de mort ?

Chapitre II

La saga des Bateaux-Mouches

L'IMAGE DE LA SEINE au XIXe siècle n'était pas celle, lisse et policée, qu'elle affiche aujourd'hui. C'était alors sur le fleuve une joyeuse pagaille du matin au soir. Une multitude d'embarcations diverses employées au transport de passagers ou de marchandises se doublaient, s'évitaient de justesse et se disputaient les places aux pontons d'accostage. On y croisait des pataches à voile, des gabares et des coches d'eau baptisés *Poste de Meaux*, *Galiote de Saint-Cloud*, *Corbillard de Corbeil*, *Patache de Forges-les-Eaux* ou *Mouche du Point-du-Jour*. L'apparition du métro au début du XXe siècle signa la mort des bateaux bus qui, vétustes et crasseux, furent liquidés en 1926. Certaines galiotes tentèrent bien de survivre quelques années de plus mais la Seconde Guerre mondiale brisa net leur tentative. À la Libération, on retrouva un fleuve quasi désert. En 1950, quinze mille passagers à peine utilisaient son cours pour se déplacer, contre quatorze millions en 1905.

Un entrepreneur audacieux, navré de ce trafic fantomatique et persuadé du potentiel commercial de la Seine, décida de lui redonner une belle flotte d'eau douce et de lui rendre une importance que le fiacre, l'omnibus et le métro lui avaient peu à peu volée. Cet entrepreneur, qui s'appelait Jean-Charles Bruel, acheta en 1949 l'un des derniers bateaux à vapeur de l'Exposition universelle de 1900, le rebaptisa *L'Hirondelle* et élut domicile dessus. Il eut l'idée de poser sur cette barge à fond plat les moteurs les plus modernes du moment, de la recouvrir d'une carcasse de verre offrant une vue panoramique sur Paris et d'installer sur ses flancs les projecteurs les plu puissants qui soient. Il utilisa pour le carénage de son bateau les tôles d'acier de sous-marins allemands confisqués. D'autres suivront bientôt, prénommés *Le Parisien*, *Le Coche d'Eau*, *La Galiote* et *La Patache*. La Compagnie des Bateaux Mouche était née !

En guise de baptême inaugural, la jeune compagnie fut l'héroïne d'un aimable canular monté de toutes pièces par son directeur. Jean-Charles Bruel vit venir à lui un beau matin un homme à la mise élégante quoiqu'un peu démodée — costume trois pièces et chapeau melon — qui se promenait sur le quai Anatole-France. Après un salut cordial, l'homme au melon engagea la conversation :

« Pardonnez-moi, Monsieur, de vous aborder aussi abruptement mais... est-ce bien vous le propriétaire de cette flotte de bateaux ?

— Oui, Monsieur. Jean-Charles Bruel, pour vous servir, dit ce dernier avec une brève inclinaison de tête.

— Permettez-moi de me présenter à mon tour : Albert Dauzat, linguiste, grammairien et professeur à l'École pratique des hautes-études. Je suis auteur d'un dictionnaire étymologique des noms de lieux en France et d'un dictionnaire des noms et prénoms français. Tout ce qui se rapporte au beau et au bien parler m'importe et c'est au nom de la beauté de la langue française que j'ose vous importuner. M'autorisez-vous une petite remarque ?

— Mais faites, Monsieur, faites !

— Hum ! Voilà : je vois sur ce panneau qui vous sert d'enseigne le mot composé "Bateaux Mouche" dans lequel le qualificatif apposé n'est pas accordé avec le nom au pluriel. Il siérait de le corriger avec plus d'exactitude en "Bateaux Mouches[1]". »

---

1. *Le* Larousse *s'en est depuis chargé.*

Jean-Charles Bruel, sidéré par cette si lumineuse démonstration de logique linguistique, prit acte et promit pour se débarrasser du grammairien d'étudier sérieusement la question. Mais au lieu de corriger sagement ses pancartes, il eut une idée géniale qui allait le réconcilier avec la grammaire tout en lui faisant un énorme coup de pub.

Il alla le jour même aux puces dénicher un buste masculin en bronze d'honorable facture, barbichu à souhait. Puis il rassembla ses amis les plus proches pour leur expliquer son plan : il s'agissait d'organiser une cérémonie d'inauguration en forme d'hommage au créateur des bateaux-mouches, créateur en l'occurrence purement imaginaire, que l'on appellerait Jean-Sébastien Mouche ! Les amis de Bruel furent emballés par cette mystification, en particulier le journaliste et historien Robert Escarpit, qui se proposa d'écrire la biographie du héros.

Une fois arrêté le programme de la journée, les invitations furent lancées à la presse et au Tout-Paris. Enfin, le grand jour arriva. En ce début d'avril 1953, il y avait foule sur les quais de la Seine, aux abords du pont de Solferino[1]. Les badauds agglutinés sur le pont reconnurent de loin Cecil Saint-Laurent, Annie Cordy et même André Malraux ! On admira les fourrures des jolies femmes, la prestance de ces messieurs, du dernier chic. À la demande des organisateurs, les personnalités embarquèrent à bord de *L'Hirondelle*, suivies par un essaim de journalistes et de photographes. Des musiciens en tunique rouge attaquèrent la marche funèbre de Chopin tandis que l'on dévoilait le buste de marbre trouvé aux Puces. Les complices de Bruel firent mine d'être frappés par son extraordinaire ressemblance avec feu M. Mouche : même regard intelligent, même barbiche, même prestance. Puis le peintre Edmond Heuzé, complice lui aussi, grimpa sur une estrade, chaussa ses lunettes, s'éclaircit la voix et prit la parole afin de lire l'émouvante biographie rédigée par Robert Escarpit :

---

1. La flotte de la compagnie a changé de rive et a déménagé au port de la Conférence, près du pont de l'Alma, à la fin des années cinquante, afin de permettre le prolongement des voies sur berges de la rive gauche.

« Hommage de la société parisienne de navigation touristique à un grand commis :

Jean-Sébastien Mouche (1834-1903).

Né sous Louis-Philippe et mort sous la IIIe République, Jean-Sébastien Mouche est le type même de ces fonctionnaires modestes et consciencieux qui, survivant aux vicissitudes politiques, ont fait la grandeur de l'Administration française.

Ancien élève des Arts et Polyfactures, il fut sous le Second Empire un des plus brillants collaborateurs du baron Haussmann. Nommé en 1868 contrôleur des Voies et Moyens à la préfecture de police, il organisa un corps d'inspecteurs particulièrement diligents et habiles qui portèrent bientôt le nom de "mouchards". Le terme est encore utilisé de nos jours.

Mais c'est la République qui lui permit de réaliser l'œuvre de sa vie. Chargé de résoudre le problème de la circulation dans Paris lors de l'Exposition de 1889, il eut l'idée géniale d'organiser un service régulier de bateaux sur la Seine. Ce sont les fameux « bateaux Mouche » dont la réputation atteint et dépasse maintenant les limites du monde civilisé.

Jean-Sébastien Mouche appartenait à une famille de grands commis. Son ancêtre, Nicolas Mouche, Prévôt de Seine sous Louis XIII, habitait dans un hôtel de l'île Saint-Louis qui existe encore au 25, quai de Bourbon. C'est lui qui, ayant coupé trop court un matin sa barbiche à la Richelieu, inventa ce qu'on appela la "mouche", petite touffe de poils sous le menton. Détail piquant : les mousquetaires donnèrent le même nom à la touffe de poils qu'ils attachaient au bout de leur épée lorsqu'ils voulaient s'exercer au fleuret, d'où les expressions "faire mouche" et "quelle mouche vous pique ?"

Son arrière-grand-mère, Suzanne Mouche, fut, semble-t-il, une des dernières passions du roi Louis XV. Spirituelle et brillante, elle fut surnommée "la Fine Mouche".

Bon fils, bon père, serviteur exemplaire de l'État, Jean-Sébastien Mouche fut, toute son existence, fidèle à la fière devise de sa maison "Bonne Mouche ne manque le coche" (d'eau).

On remarquera que, contrairement à une erreur répandue, "Mouche" est un nom propre. Le pluriel de "bateaux Mouche" doit donc être "bateaux Mouche" et non "bateaux Mouches". »

Ce discret pied de nez au linguiste Dauzat conclut l'édifiant discours. En récompense de leur attention, les invités eurent droit à un spectacle créé au Night Club et intitulé « Paris varie ». Puis *L'Hirondelle* cingla vers Notre-Dame « que Jean-Sébastien Mouche aimait tant ». La croisière terminée, chacun s'en retourna, ravi de la soirée. Seul manqua à l'appel Robert Escarpit, qui était absent de France au moment de l'inauguration. Sa famille, qui ignorait tout du canular, fut très surprise de recevoir les jours suivants un télégramme ainsi libellé :

« *Recevez tous mes remerciements pour ma résurrection.*
Stop.
Jean-Sébastien Mouche. »

La supercherie ne fut pas révélée tout de suite — on s'aperçut un peu tard qu'on était le 1er avril — et l'on parla partout dans Paris de M. Mouche, l'inventeur des bateaux du même nom auquel on avait dernièrement consacré une statue. La rumeur se répandit si bien que de nos jours on entend encore parfois dire que les bateaux-mouches doivent leur nom à ce grand homme !

Mais au fait, d'où vient vraiment ce sobriquet animalier ? On ne le sait exactement, car il fait l'objet d'une querelle de spécialistes qui se partagent entre les tenants de la puce british et les partisans du diptère lyonnais. Les premiers affirment que les bateaux-mouches sont nés sur la Tamise et qu'ils auraient été copiés par un ingénieur français puis importés sur la Seine. À Londres, ces embarcations qui faisaient de fréquentes escales (des sauts de puces) s'appelaient *flea boats* (« bateaux puces »). Or, notre ingénieur français qui parlait un anglais très approximatif, s'est avéré incapable de prononcer correctement ce mot, qui est devenu dans sa bouche *fly boats* (*fly* signifie « mouche » en anglais). L'erreur de traduction n'aurait jamais été corrigée ! Bien que cette hypothèse ait son charme, ce n'est pas la plus probable.

On pense plutôt que les bateaux-mouches doivent leur nom au quartier de la Mouche, à Lyon, où furent fabriqués les tout premiers bateaux omnibus à vapeur et à hélice qui, dès 1860, circulaient sur la Saône. À l'occasion de l'Exposition universelle de 1867, la Ville de Paris demanda au chantier lyonnais de la Félizate, quai de la Mouche, de bien vouloir lui fournir une flotte de bateaux identiques afin de promener les visiteurs sur la Seine, le long de laquelle s'étalait l'Exposition.

Les débuts de la Compagnie des Bateaux Mouche, dans les années cinquante, ne manquent pas d'anecdotes. Durant les premières semaines, la préfecture de police dut faire face à un afflux d'appels téléphoniques en provenance d'individus affolés, criant à l'invasion extraterrestre ! Ce n'étaient que les énormes projecteurs à arcs des bateaux qui jouaient dans les arbres et entre les cheminées, provoquant un grouillement d'ombres sur les toits qui effarouchait les occupants des chambres de bonnes ! Les soirs de ciel moutonneux, le standard de la préfecture explosait carrément, assailli par des alertes aux soucoupes volantes... Puis les riverains se familiarisèrent avec leurs nouveaux voisins.

Pour les touristes en goguette à Paris, les bateaux-mouches devinrent très vite une étape incontournable, au même titre que la tour Eiffel. De nombreux concours appâtèrent les participants en affichant comme premier prix « un dîner sur un bateau-mouche ». C'était un lot prestigieux qui faisait rêver les midinettes ! Un dîner à bord de *La Galiote* fut d'ailleurs la récompense attribuée en juin 1958 aux quatre gagnantes du concours de la Meilleure Ménagère rurale de France, aimablement sponsorisé par les machines à coudre Singer, la Société Frigidaire General Motors et la Société des produits diététiques Guigoz. Vingt mille jeunes filles de quatorze à dix-huit ans s'étaient affrontées dans tous les départements. Seules quatre jouvencelles sortirent victorieuses d'une série d'éliminatoires organisée au cours du mois de mai où cuisine, couture, puériculture, économie ménagère et agriculture firent l'objet d'épreuves sévères. C'est ainsi qu'Odette Barbut, jeune Cévenole de dix-huit ans, prouva ses talents en préparant des madeleines, en confectionnant un tablier fantaisie, en établissant l'horaire d'une journée pour un bébé de six mois et en prouvant qu'elle savait aussi bien entretenir un poulailler qu'utiliser un réfrigérateur !

En juillet de la même année, les bateaux-mouches accueillirent également les dix lauréats du Concours de la propreté, organisé chaque année dans les écoles. Il s'agissait de dix bambins d'une douzaine d'années, filles et garçons confondus, qui avaient su se distinguer par leur mise soignée et leur hygiène modèle. Coiffés du béret à pompon rouge de la Marine, ils montèrent chacun à leur tour sur une balance de jockey installée quai de la Conférence afin de fixer leur prix : leur poids en savonnettes ! Anny Ravaux, une robuste fillette de douze ans, bénit sa gourmandise : c'est elle qui, avec ses 60 kilogrammes, rafla le plus de savonnettes. En revanche et très paradoxalement, c'est la petite Anne-Marie... Mammouth qui en eut le moins : elle n'accusait à la pesée que 44 kilogrammes.

En 1959, les bateaux avaient un équipement de pointe dernier cri. Ainsi, les passagers de *La Patache* bénéficiaient d'un commentaire « Mouchorama » (*Voyage dans l'histoire de Paris au fil de l'eau*) en télécinéma, avec émetteur multilingue et récepteurs individuels. On leur offrait aussi une « carte Portulan », c'est-à-dire un plan du trajet sous-titré « Document utile au voyageur pour un souvenir de qualité, avec le profil précis des monuments vus des berges, des précisions historiques et techniques, des renseignements chiffrés et des culs-de-lampe en couleur ». Comble du luxe, une liaison téléphonique était mise à la disposition des médecins et des hommes d'affaires afin qu'ils restent en contact avec la terre tout au long de la croisière. Un Hindou magnifiquement enturbanné demanda un jour une communication téléphonique à bord. Il parla d'abord en français, puis en hindustani. Quelque temps après, les bateaux-mouches reçurent la note, astronomique. Notre maharadjah avait tout simplement communiqué ses impressions de touriste à sa famille de Bombay !

Aux origines de la compagnie, les bateaux-restaurants n'étaient pas encore équipés de cuisine. Servir un repas à bord était une véritable expédition : le maître d'hôtel prenait la commande auprès du client, la transmettait au pilote qui, par talkie-walkie, indiquait sa position à des relais postés à terre, qui préparaient le repas commandé et le descendaient dans des paniers à bout de cordes du haut de tel ou tel pont, selon la position du bateau ! Cette organisation ubuesque fut la cause d'un quiproquo fort embarrassant. Il prit un jour l'envie à Maurice Papon, alors préfet de police de Paris, de faire une balade en bateau-mouche, en compagnie de quelques huiles de l'administration du quai des

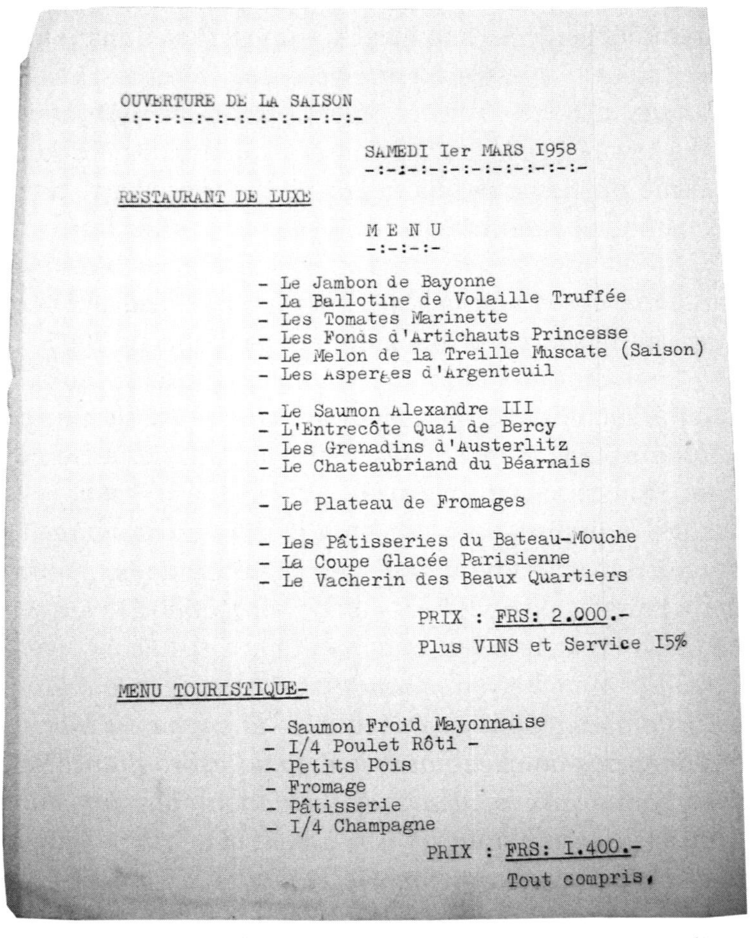

OUVERTURE DE LA SAISON
-:-:-:-:-:-:-:-:-:-:-:-

SAMEDI Ier MARS 1958
-:-:-:-:-:-:-:-:-:-:-

RESTAURANT DE LUXE

M E N U
-:-:-:-

- Le Jambon de Bayonne
- La Ballotine de Volaille Truffée
- Les Tomates Marinette
- Les Fonds d'Artichauts Princesse
- Le Melon de la Treille Muscate (Saison)
- Les Asperges d'Argenteuil

- Le Saumon Alexandre III
- L'Entrecôte Quai de Bercy
- Les Grenadins d'Austerlitz
- Le Chateaubriand du Béarnais

- Le Plateau de Fromages

- Les Pâtisseries du Bateau-Mouche
- La Coupe Glacée Parisienne
- Le Vacherin des Beaux Quartiers

PRIX : FRS: 2.000.-
Plus VINS et Service I5%

MENU TOURISTIQUE-

- Saumon Froid Mayonnaise
- I/4 Poulet Rôti -
- Petits Pois
- Fromage
- Pâtisserie
- I/4 Champagne

PRIX : FRS: I.400.-
Tout compris.

Les plats proposés sur le menu ont tous un rapport direct avec les monuments qui bordent les quais de la Seine.

Orfèvres. Alors qu'ils montaient à bord, un steward cria : « Vingt-deux ! Y'a les poulets qu'arrivent ! » Papon, outré, demanda à parler immédiatement au directeur de la compagnie, qui dut subir une terrible colère du préfet. « Je ne supporterai pas que l'on traite impunément les policiers et *a fortiori* moi, le préfet, de poulet ! Vous allez avoir de mes nouvelles, croyez-moi ! » Le directeur eut beaucoup de mal à le convaincre que l'interpellation ne lui était pas destinée, mais qu'elle concernait les clubs sandwichs au poulet fraîchement livrés !

Une fois que les cinq bateaux-restaurants furent équipés chacun d'une cuisine autonome, ils proposèrent dans leur menu des plats adaptés au décor de la croisière : pommes frites pont-neuf avec sauce béarnaise en hommage à Henri IV, langouste Thermidor devant la Conciergerie en l'honneur de Robespierre, jambon fumé du faubourg Saint-Antoine, fonds d'artichaut Tour de Nesle, saumon à l'Alexandre III, entrecôte quai de Bercy, gâteau Saint-Honoré et vacherin des beaux quartiers. Ces plats typiquement parisiens, après s'être éclipsés des assiettes durant quelques décennies, ont été remis à l'honneur sur le menu en 2005.

Les Parisiens ont tort d'abandonner aux seuls touristes le plaisir d'une balade en bateau-mouche le long de la Seine. Petit conseil aux blasés qui croient connaître ses rives par cœur : au moment de l'embarquement, demandez à la compagnie de bien vouloir vous remettre un guide de parcours en argot — parmi les vingt-deux langues disponibles — sobrement intitulé : *Un viron en barlu-Mouche a traviole Paname*. Morceaux choisis :

« *Sur le quai d'Orsay se dégauchit la cagna du Ministoche-des-Combines-pas-de-chez-nous, une taule esbrouffante où s'accroche la banne aux couleurs du bled dont les grossiums, ça officiel, après le jaspin, font la java à Paname.*

Recto le Carnot des Stropiats, le pont Alexandre III débride la lourde des Champs-Élysées. Alexandre avait chamboulé les copineries des bleds d'Europe. On lui balança un pont comme bouquet. C'est son fiston, Nicolas II, le der caïd ruskof qui cloqua la prime pavasse du pont en 1896 après une virée à Paname où il fit un vrai tabac en filant dans le chou des parigots revanchards, l'idée d'une riflette contre les Fritz, qui serait celle de la gagne.

Sur la rive droite, le Mastard Palais est en carafe. Les expos qui faisaient radiner le populo l'ont laissé quimper. Tchao aux parades des bagnoles et des moules à gaufres. Ce jourdé et depuis le Front Popu, on conoble une palanquée de ses carrées sous le blaze de Palais de la Découverte.

Le Minot Palais, au garde-à-vous, recto le Mastard, dans ses harnais 1900, sert de crèche aux postiches et batouses des barbouilleurs qui viennent épingler sur ses murs leurs croûtes et leurs navets.

Avant de rabattre au pont de la Concorde qui fut goupillé avec les pavetons de la Bastoche, on dégotte sur la rive gauche le vioque palais des Linsprés de Condé maquillé par Napoléon pour se repérer Palais Bourbon. C'est le gourbi des Députailles où l'on esgourde les parlimenteurs jaspiner et dévider durant des noïlles sur des salades à la graisse d'oie.

Sur la rive gauche, le quai d'Orsay se centra un bout "La Grenouillère". C'est icigo, sur les bleds de la curetaille de Saint-Germain-des-Prés, que les Parigots faisaient trempette dans une lancequine nickel. Louis-Philippe y placarda une étude fransquillonne de natation. En rabe, c'est icigo que se posa la piscine Deligny qui cavala à la traîne des tirées de trempette où durant 200 échelons, les mectons d'un bord et les gonzesses de l'autre se filaient à la baille qui les bottait bathement.

[...]

L'Institut de France s'est dégotté une planque dans le bonicard Collège des Quatre Nations que pondit par une der bafouille l'Écrevisse de Mazarin en 1661 pour y nicher les érudits de la haute qui rallégeaient des bleds cambrousards attriqués par la France qu'il tenait à pleines pognes. Napoléon fila en paquet les académies. La Biblio Mazarine a gonflé ses collègues de 350 000 bouquins, 6 000 ours, 2 000 primes babillards du départ de la cartaude en ramastiquant les bouquinos des mecs du gratin qui s'étaient carapatés et des gonzes à qui la Révolution avait raccourci le cigare.

[...]

Le quai des Orfèvres est la planque de la maison poulaga qui, de la Tour Pointue, fournique tout Paname.

[...]

Passé le Petit-Pont, Notre-Dame s'installe alors levandem les lucarnes pour vous en boucher en coin.

[...]

Lavantès de remonter la baille pour boucler l'île Saint-Louis, un coup de saveur sur les turnes du quai aux Fleurs où se dégauchit celle où pagnottèrent Abélard et Héloïse qui se gobèrent jusqu'à la grande valdingue. Leur dardant était si maousse qu'on en jacte lencorès. La taule des tourtereaux se dressait au numéro 1 de la strasse des Goualeurs centrée comaco bicause les Goualeurs de Notre-Dame y nichaient. Icigo, Abélard tomba en frime d'Héloïse en 1118. Le frangin-dabe de la gosseline, le chapon Fulbert, l'avait relancé pour se farcir son éducaille. Abélard avait 39 carats, Héloïse 17 solo. Une berge de mieux, Héloïse était en cloque. Abélard la souleva rapido et la plaqua chez sa frangine en Bretagne. Bonnard pour l'entiflage, Héloïse ne voulut rien chiquer bonnissant "qu'un mec au chou farci doit pas se faire tartir avec une smala". Deux longes lapresem leur tombée en frime, Abélard viré de son boulot de prof se perche sur la Montagne Sainte-Geneviève. Coursé par la lengeancevem de Fulbert qui lui fit eustacher les bijoux de famille, Abélard déblacla une ratichonnière "Le Paraclet" où après avoir éteint sa lampe, Héloïse laissant quimper la couveuse à frisquettes d'Argenteuil où elle s'était bridée, tourna Grande Dabesse des Frangipanes. Leurs lusquines sont au parc à refroidis du Père-Lachaise. »

Les inconditionnels de San Antonio apprécieront...

La Seine vue de la timonerie

Mais on ne parle que de monuments et de touristes... S'est-on jamais posé la question de ce que peut ressentir un pilote de bateau-mouche au cours d'une croisière ? Qu'en est-il de sa vie de marin d'eau douce ? Elle ne ressemble en rien à un fleuve tranquille : il lui faut slalomer entre les ponts et les multiples embarcations, contourner des ouvrages d'art, apprivoiser le courant et les humeurs de la Seine, manœuvrer le long des quais...

Attention au départ ! Un matelot annonce : « Chinois, Espagnols ! » C'est la composition majoritaire des passagers qui détermine le choix du C.D. de commentaires. Le capitaine sait alors quelles traductions il va lui falloir enclencher. Le G.P.S. prend ensuite le relais pour caler le bon commentaire sur le bon monument. Puis une légère secousse... La timonerie télescopique s'élève doucement, jusqu'à dépasser en hauteur le pont supérieur. Vue sur la Seine et les passagers, aux mœurs parfois surprenantes. Les Américains, par exemple, ne conçoivent pas une promenade en bateau sans un p'tit coup de rouge. Une fois passé le pont de la Concorde, les voilà qui sortent une bouteille de bon vin, un tire-bouchon et des gobelets et qui trinquent tout du long, en dépit de l'interdiction. Les Japonais, eux, ont une fâcheuse tendance à s'assoupir. Le capitaine les excuse volontiers : qui résisterait à un tour d'Europe en trois jours ? L'un d'eux s'est même assoupi sur le siège des toilettes, le pantalon en accordéon autour des chevilles. C'est le matelot qui l'a retrouvé, en faisant sa tournée de contrôle !

Les souvenirs de l'équipage ne sont pas toujours aussi cocasses. Un homme embarqua un jour à bord de *L'Hirondelle*. À part la petite valise qu'il portait, rien ne le distinguait des autres passagers. Au mitan de la croisière, il ôta soudain son blouson et sa montre qu'il posa sur un siège, enleva également ses chaussures, enjamba posément la rambarde et sauta par-dessus bord. On donna l'alerte, un matelot se jeta courageusement dans l'eau glacée. Trop tard... Un autre désespéré tenta de mettre fin à ses jours en sautant du haut du pont d'Iéna. Les yeux fermés sans doute pour se donner du courage, il se jeta dans le vide sans voir le bateau-mouche arriver. Il atterrit avec fracas sur le pont supérieur, se releva étourdi, regarda autour de lui et plongea cette fois dans l'eau glacée, qui lui fut fatale.

Dans le courant de l'an 2000, une dame d'un certain âge monta à bord, un cabas sous le bras. Pendant la promenade, elle glissait de temps à autre sa main dans son cabas pour en retirer une espèce de fine poudre grise qu'elle jetait à l'eau. Le matelot sénégalais chargé du bon déroulement de la croisière l'interrogea sur son manège, puis, apparemment rassuré par sa réponse, s'éloigna. Le capitaine, à son tour, fut intrigué. Il appela le matelot qui lui répondit : « La dame a dit que c'était son mari. » Disperser au vent les cendres d'un être cher était chose si naturelle... C'est alors qu'un coup de vent malicieux jugea bon d'intervenir, dispersant les cendres restantes partout sur le bateau ! Les autres passagers, heureusement ignorants de l'affaire, balayèrent sur leurs épaules cette poussière qu'ils prirent pour des cendres de cigarette. Ce qui restait du pauvre mari finit par être nettoyé à la lance à incendie, une fois le bateau revenu au port !

Si ces faits restent exceptionnels, l'insolite peut se rencontrer à tout instant au fil de l'eau : un couple de cygnes en goguette, une famille qui pique-nique sur une bonne vieille nappe à carreaux, un apollon en tenue d'Adam en train de bronzer sur « Tata Beach » (surnom du quai des Tuileries), un joueur de cornemuse breton quai de Béthune, un aquarelliste quai de Bourbon, des danseurs de tango quai Saint-Bernard ou les montreurs de lune du quai de Béthune. Ces derniers spécimens offrent le soir leur derrière à la lumière des projecteurs pour le plus grand ravissement des Japonais qui raffolent du spectacle, rient, shootent, applaudissent et en parlent longtemps après. Ceux qui ne goûtent guère à l'humour nippon trouveront davantage de poésie dans le jeu des sonneurs de cor qui se répondent certains soirs sous les piles du pont d'Iéna, côté tour Eiffel. L'effet est magique, on croirait presque entendre le brame des cerfs...

La terrasse du cabaret du Lapin Agile *fut en 1910*
le théâtre d'un savoureux canular.

Chapitre III

Le talent consacré de l'âne Boronali

LE CABARET du *Lapin Agile* fut, au début du XXe siècle, le théâtre du plus génial canular de l'histoire de l'art. À cette époque, comme à toutes les époques d'ailleurs, il y avait deux catégories d'artistes : ceux qui étaient reconnus et que la bonne société s'arrachait et ceux qui tiraient le diable par la queue, sautant un repas plus souvent qu'à leur tour. Les premiers, glorieux médaillés des Salons d'automne, des indépendants ou des artistes français, étaient exposés dans les prestigieuses galeries du quartier de la Bourse, dans un décor de lys et d'ors damassés. Les seconds étaient contraints d'abandonner leurs toiles pour quelques sous à des brocanteurs ou à des marchands de couleurs de Montmartre. Le père Martin, brocanteur, a ainsi acheté à Renoir *la Loge* pour 485 francs, soit le montant du loyer réclamé au peintre par son logeur. Il y avait aussi le père Tanguy, généreux marchand de couleurs immortalisé par Van Gogh, coiffé de son chapeau breton, posant les mains jointes devant des estampes japonaises.

Au début du siècle dernier, le Tout-Paris s'extasiait sur la peinture moderne et en particulier sur les expérimentations de l'école futuriste initiée par Picasso et ses amis du Bateau-Lavoir. Ce qui agaçait prodigieusement l'écrivain Roland Dorgelès, alors rédacteur à *Paris-Journal*. Cela l'irritait d'autant plus que deux de ses plus proches amis, André Salmon et Guillaume Apollinaire, joignaient leurs louanges au chœur des snobs. Ils ne parlaient que de « cubisme » et de « futurisme » à longueur de temps, avec un enthousiasme et un esprit grégaire écœurants. Dorgelès eut alors l'idée d'une mystification destinée à confondre gentiment ces tenants bornés de l'art moderne. Il mit dans la confidence son ami André Warnod et commença par rédiger un *Manifeste de l'excessivisme* dans le style du poète italien Marinetti, auteur du *Manifeste du futurisme*, en 1909 :

« Holà ! Grands peintres excessifs mes frères ! Holà ! Pinceaux sublimes et rénovateurs ! Brisons les ancestrales palettes et posons les grands principes de la peinture de demain. Sa formule est l'Excessivisme. L'excès en tout est un défaut, a dit un âne. Tout au contraire, nous proclamerons que l'excès en tout est une force… Ravageons les musées absurdes. Piétinons les routines infâmes. Vivent l'écarlate, la pourpre, les gemmes coruscantes, tous ces tons qui tourbillonnent et se superposent, reflets véritables du sublime prisme solaire : Vive l'Excès ! tout notre sang à flots pour recolorer les aubes malades. Réchauffons l'art dans l'étreinte de nos bras fumants ! »

Plusieurs quotidiens et gazettes se firent l'écho de ce manifeste tonitruant et révolutionnaire signé Joaquim-Raphaël Boronali. Ils en publièrent des extraits, accompagnés d'une critique généralement désobligeante sans être pour autant assassine. Tant de manifestes paraissaient chaque année que l'on ne s'étonnait plus de rien.

Une semaine plus tard, Roland Dorgelès et son complice André Warnod se rendirent au creux de la matinée au *Lapin Agile*, Q.G. des artistes bohêmes du quartier. Ce petit cabanon posé de guingois au sommet de la rue des Saules fut d'abord en 1860 une guinguette mal famée baptisée *Au Rendez-vous des voleurs* puis le *Cabaret des assassins*. Elle passa ensuite entre les mains d'Adèle Decerfz, ex-danseuse de Cancan, qui en fit *À ma campagne*. Après la Commune, le cabaret eut droit à une nouvelle enseigne, peinte par le caricaturiste politique André Gill : un lapin tenant une bouteille de vin et dansant la gigue dans une casserole. D'où le calembour : lapin agile/lapin à Gill. Menacé de démolition en 1903, le cabaret fut racheté par Aristide Bruant qui le légua en 1905 à Frédéric Gérard, le légendaire père Frédé, ancien patron du *Zut*.

Une sacrée figure de la Butte, celui-là ! Une barbe de prophète broussailleuse, de longs cheveux gris coiffés d'un drôle de bonnet de fourrure râpée, toujours le même chandail et le même veston à côtes de velours sur le dos, éternellement « chaussé de bottes comme un bandit d'opéra-comique[1] », le père Frédé avait des allures de berger incidemment croisé avec un troubadour. Il ne se séparait jamais de sa guitare, dont il s'accompagnait pour déclamer à l'improviste des rengaines romantiques ou des chansons à boire, mettant une ambiance d'enfer dans son cabaret. Comme d'autres ont un chien, un chat ou un canari, le père Frédé avait un vieil âne pelé répondant — quand il était bien luné — au patronyme de Lolo.

Une semaine donc après la parution du *Manifeste de l'excessivisme*, le 8 mars 1910, Dorgelès et Warnod se pointèrent vers 10 heures au cabaret du père Frédé, alors désert. Ils commandèrent au patron ses fameuses cerises à l'eau-de-vie, dont il tirait grande vanité, et lui présentèrent leur requête :

« Père Frédé, on a un service à te demander. Faudrait que tu nous prêtes Lolo, ton âne. Ce ne sera pas long, une heure ou deux à peine. Et tu peux venir avec lui si tu crains de notre part quelque mauvais traitement.

— Diable ! Et pour quoi faire ?

— Une niche à des amis. Rien de méchant mais on va bien rigoler, crois-moi ! Alors, c'est d'accord ? On y va avant que les copains rappliquent pour l'apéro ? »

Le père Frédé, amusé, se laissa facilement convaincre et alla chercher son âne Lolo qui broutait un carré d'herbes folles.

1. *La formule est de Francis Carco (1886-1958), familier du cabaret.*

Dorgelès chuchota quelques mots à l'oreille de Warnod, qui partit en courant, puis il installa sur la terrasse du cabaret une chaise faisant office de chevalet et une table de fortune, sur laquelle il étala de la ficelle, une palette et un assortiment de couleurs. Warnod revint bientôt, accompagné d'un individu à la silhouette austère. Tout en cet homme-là respirait le sérieux de l'administration : un habit de coupe classique et sans fantaisie, une cravate irréprochable, un couvre-chef d'honorable facture et une sacoche usée juste ce qu'il faut. Roland Dorgelès fit les présentations : « Maître Brionne, permettez-moi de vous présenter le père Frédé, que vous connaissez peut-être déjà, ainsi que Lolo, son âne. Père Frédé, voici Me Brionne, un huissier assermenté qui va se charger d'écrire noir sur blanc tout ce qui va se passer ici. Car je doute en effet que l'on me croie lorsque la vérité éclatera ! Je compte sur vous, Maître, pour me ficeler un constat en bonne et due forme, absolument irréfutable. »

Cela dit, les choses sérieuses commencèrent : Dorgelès attacha avec de la ficelle un pinceau à la queue de l'âne, piocha du bout du pinceau ainsi arrimé quelques couleurs sur la palette et plaça le postérieur de Lolo face au chevalet. Puis, soutenant sa queue, il accompagna les mouvements naturels de l'animal. L'huissier, imperturbable, décrivit la scène :

« *L'an mil neuf cent dix le huit mars.*

En mon étude et par-devant moi Paul Henri Brionne, huissier près le tribunal civil de la Seine séant à Paris, y demeurant, 33, rue du Faubourg-Montmartre, a comparu monsieur Roland Dorgelès du journal Fantasio *demeurant à Paris, 14, boulevard Poissonnière, lequel m'a exposé :*

Que chaque année il existe un salon d'expositions d'œuvres diverses, dessin, peinture et sculpture, qui porte le titre d'« Exposition des Artistes Indépendants ».

Que cette Exposition est ouverte à tous les artistes et qu'il est regrettable qu'à côté d'œuvres de haute valeur figurent des œuvres ridicules et n'ayant de l'avis de tous et des Artistes Indépendants eux-mêmes aucun caractère artistique.

Que dans le but de démontrer à quel point toute œuvre est admise à cette Exposition, causant ainsi un préjudice réel aux œuvres voisines, il se propose d'envoyer au dit Salon, de la part du journal Fantasio, *une toile dont un âne sera le principal auteur. Que cette toile sera inscrite au catalogue sous le titre* Et le soleil se coucha sur l'Adriatique... *et portera la signature de Joaquim-Raphaël Boronali, anagramme d'Aliboron*[1].

Qu'il me requiert en conséquence afin d'établir la véracité des faits ci-dessus, d'assister à la confection de cette toile et d'en dresser procès-verbal. »

Et il a signé cette réquisition.

« *Déférant à cette réquisition et assisté de MM. Roland Dorgelès et André Warnod, rédacteurs à* Fantasio, *nous nous sommes transportés au cabaret du* Lapin Agile *sis à Paris, rue des Saules, où, étant devant cet établissement, MM. Dorgelès et Warnod ont disposé, sur une chaise faisant office de chevalet, une toile à peindre à l'état neuf. En ma présence, des peintures de couleurs bleue, verte, jaune et rouge, ont été délayées et un pinceau fut attaché à l'extrémité caudale d'un âne appartenant au propriétaire du cabaret du* Lapin Agile *et prêté pour la circonstance par ce dernier.*

L'âne fut ensuite amené et tourné devant la toile et M. Dorgelès, maintenant le pinceau et la queue de l'animal, le laissa par ses mouvements barbouiller la toile en tous sens, prenant seulement le soin de changer la couleur du pinceau et de le consolider.

J'ai constaté que cette toile présentait alors des tons divers passant du bleu au vert et du jaune au rouge sans avoir aucun ensemble et ne ressemblant à rien.

---

1. *« Maître Aliboron » est le surnom de l'âne dans la fable de La Fontaine* Les Voleurs et l'Âne.

Après ce travail terminé, des photographies furent prises en ma présence de la toile et de son auteur.

En conséquence et de tout ce que dessus j'ai dressé le présent procès-verbal pour servir et valoir ce que de droit.

Coût : Dix-huit francs vingt centimes. »

Une fois que tous les témoins eurent apposé leur signature sur le procès-verbal, l'huissier, qui était dans un de ses jours fastes, offrit une tournée de pernod-grenadine. Lolo eut droit à une botte de carottes fraîches qui vint opportunément le requinquer après son dur labeur d'artiste. Son appendice caudal un peu engourdi en frétilla de convoitise. L'équipe de farceurs trinqua joyeusement sous les lilas de la terrasse du *Lapin Agile*.

La toile de Boronali, chef de file de l'école excessiviste, entra aux Indépendants, un salon dont le principe est d'exposer les envois sans critère de sélection. Le jour du vernissage, Roland Dorgelès s'était posté non loin du tableau et écoutait avec délices les commentaires des visiteurs :

« Boronali... Mais n'est-ce point l'auteur de ce *Manifeste de l'excessivisme* paru il y a peu ? »

« Mmouui... Y'a de l'idée mais franchement, j'en voudrais pas chez moi. »

Les réflexions étaient tièdes mais pas franchement hostiles ni étonnées. Personne ne cria au scandale. La presse tomba également dans le panneau. Les critiques d'art reconnaissaient à ce jeune artiste inconnu « un tempérament encore confus de coloriste », « une maladresse de facture » voire « un excès de personnalité[1] ». Un seul fut véritablement féroce, celui qui tenait une chronique dans les colonnes du *Matin*. Roland Dorgelès, voyant

1. L'idée n'est pas nouvelle... Dorgelès a peut-être eu vent de l'expérience du peintre japonais Hokusai qui, au XVIIIe siècle, lâcha un coq sur une feuille de papier après lui avoir préalablement trempé les pattes dans un pot de couleur bleue, puis dans un autre de couleur rouge. Les snobs de l'époque reconnurent dans les empreintes de l'oiseau « les flots de la rivière Tatsouta, charriant des feuilles d'érable rougies par l'automne » !

là un excellent prétexte pour rebondir, déboula à la rédaction du *Matin* et força la porte du rédacteur en chef :

« Monsieur, votre critique artistique, Pascal Forthuny, a parlé de mon ami Joaquim-Raphaël Boronali sur un ton blessant que je ne saurais admettre. Je vous prie de prendre connaissance de ces documents qui, j'en suis sûr, modifieront votre point de vue. Et Dorgelès de mettre sous le nez du rédacteur en chef le constat de l'huissier.

— Un âne ! s'écria-t-il. Je publie sur-le-champ ! »

Ce qu'il fit, pendant qu'en parallèle Dorgelès contait sa farce dans le *Fantasio*, photos à l'appui.

Ce joli coup de pub gonfla la popularité de Boronali. Au Salon des indépendants, il fallait piétiner longuement pour voir, brièvement, la toile vedette.

« Le tableau de l'âne ? demandait-on à l'entrée.

— Suivez la foule », répondaient les gardiens blasés.

Imaginez donc la portée du canular si le tableau avait été accepté par les jurys des Salons d'automne ou des artistes français...

L'insolite chef-d'œuvre suscita la convoitise de nombreux acheteurs qui se battirent comme des chiffonniers pour l'acquérir. *Et le soleil se coucha sur l'Adriatique...* fut adjugé au plus offrant au profit de l'orphelinat des Arts. Un amateur autrichien proposa 400 francs et emporta les enchères.

Bien plus tard, en 1935, André-François Poncet, qui était alors ambassadeur de France à Berlin, conta toute l'affaire à un autre Autrichien nommé Adolf Hitler. Le chancelier faillit mourir de rire, plié en deux, les larmes aux yeux et se tapant les cuisses.

En 1939, Boronali fit son entrée dans le très sérieux *Dictionnaire des peintres* de Bénézit, LA bible du petit monde des arts. Le Bénézit n'avait manifestement pas eu vent de la supercherie pourtant rendue publique, car la notice mentionnait : « Boronali (J.-R.), peintre né à Gênes au XIXe siècle, école italienne, exposa aux Indépendants en 1910. » L'édition de 1955 corrigea l'erreur et ajouta dans le corps du texte qu'il s'agissait d'une mystification. Le Bénézit omit en revanche de préciser que ce brave

Aliboron de Boronali, alias Lolo, rendit l'âme durant la Première Guerre mondiale à Saint-Cyr-sur-Morin (Seine-et-Marne), campagne où le père Frédé aimait à se reposer. Roland Dorgelès soutint que Lolo s'était suicidé en se jetant dans la rivière...

Mais l'aventure ne s'arrête pas là ! La toile de Joaquim-Raphaël Boronali revint quelques décennies plus tard sur le devant de la scène, à l'occasion de l'exposition internationale « Le Faux dans l'Art et dans l'Histoire », organisée par Guy Isnard au Grand Palais du 17 juin au 16 juillet 1955. *Et le soleil se coucha sur l'Adriatique...* en était évidemment l'une des plus belles pièces. La toile avait entretemps changé de mains et appartenait à un amateur d'art et collectionneur nommé Paul Bédu. Celui-ci accepta volontiers de s'en séparer pour la partager provisoirement avec le public, mais un détail chiffonnait pourtant le commissaire de l'exposition... Ayant ouï-dire qu'il existait à Nantes un autre tableau dit de Boronali, Guy Isnard demanda conseil à Roland Dorgelès, qui lui fit la réponse suivante :

« *Soyez rassuré, votre faux est le vrai. Je l'ai moi-même expertisé et formellement reconnu lorsque M. Bédu me l'a présenté. Je me souviens qu'avant la guerre, un autre collectionneur, domicilié à Nantes, m'avait écrit pour me dire qu'il possédait la célèbre* Marine *de Boronali. Ce malheureux s'était laissé tromper : il avait acheté un faux... faux !* »

On peut désormais admirer l'unique œuvre de Boronali à l'Espace culturel de Milly-la-Forêt (Essonne) qui accueille la collection particulière de Paul Bédu — près de cent trente tableaux de grands ou de petits maîtres glanés dans diverses expositions annuelles de la Belle Époque (Salon d'automne, Salon d'hiver, Salon des indépendants...). Roland Dorgelès ne s'en tint pas à ce canular retentissant ; il récidiva peu de temps après, s'attaquant cette fois au Louvre et aux absurdités de son administration[1].

1. *Voir le chapitre* « *Grabuge au Louvre* ».

Chapitre IV

Délires mythiques au Père-Lachaise

S'IL EST UN LIEU propice à la création de mythes et de légendes, c'est bien le Père-Lachaise. À la fois parc et cimetière, il fascine par son paysage accidenté, par la beauté et la variété de ses chefs-d'œuvre minéraux et enfin par le nombre époustouflant de célébrités qu'il offre au mètre carré. Forcément, sur un tel terreau, les légendes poussent comme des feux follets. Celle de la princesse Demidoff en tête...

La famille Demidoff était jadis l'une des plus riches de Russie, plus riche que le tsar lui-même. Elle exploitait dans l'Oural des mines d'or et de prospères usines métallurgiques. Pendant la Restauration, un membre de cette lignée d'aristocrates, un certain Pavel Demidoff s'établit à Paris avec sa jeune épouse. La mort emporta cette dernière en 1818. Elle fut d'abord inhumée dans un charmant petit caveau en forme de temple grec soutenu par six colonnes de marbre blanc. Puis en 1840, son fils fit transférer le tombeau de sa mère plus haut, sur la falaise (dans la 19e division),

© D. Lesbros

La tombe en granit d'Oscar Wilde (89e division) est depuis l'an 2000 couverte de traces de rouges baisers. L'administration mécontente menace de la couvrir d'une vitre.

en le posant sur un énorme soubassement. Ce qui fit de ce mausolée le plus grand et le plus somptueux du cimetière.

Sans doute inspiré par le socle monumental qui abritait une vaste salle funéraire, un obscur journal boulevardier de la fin du XIXe siècle lança un canular. Un article en troisième page raconta, en termes mystérieux, qu'une grande dame moscovite s'était fait enterrer au Père-Lachaise. On décrivait son monument — une colonne surmontée d'un dôme polychrome, et sa chapelle dallée de marbres précieux, et son cercueil en cristal de roche. On ajoutait que la princesse avait déposé son testament chez un notaire de Paris et qu'elle léguait la totalité de sa fortune (environ deux millions de roubles-or) à la personne de bonne volonté qui consentirait pendant 365 jours et 365 nuits à s'enfermer auprès de son corps, dans la solitude du caveau, et à ne s'en éloigner sous aucun prétexte. La princesse désirait être veillée sans interruption ; elle ne s'opposait pas à ce que l'on fît auprès d'elle plantureuse chère, ni à ce qu'on lût des livres amusants. Mais il ne fallait point la quitter d'une seconde. Elle mettait cette condition expresse à ses libéralités.

Dès lors, la conservation de la nécropole fut assaillie de demandes. Des prétendants écrivirent même des États-Unis pour réclamer des précisions et proposer leur candidature. L'une de ces missives échappa par miracle au dédain du personnel de la Conservation. La voici telle quelle :

« *Monsieur,*

Je vous prierai de bien vouloir me renseigner. Je me suis laissée dire qu'il exister un tombeau d'une princesse au cimetière du père Lachaise que cette princesse aurait demander sois avant de mourire ou par testament d'être veillée pendant une année moyennant une forte prime que déjà plusieurs personnes aurai essayé sans réussire. Je vous serai très obligée de bien vouloir me renseigner et si la chose est réelle de me dire quelle est linstallation pour la personne qui passerai une année dans ce tombeau et quelle sexe. Je vous prie de mexcuser je joint un tembre pour la reponce et vous remercie davance.

Recevez Monsieur mes salutations... »

Le journal *le Temps* daté du 2 novembre 1896 confirma que des intrépides tentèrent leur chance mais qu'aucun d'eux ne put tenir plus d'une nuit. L'un aurait succombé à un arrêt cardiaque, un autre aurait perdu la raison...

Puis la légende s'est curieusement déplacée dans la 48e division sur le tombeau de Mlle Diaz-Santos, morte en 1827 à l'âge de seize ans. Une rumeur courut, selon laquelle Mme Marie-Émilie Knusli, veuve de Diaz-Santos, duchesse de Duras, promettait un million de francs à qui aurait le courage de tenir compagnie pendant un an à sa Charlotte-Émilie chérie, si tôt partie. Jusque vers les années 1970, des hommes se portèrent régulièrement

© D. Lesbros

On prête au gisant de Victor Noir des vertus fertilisantes en raison de la soi-disant proéminence de son appendice viril.

candidats. Tous se heurtèrent à l'indifférence dédaigneuse de la Conservation.

Un autre fameux canular sévit aujourd'hui encore au Père-Lachaise. Il concerne l'un des tombeaux-vedettes du cimetière et le dévoiler risque d'en décevoir certaines… Il s'agit du gisant de Victor Noir (92e division) dont une partie intime de l'anatomie déchaîne depuis des générations la libido des visiteuses.

Victor Noir était le nom de plume d'Yves Salmon, un jeune journaliste de vingt-deux ans, rédacteur à *la Marseillaise*, feuille révolutionnaire et violemment antibonapartiste. Un article publié dans cette gazette aux premiers jours de l'an 1870 eut le malheur de déplaire au prince Pierre Bonaparte, fils de Lucien Bonaparte, neveu de Napoléon Ier et cousin de Napoléon III. S'estimant diffamé, celui-ci provoqua aussitôt en duel son rédacteur en chef, Pascal Grousset. Mais on ne se battait pas comme cela en deux temps trois mouvements ! Il fallait, selon les mœurs de l'époque, organiser le duel en bonne et due forme. Pascal Grousset choisit deux témoins — Victor Noir et un certain Ulrich de Fonvielle — qu'il envoya au domicile du prince afin de régler les détails de la « cérémonie ». Noir et Fonvielle se présentèrent donc le 10 janvier 1870 à 13 heures au 59 de la rue d'Auteuil. Sans que l'on sût au juste pourquoi, l'entrevue dégénéra. Bonaparte aurait souffleté Noir qui, pour se défendre, aurait levé sa canne. Un geste auquel le prince répondit d'un coup de pistolet en pleine poitrine. Le jeune homme succomba quelques minutes plus tard, dans une pharmacie au 42 de la rue d'Auteuil où on l'avait transporté.

Les funérailles de Victor Noir au cimetière de Neuilly, le 12 janvier 1870, furent suivies par 100 000 personnes. Ce lâche assassinat déclencha une immense émotion populaire et conduisit à de violentes manifestations hostiles à Napoléon III. L'acquittement du prince Bonaparte en mars 1870 et l'emprisonnement de Fonvielle et de Grousset sapèrent définitivement la confiance du peuple envers la justice impériale.

Peu après l'instauration de la IIIe République, une souscription publique fut lancée afin de rendre hommage au héros. Le sculpteur Amédée-Jules Dalou hérita de la commande. Il se décida pour un gisant, figure médiévale remise au goût du jour par la vague romantique. Spécialiste des figurations réalistes, l'artiste représenta Victor Noir tel quel au moment de sa mort : la moustache joliment frisée, la chemise chiffonnée, la plaie laissée par la balle, le haut-de-forme tombé près de lui... Victor, qui devait se marier le lendemain, étrennait justement ses habits de noce, d'où le pantalon parfaitement ajusté, la redingote, le bolivar en soie et les gants blancs un peu trop petits qui lui moulaient les ongles.

Là commence la légende... On prêta au gisant de cet ex-futur jeune marié mille vertus en rapport avec l'amour et la fécondité. Une femme, puis deux, puis trois, puis mille vinrent sur sa tombe formuler des vœux d'épousailles et de maternité. Pour mieux appuyer leur demande, elles prirent soin d'imposer leurs mains sur le sexe du gisant, à la rotondité appétissante. Après l'action conjuguée de milliers de mains, la braguette de Victor lustrée depuis des lustres finit par reluire d'un éclat particulier, d'autant plus que le reste de la statue (à l'exception d'autres protubérances telles que le nez, le menton et le bout des bottes) se couvrit de vert-de-gris.

Ce culte gentiment érotique finit par exaspérer l'administration du cimetière qui décida en novembre 2004 de dresser des barrières afin d'interdire l'accès à la tombe. Alertée, la presse dénonça cette censure. La mairie, qui ne voulut pas être taxée de pudibonderie exacerbée, ordonna que l'on ôte les barrières. L'administration avait perdu une bataille mais pas la guerre ! Elle revint à la charge en 2005 et obtint le nettoyage complet de la statue et la pose de chaînes protectrices autour de la dalle pour couper court à toute vénération malsaine. Les responsables de la nécropole les toléraient d'autant moins qu'il s'agissait à la base d'un simple canular lancé par une bande d'étudiants potaches !

La tombe était à l'origine entourée de quatre chaînes en bronze que le gouvernement de Vichy réquisitionna pour les faire fondre. Leur disparition mit la statue à portée de main. Au début des années soixante, quelques plaisantins soudoyèrent un gardien du cimetière (aujourd'hui à la retraite) afin qu'il aille tous les jours frotter discrètement la braguette du gisant. Les potaches se chargèrent de colporter la légende qui allait avec...

Le gisant d'Auguste Blanqui, réalisé par le même sculpteur, n'a rien à envier à celui de Victor Noir.

Mais en toute objectivité, l'appendice viril de Victor n'a rien d'exceptionnel ! Il ressort évidemment par contraste avec le reste de la statue rongée de vert-de-gris, mais ses dimensions n'ont rien de prétentieuses. Elles sont même modestes en regard de celles du gisant de Blanqui réalisé à la même époque par Dalou. Allez donc le vérifier à quelques dizaines de mètres de là, sur la tombe de Blanqui, dans la 91e division. Le bas-ventre de ce dernier est beaucoup plus proéminent que celui de Victor, presque exagéré, alors que ses bras et son visage sont décharnés. Cependant, on n'y prête pas garde, car le bronze du gisant de Blanqui a été régulièrement nettoyé. Il a également subi dans les années soixante le frottis frotta du gardien corrompu, mais l'uniformité de son lustre découragea vite les plaisantins. C'est pourquoi l'administration du cimetière espère beaucoup du toilettage de la statue et de la reconstruction de son berceau.

Aux dames qui s'attristent de la perte de leur mascotte virile, les autorités recommandent, pince-sans-rire, la fréquentation assidue d'un autre Victor, Antillais serviable et rigolard employé au bureau des cimetières, une force de la nature capable de les satisfaire autrement mieux qu'un gisant de bronze...

© P. Duval

Cette tombe est sans doute la plus insolite du cimetière du Montparnasse. Sur sa dalle sont gravées des dates futuristes : le défunt, un étudiant de l'école militaire d'Osaka nommé Raizo Narasaki, serait né le 15 mai 2505 et décédé le 17 février 2535. Tout s'explique quand on sait qu'au Japon, la date à laquelle le premier empereur japonais accède au trône est choisie comme référence (l'an 660 = année zéro). Raizo est donc né en 1845 et mort en 1875. De quoi a-t-il bien pu mourir si jeune ? Le mystère demeure...

Sincères remerciements...

À tout le service des objets trouvés et en particulier à Valérie, Patricia, Christiane, Hélène, Paul et Hervé

À Michel Cuvillier, gardien passionné des jardins du Palais-Royal

À Archibald Duguay-Trouin, pour l'ensemble de son œuvre

À Marie Vercambre, mémoire vivante du musée Grévin

À Patrick Duval, incomparable nippophile

À Jonathan, égaré dans un siècle qui n'est pas le sien

À Hervé Groleau, capitaine du *Lapérouse*

À l'adjudant-chef Philippe Lafargue, réincarnation d'un chirurgien militaire d'Empire

À Philippe Benoit et ses collègues de la médiathèque de la R.A.T.P.

À Martine Mangeot, conteuse enjôleuse

À Jean-Louis Rigot, charmant érudit du passage du Grand-Cerf

Au Major Havard, mémoire vivante des pompiers de Paris

À Charlotte Bruel-Matovic de la Compagnie des Bateaux-Mouches et à son précieux collaborateur

À Philippe Cousin et Sarga, de la bibliothèque de l'Opéra

À Stéphanie Selle, architecte des bâtiments de France

À Pascal Cordereix, du département de l'Audiovisuel de la B.N.F.

Au capitaine Disant et à Pierre Coëffec, pilotes de *La Flûte*

À Daniel Bazin, éleveur de barbeaux à l'Opéra

À François Ménet et Jean Paucton, apiculteurs de l'Opéra

À Luc Matray, Jean-Christophe Erard, Christian Sauzedde et Lætitia Mostowski, du Crédit municipal

À Christian Charlet, historien des cimetières de la Ville de Paris

Références bibliographiques

Le Petit Homme Rouge des Tuileries

Guide de Paris mystérieux, Tchou (Guides noirs), 1985.
SÉBILLOT, Paul-Yves, *Folklore et curiosités du vieux Paris*, Maisonneuve et Larose, 2002.

Le Diable serrurier

Guide de Paris mystérieux, Tchou (Guides noirs), 1985.
JALABERT, Pierre, *Contes du vieux Paris*, éd. F. Lanore, 1968.
SÉBILLOT, Paul-Yves, *Folklore et curiosités du vieux Paris*, Maisonneuve et Larose, 2002.

L'horloger du temps à rebours

YONNET, Jacques, *Enchantements sur Paris*, Denoël, 1966.

Les petits pâtés de la rue des Marmousets

Guide de Paris mystérieux, Tchou (Guides noirs), 1985.
SÉBILLOT, Paul-Yves, *Folklore et curiosités du vieux Paris*, Maisonneuve et Larose, 2002.
TOURNILLON, Nathalie, *Contes et légendes de Paris*, Ouest-France, 2004.

Boucan d'enfer au Diable Vauvert

GRAVELINE, Noël, *Histoires et secrets de Paris*, Minerva, 1996.
LACROIX, P. de, *Histoire monumentale, pittoresque et anecdotique de la chartreuse de Paris*, [s. éd.]. 1867.
SÉBILLOT, Paul-Yves, *Folklore et curiosités du vieux Paris*, Maisonneuve et Larose, 2002.
SEIGNOLLE, Claude, *Contes, récits et légendes des pays de France*, Omnibus, 1997.
ZIEGLER, Gilette, *Histoire secrète de Paris*, Stock, 1967.

Grabuge au Louvre

Guide de Paris mystérieux, Tchou (Guides noirs), 1985.
CARADEC, François, *Encyclopédie des farces, attrapes et mystifications*, J.-J. Pauvert, 1964.
ISNARD, Guy, *les Pirates de la peinture*, Flammarion, 1955.
Dossier BA 2246 aux archives de la préfecture de police.

Henri IV sonne creux

BOURGEAT, Jacques, *Mille petits faits vrais*, extraits du *Courrier des chercheurs et des curieux*, Hachette, 1966.
KRIEF, Philippe, *Paris rive gauche*, Massin, 2004.
BELOT, Victor, *le Pont-Neuf, histoires et petites histoires*, Nouvelles Éditions latines, 1978.

Des momies sous la Bastille

Inauguration de la colonne de Juillet 1830, programme de la cérémonie funèbre du 28 juillet 1840.
Guide de Paris mystérieux, Tchou (Guides noirs), 1985.
RUINAT DE GOURNIER, Jean, *Des pyramides à la Bastille*, [s. éd.], [vers 1910].
TROUILLEUX, Rodolphe, *Histoire insolite des animaux de Paris*, éd. B. Giovanageli, 2003.

Du rififi à la tour Eiffel

BRETON, Guy, *Curieuses histoires de l'histoire*, Presses de la Cité, 1968.

Les fantômes acoustiques de l'Opéra

GENEST, Émile, *L'Opéra connu et inconnu*, éd. de Boccard, 1920.

Chez Ma Tante

BRASSART, Isabelle, et CUVILLIER, Yvonne, *le Guide du promeneur, 4e arrondissement*, Parigramme, 1993.
DESCHODT, Éric, *Histoire du Mont-de-Piété*, Cherche-Midi, 1993.

FABER, Claude, *le Crédit municipal de Paris*, Magellan et Cie, 2003.
HATTE, Hélène, et RIALLAND-ADDACH, Valérie, *Curiosités parisiennes de A à Z*, Ouest-France, 2005.

La saga de *La Tour d'Argent*

CABANÈS, Dr, *Mœurs intimes du passé*, Famot-Albin Michel, 1976.
COUDERC, Philippe, *Les plats qui ont fait la France*, Julliard, 1995.
LAUT, Ernest, *le Passé anecdotique — l'hygiène de nos aïeux*, Albin Michel, [s. d.].
TERRAIL, Claude, *Ma Tour d'Argent*, Marabout, 1975.

Dans les salons de *Lapérouse*

ANDRIEU, Pierre, *Histoire du quartier des Grands-Augustins*, éd. par le restaurant *Lapérouse*, [s. d.]. (Cote 738 518 à la Bibliothèque historique de la Ville de Paris).

L'Élysée : grandeur, décadence et petits-fours

KAUFMAN, Nathalie, *Petit guide des grandes morts*, Les Belles Lettres, 1995.
LENÔTRE, Gaston, *Paris et ses fantômes*, Grasset, 1933.
LEROUX-CESBRON, C., *le Palais de l'Élysée*, Perrin, 1925.
NORMAND, Joël, et DONCIEUX, Pierre, *la Ve République aux fourneaux*, La Table Ronde, 1999.
PASTEUR, Claude, *Deux mille ans de secrets d'alcôves*, Zulma, 1996.
PASTEUR, Claude, *l'Élysée, histoire secrète et indiscrète des origines à nos jours*, Tallandier, 1995.
PITTE, Jean-Robert, *Gastronomie française, histoire et géographie d'une passion*, Fayard, 1991.

36, rue des Morillons

STRAUSS, Paul, *Paris ignoré*, Librairies-Imprimeries réunies, [s. d.].

Le métro comme vous ne l'avez jamais pris

LAMMING, Clive, *Métro insolite*, Parigramme, 2001.

Affaires de cœurs

ALBERT-ROULHAC, Georges, *le Val-de Grâce,* Éd. des laboratoires Ciba, 1939.
BORGÉ, Jacques, et VIASNOFF, Nicolas, *Paris, vingt siècles de chroniques surprenantes*, Balland, 1982.
BOURGEAT, Jacques, *Mille petits faits vrais, extraits du Courrier des chercheurs et des curieux*, Hachette, 1966.
BOUYER, Christian, *la Grande Mademoiselle*, Pygmalion, 2004.
HÉRON DE VILLEFOSSE, René, *Secrets de Paris,* Ventadour, 1954.
HILLAIRET, Jacques, *Dictionnaire historique des rues de Paris*, éd. de Minuit, 1985.
LE MOËL, Michel, *la Grande Mademoiselle*, de Fallois, 1994.
LENÔTRE, Gaston, *Versailles au temps des rois*, Marabout, 1934.
MELCHIOR-BONNET, Bernardine, *la Grande Mademoiselle*, Librairie académique Perrin, 1985.
MIGNOT, Claude, *le Val-de Grâce*, CNRS éd., 1994.
SOUBIRAN, André, et KEARNEY, Jean de, *le Petit Journal de la médecine*, Perrin, 1960.

Une prison pas comme les autres

ALHOY, Maurice, *les Prisons de Paris*, [s. éd.], 1846.
BORGÉ, Jacques, et VIASNOFF, Nicolas, *Paris, vingt siècles de chroniques surprenantes*, Balland, 1982.
Dossier EB86 des archives de la préfecture de police.

Un crime parfait

GUERRAND, Roger, *Mémoires du métro*, La Table ronde, 1961.
Dossier EA 137 III aux archives de la préfecture de police.

Le vampire du Montparnasse

Guide de Paris mystérieux, Tchou (Guides noirs), 1985.
DANSEL, Michel, *le Sergent Bertrand, portrait d'un nécrophile heureux*, Albin Michel, 1991.
DANSEL, Michel, *les Cimetières de Paris*, J.-C. Godefroy, 2002.

GARDE, Serge, MAURO, Valérie, GARDEBLED, Rémi, *Guide du Paris des faits divers*, Cherche-Midi, 2004.
SIMON, Charles, *Paris de 1800 à 1900, la vie parisienne à travers le* XIXe *siècle*, Plon, 1900.

Le Japonais cannibale

DUVAL, Patrick, *le Japonais cannibale*, Stock, 2001.

Le pari galant de la place des Vosges

De la place Royale à la place des Vosges, Délégation à l'action artistique de la Ville de Paris, 1996.
BISSON DE BARTHÉLEMY, Paul, *Histoire de Chatou*, éd. de l'Académie palatine, 1950.
BORGÉ, Jacques, et VIASNOFF, Nicolas, *Paris, vingt siècles de chroniques surprenantes*, Balland, 1982.
BOURGEAT, Jacques, *Mille petits faits vrais, extraits du Courrier des chercheurs et des curieux*, Hachette, 1966.
DOYON, René-Louis, *la Place des Vosges, histoire, évocations et considérations cavalières*, La Connaissance, 1952.
DOYON, René-Louis, *le Marais de Paris, énigmes et mystères*, La Connaissance, 1963.
HÉRON DE VILLEFOSSE, René, *Histoire et Géographie galante de Paris*, éd. de Paris, 1957.
LENÔTRE, Gaston, *Secrets du vieux Paris*, Grasset, 1954.
THIOLLIER, Marguerite-Marie, *Dames du Marais*, Hervas, 1998.

Le rhum du colonel Morland

BEAUGUITTE, Ernest, *Général et Homme-Momie Morlant de Souilly*, in *Notre Meuse*, pp. 195-205 (cote A 31 aux Archives départementales de la Meuse).
LARREY, Baron, *Mémoires et campagne 1786-1811*, Tallandier (Bibliothèque napoléonienne), 2004.
MARBOT, Général, *Mémoires (1799-1815)*, Hachette, [s. d.].
MARCHIONI, Jean, *Place à Monsieur Larrey*, Actes Sud, 2003.

POLGE, H., *Des cadavres et du rhum*, extrait de la *Société archéologique et historique du Gers*, 3e trimestre 1969, pp. 371-374 (cote AA 746 aux Archives départementales de la Meuse).
SOUBIRAN, André, *le Baron Larrey*, Fayard, 1966.

La croisade parmentière

ALLEN, Stewart Lee, *Jardins et cuisine du Diable*, Autrement, 2004.
BOURGEAT, Jacques, *Mille petits faits vrais*, extraits du *Courrier des chercheurs et des curieux*, Hachette, 1966.
HATTE, Hélène, et RIALLAND-ADDACH, Valérie, *Curiosités parisiennes de A à Z*, Ouest-France, 2005.
KAHANE, Ernest, *Parmentier ou la dignité de la pomme de terre*, A. Blanchard, 1978.

L'empire Maya

HATTE, Hélène, et RIALLAND-ADDACH, Valérie, *Curiosités parisiennes de A à Z*, Ouest-France, 2005.
TROUILLEUX, Rodolphe, *Histoire insolite des animaux de Paris*, éd. B. Giovanageli, 2003.

Des barbeaux chez les p'tits rats

GENEST, Émile, *L'Opéra connu et inconnu*, éd. de Boccard, 1920.
FIERRO, Alfred, *Mystères de l'histoire de Paris*, Parigramme, 2000.

Le dîner de dupes

BORGÉ, Jacques, et VIASNOFF, Nicolas, *Paris, vingt siècles de chroniques surprenantes*, Balland, 1982.
JACOB, P.-L., *Mystificateurs et mystifiés*, [s. éd.], 1875.

Le talent consacré de l'âne Boronali

Guide de Paris mystérieux, Tchou (Guides noirs), 1985.
CARACALLA, Jean-Paul, *Montmartre*, Pierre Bordas et fils, 1995.
CARADEC, François, *Encyclopédie des farces, attrapes et mystifications*, J.-J. Pauvert, 1964.

Table des matières